《 **广西示范特色专业建设成果之实践教学项目标准化方案**
Guangxi Shifan Tese Zhuanye Jianshe Chengguo Zhi Shijian Jiaoxue Xiangmu Biaozhunhua Fangan

旅游管理专业
实训项目标准化指导书

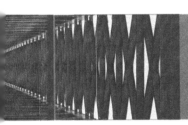

Lüyou Guanli Zhuanye
Shixun Xiangmu Biaozhunhua Zhidaoshu

主　编○万　丹
副主编○李　婧　翟雪丽　韦　娟
　　　　冯朝圣　覃海绍
主　审○徐怀虎

西南交通大学出版社
·成都·

图书在版编目（ＣＩＰ）数据

旅游管理专业实训项目标准化指导书 / 万丹主编.
一成都：西南交通大学出版社，2018.5
ISBN 978-7-5643-6147-1

Ⅰ. ①旅… Ⅱ. ①万… Ⅲ. ①旅游经济－经济管理－
高等学校－教学参考资料 Ⅳ. ①F590

中国版本图书馆 CIP 数据核字（2018）第 079853 号

旅游管理专业实训项目标准化指导书

主　编／万　丹　　　　　责任编辑／武雅丽
　　　　　　　　　　　　　封面设计／何东琳设计工作室

西南交通大学出版社出版发行

（四川省成都市二环路北一段 111 号西南交通大学创新大厦 21 楼　610031）
发行部电话：028-87600564
网址：http://www.xnjdcbs.com
印刷：四川森林印务有限责任公司

成品尺寸　185 mm×260 mm
印张　14.5　字数　359 千
版次　2018 年 5 月第 1 版　　印次　2018 年 5 月第 1 次

书号　ISBN 978-7-5643-6147-1
定价　36.00 元

课件咨询电话：028-87600533
图书如有印装质量问题　本社负责退换
版权所有　盗版必究　举报电话：028-87600562

前言

随着世界旅游业的飞速发展，我国的入境旅游、出境旅游、国内旅游三大旅游市场全面兴旺，旅游业已逐渐成为我国国民经济的战略性支柱产业。我国旅游业强劲的发展势头、蓬勃的发展活力与巨大的发展潜力，有力地推动了我国旅游高等职业教育的发展。

为适应我国旅游高等职业教育人才培养实际教学需要，扎实专业实践教学基础建设，强化职业技能训练，提高毕业生就业能力及发展潜力，我们着力开展了"三个标准化"（实训室标准化、实训项目标准化、实训行为标准化）建设。

本教材是根据高职旅游管理专业人才培养目标及教学标准，结合实施性的专业人才培养方案及实践教学改革组织编写的，是"三个标准化"建设的成果之一。实训项目指导书包括课程（课内）实训项目和整周实训项目，体现了高等职业教育"以就业为导向、以能力为本位""以教师为主导、以学生为主体""以专业技能训练为主线、以职业素质培养为核心"的特点，职业性、实践性和实用性强。

本教材由柳州铁道职业技术学院旅游教研室万丹担任主编，负责对全书框架和编写思路的设计及全书的统稿、导游方向各课程实训项目指导书的修改校对工作。李婧、翟雪丽、韦娟、冯朝圣、覃海绍担任副主编，分别负责酒店方向各课程、酒店英语方面各课程实训项目指导书的修改校对工作。全书由徐怀虎担任主审。具体编写分工如下：万丹编写课程八、十；李婧编写课程二、五、六、十一；翟雪丽编写课程三、四；冯朝圣编写课程七、九；韦娟编写课程一；覃海绍编写课程十二、十三。

本指导书在编写过程中，吸收和借鉴了国内同类教材的编写经验，参阅了许多同志的著作。在此，我们向所有这些论著的作者表示真诚的谢意！

由于编者水平有限，书中难免有错误和疏漏之处，恳请各位专家、广大师生和读者批评指正。

编　者
2018 年 1 月

目 录

上篇　课程（课内）实训指导书

课程一　导游实务课内实训指导书 ······································· 002

实训一　接站服务 ·· 002

实训二　致欢迎词 ·· 007

实训三　首次沿途导游 ·· 009

实训四　入店服务 ·· 012

实训五　景区讲解 ·· 016

实训六　致欢送词 ·· 019

课程二　前厅客房服务与管理课内实训指导书 ··················· 022

实训一　前厅电话预订 ·· 022

实训二　前台接待 ·· 024

实训三　处理投诉 ·· 027

实训四　客房服务 ·· 029

课程三　前厅客房服务英语课内实训指导书 ······················ 034

实训一　Booking rooms ··· 034

实训二　Checking in ··· 037

实训三　Require information ··· 039

实训四　Settling complaints ··· 042

实训五　Telephone terminal ·· 045

实训六　Check out ·· 048

实训七　Introducing the equipment and service to the guests ········ 051

实训八　Tidy room and laundry service ······································ 054

实训九　Repair service and wake-up call service ·························· 057

实训十　Room service ··· 061

课程四　餐饮服务英语课内实训指导书 ··· 064

实训一　Booking in a restaurant ··· 064

实训二　F&B terminology ··· 067

实训三　Menu ··· 070

实训四　Standard of food service ·· 075

实训五　Ordering food ··· 079

实训六　Serving dishes ·· 082

实训七　Western food service ··· 086

实训八　Check out ·· 089

实训九　Serve beverage in pub ··· 092

实训十　Ticket service ··· 095

课程五　现代酒店市场营销课内实训指导书 ······································· 098

实训一　SWOT 分析方法运用 ·· 098

实训二　酒店客房产品、餐饮产品的组合营销 ································· 100

实训三　酒店推广策划书编写 ··· 102

课程六　茶文化与茶道课内实训指导书 ··· 105

实训一　茶艺实践——绿茶的行茶方法 ·· 105

实训二　茶艺实践——黄茶的行茶方法 ·· 109

实训三　茶艺实践——红茶的行茶方法 ·· 113

实训四　茶艺实践——白茶的行茶方法 ·· 116

实训五　茶艺实践——乌龙茶的行茶方法 ······································· 120

实训六　茶艺实践——黑茶的行茶方法 ·· 124

下篇　整周实训指导书

课程七　舞蹈与形体训练实训指导书 ·· 128

课程八　导游实训指导书 ··· 136

课程九　导游考证专项训练实训指导书 ·· 168

课程十　旅行社综合实训指导书 ··· 175

课程十一　前厅服务综合实训指导书 ··· 195

课程十二　客房服务综合实训指导书 ··· 203

课程十三　餐饮服务综合实训指导书 ··· 210

附录　专业实验实训项目简介 ·· 217

　　课程（课内）实训项目简介 ·· 217

　　整周实训项目简介 ··· 220

参考文献 ··· 223

上篇 课程（课内）实训指导书

课程一　导游实务课内实训指导书

实训一　接站服务

一、实训目的

（1）使学生理解并掌握地陪从接站准备到认找旅游团队并引导游客登车等相关程序，顺利完成地陪导游接站服务的模拟训练。

（2）使学生在教学活动中积累导游经验，提高导游接站技能，增强学生综合处理问题的能力和语言表达能力。

（3）培养学生良好的工作作风，激发学生对导游工作的热爱，展示导游的美好形象，更好地为游客服务。

二、实训任务

按地方导游服务规程与服务质量要求，根据导游接站服务操作规程，情景模拟、角色扮演，完成地陪从接站准备到认找旅游团队并引导游客登车等相关程序，熟练掌握接站服务技能。

三、实训预备知识

认真阅读课本相关知识和实训指导书，熟悉地方导游接站服务操作规程内容。

四、主要实训设备及操作安全注意事项

（一）主要仪器设备

接站牌、导游旗、小蜜蜂扩音器、旅游帽、导游工作牌、行李卡、笔、电话、手机。

（二）操作安全注意事项

（1）认真听老师讲解实训要求。

（2）分组练习时，先讨论写出接站文本，以保证接站程序的规范性及语言表达的流畅性，然后分角色模拟训练。

（3）各组模拟接站服务的同学，分角色使用小蜜蜂扩音器、电话，头戴旅游帽，佩戴导游工作牌，手持接站牌，增加现场感。

五、实训的组织管理

（1）实训分组安排：每组 4～6 人。

（2）时间安排。

教学时间		实训单项名称（或任务名称）	具体内容（知识点）	学时数	备注
星期	节次				
三	5～6 7～8	接站服务	确认旅游团所乘交通工具抵达的准确时间； 与旅游车司机联系； 与行李员联系； 再次核实航班（车次）抵达的准确时间； 迎候旅游团； 认找旅游团； 认真核实人数； 集中清点行李； 集合登车	4	

六、实训项目简介、实训步骤与注意事项

（一）实训项目简介

接站服务是指导游员前往游客入境的机场、码头、火车站迎接旅游团的工作。接站是地陪向游客直接提供导游服务的开始。所谓良好的开端是成功的一半，接站工作的好坏往往会给游客留下深刻的第一印象，从而影响到整个导游过程能否得到客人的认同和支持，所以接站工作也是地陪能否顺利完成导游工作的关键环节。地陪应充分重视这一环节，让客人在刚刚抵达目的地时就能得到及时、热情、友好的接待。

本实训项目训练旨在使学生理解并掌握地陪从接站准备到认找旅游团队，并引导游客登车等相关程序，熟练完成地陪导游接站服务。

实训内容

项目名称	服务规程	工作要求
确认旅游团所乘交通工具抵达的准确时间	接团当天，地陪应及时与旅游团的全陪或领队联系，了解旅游团所乘交通工具的运行情况，或提前向车站（机场）问讯处问询	认真细致，准确无误
与旅游车司机联系	通知旅游车司机出发的时间，商定见面地点，并告知司机旅游团活动的日程和具体时间	告知事项交代清楚，准确无误
与行李员联系	地陪应提前与行李员联系，告知旅游团的名称、人数和行李运送地点	告知事项交代清楚，准确无误

项目名称	服务规程	工作要求
再次核实航班（车次）抵达的准确时间	地陪到达接站点后，应再次向问讯处核实航班（车次）抵达的准确时间。如有晚点，推迟时间不长，可继续等候；如推迟时间太长，应立即将情况报告接待社有关部门，听从安排	根据实际情况灵活处理
迎候旅游团	地陪应提前30分钟到达车站（机场）。在旅游团出站前，持接站牌站立在出口醒目位置，面带微笑，热情迎候旅游团	地陪佩戴导游工作牌，手持接站牌，仪容仪表仪态符合地陪要求
认找旅游团	地陪高举接站牌，以便领队、全陪或客人前来联系；通过手机与领队、全陪联系，了解游客出站情况；还可根据旅游团的特征主动认找旅游团	分角色头戴旅游帽，地陪佩戴导游工作牌，手持导游旗，背小蜜蜂扩音器，仪容仪表仪态符合角色要求。语言表达清楚，热情有礼。组员积极参与，互动配合
认真核实人数	地陪向领队和全陪核实人数，如与计划的人数不符，要及时通知旅行社。如无领队和全陪，地陪应与旅游团成员核对团名、人数及团员姓名	分角色头戴旅游帽，地陪佩戴导游工作牌，仪容仪表仪态符合角色要求。核实人数认真仔细。语言表达清楚，注意语速。组员积极参与，互动配合
集中清点行李	若旅游团是乘飞机抵达，地陪应协助该团旅游者清点行李。若旅游团配备了行李车，地陪应与领队、全陪、接待社行李员一起清点和核对行李件数，并填写行李卡，行李卡一式两份，由地陪和行李员双方签字	分角色头戴旅游帽，地陪佩戴导游工作牌，清点行李，填写行李卡。仪容仪表仪态符合角色要求。语言表达清楚，注意礼貌用语。组员积极参与，互动配合
集合登车	地陪引导旅游者前往旅游车停放处。客人上车时，地陪站在车门靠车头一侧，协助客人上车。客人上车后，地陪应帮助旅游者将手提行李放在行李架上，并协助旅游者就座，然后礼貌地清点人数，客人到齐坐好后，方可示意司机开车	分角色头戴旅游帽，地陪佩戴导游工作牌，手持导游旗，背小蜜蜂扩音器，车上清点人数。仪容仪表仪态符合角色要求。语言表达清楚，注意礼貌用语。组员积极参与，互动配合

（二）实训步骤

（1）分组练习，先讨论写出接站文本，以保证接站程序的规范性及语言表达的流畅性，然后分角色模拟训练。

（2）各组按顺序分角色演示地陪导游接站服务的过程。

（3）各组之间对训练表现进行现场互评，评选最佳团队。

（4）老师点评。

（三）注意事项

（1）所有同学必须认真按角色训练，积极参与，不得消极对待，敷衍走过场。

（2）所有实训物品，训练结束后，归类放回原处。

（3）按照接站服务考核评分标准打分。

七、评分标准

本次实训成绩总分 100 分，包含 10 个部分，每个部分占 10%。具体标准如下：

序号	考核内容	考核标准	评分标准	考试形式
1	确认旅游团所乘交通工具抵达的准确时间	地陪与旅游团的全陪或领队联系，了解旅游团所乘交通工具的运行情况，或提前向车站（机场）问讯处问询，认真细致，准确无误	圆满完成考核内容，符合考核标准（10分）；较好完成考核内容，符合考核标准（8分）；基本完成考核内容，基本符合考核标准（6分）；基本完成考核内容，不符合考核标准（4分）	随堂考核
2	与旅游车司机联系	通知旅游车司机出发的时间，商定见面地点，并告知司机旅游团活动的日程和具体时间，告知事项交代清楚，准确无误	圆满完成考核内容，符合考核标准（10分）；较好完成考核内容，符合考核标准（8分）；基本完成考核内容，基本符合考核标准（6分）；基本完成考核内容，不符合考核标准（4分）	随堂考核
3	与行李员联系	地陪与行李员联系，告知旅游团的名称、人数和行李运送地点，告知事项交代清楚，准确无误	圆满完成考核内容，符合考核标准（10分）；较好完成考核内容，符合考核标准（8分）；基本完成考核内容，基本符合考核标准（6分）；基本完成考核内容，不符合考核标准（4分）	随堂考核
4	再次核实航班（车次）抵达的准确时间	地陪到达接站点后，再次向问讯处核实航班（车次）抵达的准确时间。如有晚点，能根据实际情况灵活处理	圆满完成考核内容，符合考核标准（10分）；较好完成考核内容，符合考核标准（8分）；基本完成考核内容，基本符合考核标准（6分）；基本完成考核内容，不符合考核标准（4分）	随堂考核
5	迎候旅游团	地陪提前 30 分钟到达车站（机场）。在旅游团出站前，持接站牌站立在出口醒目位置，面带微笑，热情迎候旅游团	圆满完成考核内容，符合考核标准（10分）；较好完成考核内容，符合考核标准（8分）；基本完成考核内容，基本符合考核标准（6分）；基本完成考核内容，不符合考核标准（4分）	随堂考核

序号	考核内容	考核标准	评分标准	考试形式
6	认找旅游团	地陪高举接站牌,以便领队、全陪或客人前来联系;通过手机与领队、全陪联系,了解游客出站情况;还可根据旅游团的特征主动认找旅游团。说话得体,热情有礼。组员积极参与,互动配合	圆满完成考核内容,符合考核标准(10分); 较好完成考核内容,符合考核标准(8分); 基本完成考核内容,基本符合考核标准(6分); 基本勉强完成考核内容,不符合考核标准(4分)	随堂考核
7	认真核实人数	地陪向领队和全陪核实人数,核实人数认真仔细。语言表达清楚,注意语速。组员积极参与,互动配合	圆满完成考核内容,符合考核标准(10分); 较好完成考核内容,符合考核标准(8分); 基本完成考核内容,基本符合考核标准(6分); 基本完成考核内容,不符合考核标准(4分)	随堂考核
8	集中清点行李	地陪与领队、全陪、接待社行李员一起清点和核对行李件数,并填写行李卡,行李卡一式两份,由地陪和行李员双方签字。核实件数认真仔细。语言表达清楚,注意语速。 组员积极参与,互动配合	圆满完成考核内容,符合考核标准(10分); 较好完成考核内容,符合考核标准(8分); 基本完成考核内容,基本符合考核标准(6分); 基本完成考核内容,不符合考核标准(4分)	随堂考核
9	集合登车	地陪引导旅游者前往旅游车停放处。客人上车时,地陪站在车门靠车头一侧,协助客人上车,客人上车后,地陪应帮助旅游者将手提行李放在行李架上,并协助旅游者就座,然后礼貌地清点人数,客人到齐坐好后,方可示意司机开车	圆满完成考核内容,符合考核标准(10分); 较好完成考核内容,符合考核标准(8分); 基本完成考核内容,基本符合考核标准(6分); 基本完成考核内容,不符合考核标准(4分)	随堂考核
10	团队合作	积极参与,分角色互动,配合默契	组员积极参与,互动自然,配合默契(10分); 组员积极参与,互动不够自然,配合不够默契(8分); 组员被动参与,互动不够自然,配合不够默契(6分); 组员消极参与,不互动,不配合(4分)	随堂考核

实训二　致欢迎词

一、实训目的

（1）了解地陪导游人员迎接服务中欢迎词的内容。

（2）掌握地陪导游人员致欢迎词的语言表达技巧。

（3）通过本次实训，达到使学生能熟练致欢迎词的目的，为今后从事导游工作打下基础。

二、实训任务

通过实训，达到使学生能熟练致欢迎词的目的。

三、实训预备知识

认真阅读课本相关知识和实训指导书，根据欢迎词的写作内容和格式，撰写欢迎词。

四、主要仪器设备及操作安全注意事项

（一）主要仪器设备

电脑、投影仪、麦克风或小蜜蜂扩音器、导游旗、旅游帽、导游工作牌。

（二）操作安全注意事项

（1）注意听老师讲解、示范。

（2）遵守课堂纪律，保持安静，认真听同学致欢迎词。

（3）模拟致欢迎词的同学，使用麦克风或小蜜蜂扩音器，头戴导游帽，手持导游旗，佩戴导游工作牌，增加现场感。

（4）所有实训物品，训练结束后，归类放回原处。

五、实训的组织管理

（1）实训安排：每位同学按学号依次模拟致欢迎词。

（2）时间安排。

教学时间		实训单项名称（或任务名称）	具体内容（知识点）	学时数	备注
星期	节次				
二	3～4	致欢迎词	1. 代表所在接待社、本人及司机欢迎客人光临本地观光游览； 2. 介绍本人和司机的姓名及所属旅行社； 3. 表示自己为客人提供服务的诚挚愿望和希望得到合作的意愿； 4. 预祝大家旅游愉快顺利	2	

六、实训项目简介、实训步骤指导与注意事项

（一）实训项目简介

从机场（车站、码头）到下榻饭店的行车途中，地陪除了要表现出热情友好的态度之外，致欢迎词是地陪拉近与客人间的距离、给客人留下美好第一印象的重要环节。

欢迎词一般包括以下内容：

（1）代表所在接待社、本人及司机欢迎客人光临本地观光游览；

（2）介绍本人和司机的姓名及所属旅行社；

（3）表示自己为客人提供服务的诚挚愿望和希望得到合作的意愿；

（4）预祝大家旅游愉快顺利。

本实训项目旨在让学生掌握地陪导游人员致欢迎词的语言表达技巧，熟练致欢迎词，为今后从事导游工作打下基础。

（二）实训步骤指导

（1）老师先拷贝 PPT 到电脑，展示致欢迎词的背景图片。

（2）致欢迎词时，每位同学都要佩戴导游工作牌，手持导游旗，头戴旅游帽，以增加现场感。

（3）同学们按学号依次模拟致欢迎词。

（三）注意事项

（1）致欢迎词时，不能读稿子，要与游客有交流，面带微笑，热情友好，感情真挚，注意语音、语调、语速、语言表达技巧。每人 2 分钟，掌握好时间。

（2）所有实训物品，训练结束后，归类放回原处。

七、评分标准

本次实训成绩总分 100 分，具体考核标准如下：

考核内容	考核标准	评分标准	考试形式
致欢迎词	欢迎词内容要完整又有新意，能给游客留下深刻的第一印象，又有个性特征和家乡的特点。致欢迎词时，要与游客有交流，面向游客，面带微笑，语气热情友好；致词口齿清楚，自然流畅；语调自然，音量高低适中；语速把握得当，节奏合理	圆满完成考核内容，符合考核标准（90~100分）； 较好完成考核内容，符合考核标准（80~89分）； 基本完成考核内容，基本符合考核标准（70~79分）； 基本完成考核内容，勉强符合考核标准（60~69分）； 基本完成考核内容，不符合考核标准（0~59分）	随堂考核

实训三　首次沿途导游

一、实训目的

（1）了解首次沿途导游的主要内容。

（2）根据实际情况进行沿途风光、本地概况介绍，掌握沿途风光、本地概况的介绍技巧。

（3）通过小组合作、实地查看、网络搜索等多条途径获取信息，培养学生的自主学习和互助合作能力，提高团队合作能力，提高导游讲解能力，为今后从事导游工作打下基础。

二、实训任务

分角色模拟首次沿途导游讲解，通过实训，提高学生导游讲解能力。

三、实训预备知识

认真阅读课本相关知识和实训指导书，根据首次沿途导游讲解的内容，结合当地的情况，设定从火车站或机场至旅游团下榻的酒店的行车线路（一定要制定一条特定的线路），由实训小组编写首次沿途讲解导游词并制作与讲解内容相应的PPT。

四、主要仪器设备及操作安全注意事项

（一）主要仪器设备

电脑1台、投影仪1台、麦克风或小蜜蜂扩音器、旅游帽、导游工作牌。

（二）操作安全注意事项

（1）认真听老师讲解实训要求。

（2）遵守课堂纪律，认真听导游讲解。

（3）各组进行首次沿途导游讲解的同学，使用麦克风或小蜜蜂扩音器，头戴导游帽，佩戴导游工作牌，同小组扮演游客的同学也要头戴旅游帽，以增加现场感。

（4）各组作为一个团队，扮演导游和游客的同学要进入角色，加强互动，默契配合。

（5）所有实训物品，训练结束后，归类放回原处。

五、实训的组织管理

（1）实训分组安排：每组4~6人。

（2）时间安排。

教学时间		实训单项名称（或任务名称）	具体内容（知识点）	学时数	备注
星期	节次				
三	5~6 7~8	首次沿途导游讲解	1. 风光导游； 2. 本地概况介绍； 3. 介绍下榻的饭店； 4. 宣布集合时间、地点和停车地点	4	

六、实训项目简介、实训步骤指导与注意事项

（一）实训项目简介

首次沿途导游讲解是导游人员在机场、车站、码头接到旅游团后，前往饭店途中的第一次导游讲解，不仅可以满足游客初到一地的好奇心和求知欲，还可以达到通过展示自身知识、导游技能使游客对导游人员产生信任感和满足感的目的。

首次沿途导游的内容主要包括以下几点：

（1）风光导游；

（2）本地概况介绍；

（3）介绍下榻的饭店；

（4）宣布集合时间、地点和停车地点。

本实训项目旨在使学生理解并掌握首次沿途讲解的内容和技巧。通过小组合作、实地查看、网络搜索等多种途径获取信息，培养学生的自主学习能力和团队互助合作能力，提高导游讲解能力，为今后从事导游工作打下基础。

（二）实训步骤指导

（1）检查各组首次沿途导游讲解的准备情况，主讲同学拷PPT到电脑。

（2）各组派一个代表抽签确定讲解顺序。

（3）播放PPT，展示沿途风光、本地概况、入住酒店，同步讲解。

（4）各小组对首次沿途导游讲解进行现场互评，评选最佳导游。

（5）老师点评。

（三）注意事项

（1）同步讲解的PPT需自动播放。

（2）不能读导游词，必须是讲解。

（3）所有同学必须认真按角色训练，积极参与，不得消极对待，敷衍走过场。

（4）进行首次沿途导游讲解演练时，注意语音、语调、语速、语言表达技巧，导游和游客有适当的交流、互动。同组扮演游客的同学要主动配合主讲同学的讲解。

（5）所有实训物品，训练结束后，归类放回原处。

七、考核标准

本次实训成绩总分100分，包含5个部分：风光导游占30%，本地概况介绍占30%，介绍下榻的饭店占20%，宣布集合时间、地点和停车地点占10%，团队合作占10%。具体标准如下：

序号	考核内容	考核标准	评分标准	考试形式
1	风光导游	合理取舍、灵活选择沿途所见独具特色的景物进行讲解，讲解生动、形象，普通话标准，语调亲切自然，音量和语速适中，节奏合理，肢体语言得体	圆满完成考核内容，符合考核标准（26～30分）；较好完成考核内容，符合考核标准（21～25分）；基本完成考核内容，基本符合考核标准（16～20分）；基本完成考核内容，不符合考核标准（0～15分）	随堂考核
2	本地概况介绍	适当介绍当地的政治、经济、文化、历史、风土民情、特产、市容市貌、发展概况，讲解生动、形象，普通话标准，语调亲切自然，音量和语速适中，节奏合理，肢体语言得体	圆满完成考核内容，符合考核标准（26～30分）；较好完成考核内容，符合考核标准（21～25分）；基本完成考核内容，基本符合考核标准（16～20分）；基本完成考核内容，不符合考核标准（0～15分）	随堂考核
3	介绍下榻的饭店	介绍饭店的名称、位置、距机场（车站、码头）的距离、星级、规模等。讲解清楚，普通话标准，语调亲切自然，音量和语速适中，节奏合理	圆满完成考核内容，符合考核标准（16～20分）；较好完成考核内容，符合考核标准（11～15分）；基本完成考核内容，基本符合考核标准（9～10分）；基本完成考核内容，不符合考核标准（0～10分）	随堂考核

序号	考核内容	考核标准	评分标准	考试形式
4	宣布集合时间、地点和停车地点	讲解清楚，普通话标准，语调亲切自然，音量和语速适中，节奏合理。如果遇到下车和上车不在同一地点时，更应提醒旅游者不要弄错上车地点	圆满完成考核内容，符合考核标准（10分）； 较好完成考核内容，符合考核标准（8分）； 基本完成考核内容，基本符合考核标准（6分）； 基本完成考核内容，不符合考核标准（4分）	随堂考核
5	团队合作	积极参与，分角色互动，配合默契	组员积极参与，互动自然，配合默契（10分）； 组员积极参与，互动不够自然，配合不够默契（8分）； 组员被动参与，互动不够自然，配合不够默契（6分）； 组员消极参与，不互动，不配合（4分）	随堂考核

实训四　入店服务

一、实训目的

（1）使学生理解并掌握入店服务的具体内容和操作规程，顺利完成入店服务的模拟训练。

（2）使学生在训练中获得工作经验，能熟练引导游客入住饭店并处理入住后的有关问题，提高学生处理问题的能力和应变能力。

（3）提高学生导游服务技能、服务意识及处理问题的能力。

二、实训任务

情景模拟，角色扮演，进行入店服务训练，培养学生熟练引导游客入住饭店并处理入住后的有关问题，提高学生处理问题的能力和应变能力。

三、实训预备知识

认真阅读课本相关知识和实训指导书，熟悉地方导游入店服务操作规程。

四、主要仪器设备及操作安全注意事项

（一）主要仪器设备

证件、房卡（钥匙）、分房名单表、笔、饭店卡片、导游工作牌、前台接待台、电话、手机。

（二）操作安全注意事项

（1）注意听老师示范讲解。

（2）各组课堂训练过程中，先按训练内容要求，认真讨论，写出训练文本，再分角色训练。

（3）模拟入店服务训练时，必须根据情景，分角色使用实训设备，导游佩戴导游工作牌，其他人员使用证件、房卡（钥匙）、分房名单表、笔、饭店卡片、手机、电话，增加现场感。

五、实训的组织管理

（1）实训分组安排：每组6~8人。

（2）时间安排。

教学时间		实训单项名称（或任务名称）	具体内容（知识点）	学时数	备注
星期	节次				
三	5~6 7~8	入店服务	1. 协助办理入住手续； 2. 介绍饭店设施； 3. 带领旅游者用好第一餐； 4. 宣布当日或次日的活动安排； 5. 处理旅游者进房有关问题； 6. 照顾行李进房； 7. 确定叫早时间	4	

六、实训项目简介、实训步骤指导与注意事项

（一）实训项目简介

入店服务是检验导游人员工作能力的一个标志。当旅游者入店后，地陪应安排旅游者在大堂指定的位置休息，协助领队办好入住手续，尽快使旅游者进入房间，取得行李，并介绍饭店的基本情况和注意事项，告知当天或第二天的活动日程。

本实训项目旨在使学生理解并掌握入店服务规程与服务质量，顺利完成引导游客入住饭店并处理入住后的有关问题，提高学生处理问题的能力和应变能力。

实训内容

项目名称	服务规程	工作要求
协助办理入住手续	1. 请领队或全陪收齐旅游者证件，与旅游者名单表一起交给饭店前台； 2. 拿到客房号和房卡（钥匙）后，请领队按分房名单表分发住房卡； 3. 领队把分房名单表请前台复印两份，一份饭店保存，另一份地陪留存； 4. 地陪还应在前台处领取印有饭店信息的卡片发给旅游者	办事有条理，热情、有礼。普通话标准，语调亲切自然，音量和语速适中，节奏合理

项目名称	服务规程	工作要求
介绍饭店设施	外币兑换处、中西餐厅、娱乐场所、商品部等的位置以及 Wi-Fi 的连接,并讲清住店的注意事项	介绍清楚,普通话标准,语调亲切自然,音量和语速适中,节奏合理,态势语言得体
带领旅游者用好第一餐	1. 客人进入房间前,地陪向客人介绍旅游团在饭店内的就餐地点、时间、就餐形式; 2. 客人到齐后,带客人进入餐厅; 3. 告诉客人用餐有关规定; 4. 有特殊要求和饮食忌讳的,用餐前,告知饭店餐厅主管人员	介绍清楚,普通话标准,语调亲切自然,音量和语速适中,节奏合理
宣布当日或次日的活动安排	客人进入房间前,地陪宣布叫早时间、早餐时间和地点、集合时间和地点,提醒客人做好必要的参观游览准备	口齿清楚,普通话标准,语调亲切自然,音量和语速适中,节奏合理
处理旅游者进房有关问题	遇到问题,地陪应及时与饭店联系,迅速解决,并向旅游者说明情况,表示歉意	处理问题快速、恰当。态度诚恳,解释清楚,普通话标准,沟通能力强,有处理问题的能力和应变能力,注意礼貌用语,游客满意
照顾行李进房	与行李员、领队、全陪一起核对行李,督促行李员尽快把行李送到旅游者的房间,如有问题,地陪应尽快查明原因,采取相应的措施	办事细心,严谨,有较强的处理问题的能力
确定叫早时间	应与领队确定第二天的叫早时间,请领队通知全团,并将商定的叫早时间通知饭店前台办理	办事严谨有条理,有沟通能力,口齿清楚,普通话标准,注意礼貌用语,音量和语速适中,节奏合理

(二)实训步骤指导

(1)老师事先准备好"处理旅游者进房有关问题"的卡片,每组抽两个问题,在练习入店服务时解决问题。

(2)各组按要求分角色模拟入店服务训练,要求写出训练文本,以保证入店服务的规范性,情景展示的流畅性;教师在学生练习过程中巡视指导。

(3)各组按顺序依次演练入店服务的情景。

(4)老师点评。

(三)注意事项

(1)所有同学必须按角色训练,积极参与,不得消极对待,敷衍应付。

(2)所有实训物品,训练结束后,归类放回原处。

七、考核标准

本次实训成绩总分 100 分,包含 8 个部分:协助办理入住手续占 10%,介绍饭店设施占 10%,带领旅游者用好第一餐占 10%,宣布当日或次日的活动安排占 10%,处理旅游者进房有关问题占 20%,照顾行李进房占 10%,确定叫早时间占 10%,团队合作占 20%。具体标准如下:

序号	考核内容	考核标准	评分标准	考试形式
1	协助办理入住手续	办事有条理，热情、有礼。普通话标准，语气亲切自然，音量和语速适中，节奏合理	圆满完成考核内容，符合考核标准（10分）；较好完成考核内容，符合考核标准（8分）；基本完成考核内容，基本符合考核标准（6分）；基本完成考核内容，不符合考核标准（4分）	随堂考核
2	介绍饭店设施	介绍清楚，普通话标准，语气亲切自然，音量和语速适中，节奏合理，态势语言得体	圆满完成考核内容，符合考核标准（10分）；较好完成考核内容，符合考核标准（8分）；基本完成考核内容，基本符合考核标准（6分）；基本完成考核内容，不符合考核标准（4分）	随堂考核
3	带领旅游者用好第一餐	介绍清楚，普通话标准，语气亲切自然，音量和语速适中，节奏合理	圆满完成考核内容，符合考核标准（10分）；较好完成考核内容，符合考核标准（8分）；基本完成考核内容，基本符合考核标准（6分）；基本完成考核内容，不符合考核标准（4分）	随堂考核
4	宣布当日或次日的活动安排	口齿清楚，普通话标准，语气亲切自然，音量和语速适中，节奏合理	圆满完成考核内容，符合考核标准（10分）；较好完成考核内容，符合考核标准（8分）；基本完成考核内容，基本符合考核标准（6分）；基本完成考核内容，不符合考核标准（4分）	随堂考核
5	处理旅游者进房有关问题	处理问题快速、恰当。态度诚恳，解释清楚，普通话标准，沟通能力强，有处理问题的能力和应变能力，注意礼貌用语，游客满意	圆满完成考核内容，符合考核标准（20分）；较好完成考核内容，符合考核标准（15分）；基本完成考核内容，基本符合考核标准（10分）；基本完成考核内容，不符合考核标准（5分）	随堂考核

序号	考核内容	考核标准	评分标准	考试形式
6	照顾行李进房	办事细心、严谨，有较强的处理问题的能力和应变能力，注意礼貌用语，态度诚恳，游客满意	圆满完成考核内容，符合考核标准（10分）；较好完成考核内容，符合考核标准（8分）；基本完成考核内容，基本符合考核标准（6分）；基本完成考核内容，不符合考核标准（4分）	随堂考核
7	确定叫早时间	办事严谨有条理，有沟通能力，口齿清楚，普通话标准，注意礼貌用语，音量和语速适中，节奏合理	圆满完成考核内容，符合考核标准（10分）；较好完成考核内容，符合考核标准（8分）；基本完成考核内容，基本符合考核标准（6分）；基本完成考核内容，不符合考核标准（4分）	随堂考核
8	团队合作	积极参与，分角色互动，配合默契。有共同解决问题的能力	组员积极参与，互动自然，配合默契（20分）；组员积极参与，互动不够自然，配合不够默契（15分）；组员被动参与，互动不够自然，配合不够默契（10分）；组员消极参与，不互动，不配合（5分）	随堂考核

实训五 景区讲解

一、实训目的

（1）使学生理解和掌握景区导游讲解的主要内容和操作程序，顺利完成景区讲解的训练。

（2）使学生在训练中获得工作经验，获取景区讲解时应掌握的要领，提高导游讲解技能。

二、实训任务

通过景区讲解训练，掌握景区讲解要领，提高导游讲解技能。

三、实训预备知识

认真阅读课本相关知识和实训指导书，熟悉旅游景区导游服务程序，以小组为单位，确定景区参观游览线路、主要景点，收集资料写好导游词并背熟导游词。

四、主要仪器设备及操作安全注意事项

（一）主要仪器设备

导游旗、旅游帽、小蜜蜂扩音器、导游工作牌、旅游车、手机（摄像机）。

（二）操作安全注意事项

（1）各组必须课前确定景区参观游览线路、主要景点，收集资料写好导游词并背熟导游词。

（2）统一乘坐旅游车到柳州园博园，以小组为单位，分角色进行模拟带团景区讲解，一人模拟导游时，其他人模拟游客。

（3）各组讲解的同学，必须佩戴导游工作牌，使用小蜜蜂扩音器，头戴旅游帽，增加现场感。

（4）各组讲解过程中，需拍摄带团讲解视频，讲解结束后，检查拍摄情况，确保讲解内容的完整性。

（5）各组讲解过程中，须按选定的讲解路线讲解，注意安全，不得在景区私自划船、游泳、玩各种游乐设施。保管好自己的贵重物品。

五、实训的组织管理

（1）实训分组安排：每组 5～6 人，轮流进行讲解训练。

（2）时间安排。

教学时间		实训单项名称 （或任务名称）	具体内容（知识点）	学时数	备注
星期	节次				
三	5～6 7～8	致欢迎词	1. 代表本景区对游客表示欢迎； 2. 介绍本人姓名及所属单位； 3. 表示景区对提供服务的诚挚意愿； 4. 表达希望游客对讲解工作给予支持配合的意愿； 5. 预祝大家旅游愉快	4	
		景区讲解	1. 介绍本景区开设的背景、规模、特色、所在旅游地的位置； 2. 在游览指示图前向游客说明旅游线路、重要景点； 3. 讲解过程中，不得编造民间传说、历史人物或事件； 4. 讲解员始终和游客在一起，注意游客安全		
		致欢送词	1. 对游客参观游览中给予的合作表示感谢； 2. 征询游客对导游讲解以及景区景点建设与保护的意见和建议； 3. 欢迎游客再次光临		

六、实训项目简介、实训步骤指导与注意事项

（一）实训项目简介

旅游景区的参观游览是游客活动的主要目的，是旅游消费的重要环节，因此，景区导游服务的好坏直接关系到游客的满意度。导游讲解是景区服务的核心工作，讲解员应按照景区讲解服务规范，为旅游者提供高质量的导游讲解服务。

本实训项目旨在使学生理解和掌握景区导游讲解的主要内容和操作程序，掌握景区讲解的要领，顺利完成景区讲解的训练，从而提高导游讲解技能。

实训内容

项目名称	服务规程	工作要求
致欢迎词	1. 代表本景区对游客表示欢迎； 2. 介绍本人姓名及所属单位； 3. 表示景区对提供服务的诚挚意愿； 4. 表达希望游客对讲解工作给予支持与配合的意愿； 5. 预祝大家旅游愉快	致欢迎词时，面向游客，面带微笑，普通话标准，语气热情友好，亲切自然；语言表达清楚；语调自然，音量高低适中；语速把握得当，节奏合理
景区讲解	1. 介绍本景区开设的背景、规模、特色、所在旅游地的位置； 2. 在游览指示图前向游客说明旅游线路、重要景点； 3. 讲解过程中，不得编造民间传说、历史人物或事件； 4. 讲解员始终和游客在一起，注意游客安全	做到讲解与引导游览的有机结合，繁简适度，讲解景点完整，内容准确，重点突出，对游客的问询，回答耐心、和气，不与游客发生争执，宜与游客有适度的问答互动。普通话标准，语气亲切自然，音量和语速适中，节奏合理，有适当的手势，态势语言得体
致欢送词	1. 对游客参观游览中给予的合作表示感谢； 2. 征询游客对导游讲解以及景区景点建设与保护的意见和建议； 3. 欢迎游客再次光临	致欢送词时，面向游客，面带微笑，语气热情友好，感情真挚；语言表达清楚；语调自然，音量高低适中；语速把握得当，节奏合理

（二）实训步骤指导

（1）老师检查同学们景区讲解的准备情况，宣布分组讲解并要求每位同学都拍摄景区讲解视频。

（2）各组按已选定的讲解路线进行景区模拟带团讲解并拍摄视频。

（3）老师巡视指导。

（三）注意事项

（1）所有同学进行景区模拟带团讲解时，必须拍摄讲解视频，自行整理后交给组长，各组长收齐后，一周内发送给老师，否则没有此次实训成绩。

（2）所有实训物品，训练结束后，由小组长收齐，交回实训室。

（3）遵守实训纪律，注意安全，记住返程的集合时间、地点。

七、考核标准

本次实训成绩总分 100 分，包含 3 个部分：致欢迎词占 20%，景区讲解占 60%，致欢送词占 20%。具体标准如下：

序号	考核内容	考核标准	评分标准	考试形式
1	致欢迎词	致欢迎词时，面向游客，面带微笑，普通话标准，语气热情友好，亲切自然；语言表达清楚；语调自然，音量高低适中；语速把握得当，节奏合理，态势语言得体	圆满完成考核内容，符合考核标准（20 分）；较好完成考核内容，符合考核标准（15 分）；基本完成考核内容，基本符合考核标准（10 分）；基本完成考核内容，不符合考核标准（5 分）	随堂考核
2	景区讲解	做到讲解与引导游览有机结合，繁简适度，讲解景点完整，内容准确，重点突出，对游客的问询，回答耐心、和气，不与游客发生争执，宜与游客有适度的问答互动。普通话标准，语气亲切自然，音量和语速适中，节奏合理，有适当的手势，态势语言得体	圆满完成考核内容，符合考核标准（60 分）；较好完成考核内容，符合考核标准（50 分）；基本完成考核内容，基本符合考核标准（40 分）；基本完成考核内容，不符合考核标准（30 分）	随堂考核
3	致欢送词	致欢送词时，面向游客，面带微笑，语气热情友好，感情真挚；语言表达清楚；语调自然，音量高低适中；语速把握得当，节奏合理，态势语言得体	圆满完成考核内容，符合考核标准（20 分）；较好完成考核内容，符合考核标准（15 分）；基本完成考核内容，基本符合考核标准（10 分）；基本完成考核内容，不符合考核标准（5 分）	随堂考核

实训六　致欢送词

一、实训目的

（1）了解地陪导游人员迎接服务中欢送词的内容。
（2）掌握地陪导游人员致欢送词的语言表达技巧。
（3）通过本次实训，使学生能达到熟练致欢送词的目的，为今后从事导游工作打下基础。

二、实训任务

通过实训，使学生能达到熟练致欢送词的目的。

三、实训预备知识

认真阅读课本相关知识和实训指导书，根据欢送词的写作内容和格式，撰写欢送词。

四、主要仪器设备及操作安全注意事项

（一）主要仪器设备

电脑1台、投影仪1台、麦克风或小蜜蜂扩音器、导游旗、旅游帽、导游工作牌。

（二）操作安全注意事项

（1）注意听老师讲解、示范。

（2）遵守课堂纪律，保持安静，认真听同学致欢送词。

（3）模拟致欢送词的同学，使用麦克风或小蜜蜂扩音器，头戴导游帽，手持导游旗，佩戴导游工作牌，增加现场感。

（4）所有实训物品，训练结束后，归类放回原处。

五、实训的组织管理

（1）实训安排：每位同学按学号依次模拟致欢送词。

（2）时间安排。

教学时间		实训单项名称（或任务名称）	具体内容（知识点）	学时数	备注
星期	节次				
二	3~4	致欢送词	1. 回顾旅游者在本地的旅游活动； 2. 感谢大家的合作； 3. 表达友谊和惜别之情； 4. 诚恳征求游客对接待工作的意见和建议； 5. 若旅游活动中有不顺利或旅游服务有不尽如人意之处，导游人员可借此机会向游客致歉； 6. 表达美好的祝愿，欢迎再次光临	2	

六、实训项目简介、实训步骤指导与注意事项

（一）实训项目简介

导游人员向全体游客致欢送词，可以加深与游客之间的感情。致欢送词时语气应真挚、富有感情，地点可选择在赴机场、车站、码头的途中，也可在抵达后的候机、候车、候船大厅。

欢送词的内容主要包括：

（1）回顾旅游者在本地的旅游活动；

（2）感谢大家的合作；

（3）表达友谊和惜别之情；

（4）诚恳征求游客对接待工作的意见和建议；

（5）若旅游活动中有不顺利或旅游服务有不尽如人意之处，导游人员可借此机会向游客致歉；

（6）表达美好的祝愿，欢迎再次光临。

本实训项目旨在使同学们掌握地陪导游人员致欢送词的语言表达技巧，为今后从事导游工作打下基础。

（二）实训步骤指导

（1）检查致欢送词的准备情况。

（2）老师先拷贝 PPT 到电脑，展示致欢送词的背景图片。

（3）同学们按学号依次模拟致欢迎词。

（三）注意事项

（1）致欢送词时，不能照着稿子读，要与游客有交流，注意面带微笑，热情友好，感情真挚，注意语音、语调、语速、语言表达技巧。每人 2 分钟，掌握好时间。

（2）所有实训物品，训练结束后，归类放回原处。

七、考核标准

本次实训成绩总分 100 分，具体考核标准如下：

考核内容	考核标准	评分标准	考试形式
致欢送词	致欢送词时，面向游客，面带微笑，普通话标准，语气热情友好，感情真挚；语言表达清楚；语调自然，音量高低适中；语速把握得当，节奏合理，态势语言得体	完成考核内容，符合考核标准（90～100分）； 较好完成考核内容，符合考核标准（80～89分）； 基本完成考核内容，基本符合考核标准（70～79分）； 基本完成考核内容，勉强符合考核标准（60～69分）； 基本完成考核内容，不符合考核标准（0～59分）	随堂考核

课程二　前厅客房服务与管理课内实训指导书

实训一　前厅电话预订

一、实训目的

（1）熟悉前厅的工作环境与人员职业素养要求，并能逐步以此职业规范来要求自身的言行。

（2）了解电话预订的相关程序，能独立完成散客电话订房的要求。

二、实训任务

（1）了解前厅工作人员应具备的素质和能力。

（2）熟悉和掌握预订的程序与方法。

（3）分组进行电话预订演练。

三、实训预备知识

认真阅读实训指导书，提前预习课本中相关前厅电话预订知识。

四、主要仪器设备及操作安全注意事项

（一）主要仪器设备

电脑1台，投影仪1台，学生准备的钢笔、纸张等，前台接待台，电话4部，预订单若干。

（二）操作安全注意事项

（1）注意听老师示范讲解。

（2）注意课堂纪律，保持安静。

（3）训练时，为避免嘈杂，可以按组分批展示与训练，其他组注意倾听。

（4）不得以任何借口逃避训练，注意不要影响他人学习。

（5）组员之间相互照应，互相观摩学习。

五、实训的组织管理

（1）实训分组安排：每组2~4人。

（2）时间安排：4课时。

教学时间		实训单项名称（或任务名称）	具体内容（知识点）	学时数	备注
星期	节次				
三	1~2 3~4	电话预定	1. 教师讲授，示范； 2. 分析案例； 3. 演示案例； 4. 学生演示	4	

六、实训项目简介、实训步骤指导与注意事项

（一）实训项目简介

电话预定客房是前厅工作人员最为常见的服务内容之一，是前厅服务工作的语言基础。本实训项目旨在让学生了解电话预订的相关程序，能独立完成散客电话订房。

（二）实训步骤指导

（1）复习上次的预订内容。

（2）各小组将自己模拟的客房电话预订情景对话在团队中进行展示。

（3）队内各小组之间进行本次实训练习的心得、经验交流。

（4）各队推选出本队的最佳小组进行全班演示。

（5）教师总结点评。

实训内容

项目名称	工作流程	工作要求
接听电话准备	1. 检查有无线路故障； 2. 准备好记录本； 3. 调整好情绪	发现故障及时维修
接电话	1. 听到铃声响起立即接听； 2. 铃响三声内必须接听	注意轻拿轻放
电话接听	1. 自报酒店名称或岗位； 2. 如拨错号，请给予提醒； 3. 做好记录	注意语速，要别人听清所报内容；注意语音语调柔美
挂电话	重复对方所陈述的内容	等客人先挂电话，不可直接挂电话

（三）注意事项

学生认真听课，维护好课堂纪律；现场用到的实训物品要及时归类放置好，防止弄坏或丢失。

七、考核标准

前厅电话预订考核与评分标准

程序	考核标准	评分标准	得分
接听电话	礼貌问候，自报部门规范	5	
询问客人预定要求	询问客人的预订日期及房型要求，查看电脑房态	5	
受理预订	询问客人姓名，冠姓称呼	5	
	推销客房	5	
	确认预订客房的类型、价格、数量、抵离时间等	5	
	询问有无特殊要求	5	
复述预订内容	复述预订内容	5	
	告之预订客房最晚保留时间	5	
完成预订	向客人致谢	5	
	填写散客预订单	5	

实训二　前台接待

一、实训目的

（1）熟悉前厅的工作环境与人员职业素养要求，并能逐步以此职业规范来要求自身的言行。

（2）了解前台接待的相关程序，能独立完成前台接待的要求。

二、实训任务

（1）了解前厅工作人员应具备的素质和能力。

（2）熟悉和掌握前台接待的程序与方法。

（3）分组进行前台接待演练。

三、实训预备知识

认真阅读实训指导书，提前预习课本中相关前台接待的知识。

四、主要仪器设备及操作安全注意事项

（一）主要仪器设备

电脑1台，投影仪1台，学生准备的钢笔、纸张等，前台接待台，电话4部，预订单若干。

（二）操作安全注意事项

（1）注意听老师示范讲解。

（2）注意课堂纪律，保持安静。

（3）训练时，为避免嘈杂，可以按组分批展示与训练，其他组注意倾听。

（4）不得以任何借口逃避训练，注意不要影响他人学习。

（5）组员之间相互照应，互相观摩学习。

五、实训的组织管理

（1）实训分组安排：每组 2~4 人。

（2）时间安排：4 课时。

教学时间		实训单项名称（或任务名称）	具体内容（知识点）	学时数	备注
星期	节次				
三	1~2 3~4	前台接待	1. 教师讲授，示范； 2. 分析案例； 3. 演示案例； 4. 学生演示	4	

六、实训项目简介、实训步骤指导与注意事项

（一）实训项目简介

前台接待是前厅工作人员最为常见的服务内容之一，是前厅服务工作的基础。本实训项目旨在让学生了解前台接待的相关程序，能独立完成前台接待的任务。

（二）实训步骤指导

（1）复习上次的预订内容。

（2）各小组将自己模拟的前台接待情景在团队中进行展示。

（3）队内各小组之间进行本次实训练习的心得、经验交流。

（4）各队推选出本队的最佳小组进行全班演示。

（5）教师总结点评。

实训内容

项目名称	工作流程	工作要求
迎接客人	1. 微笑并向客人致意"早上好/下午好/晚上好/先生/女士/小姐，请问有什么可以帮您吗？" 2. 如果此时正在接听电话，需目光注视客人，点头微笑，用手示意客人在休息处休息；如果正在接待其他客人，应点头微笑，向来客说："先生/女士/小姐，对不起，请稍等。" 3. 尽快结束手头工作，接待客人，并再次向客人致歉；如果手头工作一时完成不了，应先接待客人或示意其他员工尽快接待	1. 问好（3米面带微笑迎接客人，1米问候客人）； 2. 双手呈递资料； 3. 接听电话时，需目光给客人示意

项目名称	工作流程	工作要求
办理入住登记	1. 要求客人出示身份证，进行扫描，扫描过后归还客人；并取出 RC 单登记主要信息，交客人签字确认。 2. 收取押金：一般为在房价基础上另收 400 元/天的押金。 3. 询问客人付款方式： 　如付现金，取出现金单，填写客人应支付的现金并收取，交客人签字确认，交押金单第一联交客人保存，并告知退房时凭此押金单退多余款额；如刷卡（POS 机），刷一定金额的预授权，第一卷交客人签字确认并留存，第二卷交予客人保存。 4. 手续办理完毕后，双手奉上房卡："××先生/女士/小姐，这是您的房卡，请您收好，您的房间在×楼，礼宾员会带领您上房间。凭此房卡您可以在我酒店享受免费的早餐，早餐在××（地点），时间是××至××。祝您入住愉快。"	1. 掌握语速； 2. 推销技巧
后续工作	1. 电脑房间状态 C/I，并通知客房部房间入住信息，并记录在通知簿（时间、对方姓名）。 2. 将未登记完的 RC 单登记全，将客人的个人信息、押金详情录入到电脑里。 3. 整理客人单据（各酒店财务要求略有不同），并按要求放入指定的 FILE 夹：存放前交当班领导审查	认真检查

（三）注意事项

学生认真听课，维护好课堂纪律；现场用到的实训物品要及时归类放置好，防止弄坏或丢失。

七、考核标准

散客登记入住考核与评分标准

程序	考核标准	评分标准	得分
迎接客人	3 米内问候、声音洪亮	5	
	面带微笑	5	
识别有无预订	有预订，确认预订内容	10	
	（无预订则推销客房）	20	
办理登记手续	填写散客登记表	15	
	按客人要求排房	15	
	打印房卡、制作客房磁卡钥匙，开餐券	5	
	收取客房押金	10	
指引客人去客房	告之客房方位	5	
	向客人致谢	10	

实训三 处理投诉

一、实训目的

（1）掌握处理宾客投诉的程序与原则。
（2）学会与客人沟通的技巧和方法。

二、实训任务

（1）了解处理宾客投诉的程序和与原则。
（2）每组需要完成至少一个投诉案例的演示及处理方法。

三、实训预备知识

认真阅读实训指导书，提前分发相关前厅客房服务常见投诉案例，了解处理宾客投诉的程序和原则，掌握与客人沟通的技巧和方法。

四、主要仪器设备及操作安全注意事项

（一）主要仪器设备

电脑 1 台，投影仪 1 台，学生准备的钢笔、纸张等，打印好的文档或 PPT。

（二）操作安全注意事项

（1）注意听老师示范讲解。
（2）注意课堂纪律，保持安静。
（3）训练时，为避免嘈杂，可以按组分批上台展示与训练，其他组注意倾听。
（4）不得以任何借口逃避训练，注意不要影响他人学习。
（5）组员之间相互照应，互相观摩学习。

五、实训的组织管理

（1）实训分组安排：每组 2～4 人。
（2）时间安排：4 课时。

教学时间		实训单项名称（或任务名称）	具体内容（知识点）	学时数	备注
星期	节次				
三	1～2 3～4	投诉处理	1. 教师讲授，示范； 2. 分析案例； 3. 演示案例； 4. 学生演示	4	

六、实训项目简介、实训步骤指导与注意事项

（一）实训项目简介

酒店前厅与客房部门，是直接对客人服务的核心。不同的客人有不同的要求，酒店员工会遇到完全不同并且不断变化的情况。本实训项目旨在提升学生们处理突发事件的应变能力，以及考核学生们处理投诉时的业务素质和职业规范。

（二）实训步骤指导

（1）每小组自行设计出所讨论案例处理的模拟情景对话。
（2）各小组派一位代表讲述该小组讨论出的投诉处理方法（要求准备 PPT 或展示板）。
（3）每小组挑选出组员分别模拟客人、酒店员工、客务经理等，讨论出案例解决方案，进行现场情景展示。
（4）展示完后进行集体讨论分析，交流各自意见。
（5）教师总结点评。

（三）注意事项

学生认真听课，维护好课堂纪律；现场用到的实训物品要及时归类放置好，防止弄坏或丢失。

七、考核标准

处理投诉考核与评分标准

处理程序	考核标准	评分标准	得分
接到投诉	认真倾听，准确了解每一细节	2	
	保持目光接触，以示尊重	2	
	询问客人的姓名和房号	2	
	做简短记录	2	
安抚客人	向客人表示同情	4	
	做一个简短清晰的道歉	4	
采取措施	集中全力处理投诉	10	
	注意时效	2	
	告知客人处理方式	2	
	不可同意职权外的赔偿或让步	3	
回复客人	亲自将处理结果告诉客人	4	
	再次表示歉意	3	
记录存档	对客人的宝贵意见表示感谢	5	
	将事情的全部经过记录在案	5	

实训四　客房服务

一、实训目的

（1）了解客房服务的知识内容。

（2）掌握客房服务技能和方法。

（3）掌握客房服务与管理理论知识和专业技能。

（4）能在规定时间内完成铺床操作，能胜任高星级饭店客房工作。

二、实训任务

（1）能够熟练掌握客房中、西式铺床的程序、方法和动作要领，能在规定时间按标准完成一张中式或西式床。

（2）能够按程序和标准独立完成走客房的清扫。

（3）能够掌握进房规范，做到自然、熟练和操作标准。

（4）能够掌握开夜床的方法和标准。

（5）能够掌握宾客入住阶段主要服务项目的服务方法。

三、实训预备知识

认真阅读实训指导书，了解相关客房服务知识、中西式铺床的标准与要求，预习教材中的客房服务相关操作知识。

四、主要仪器设备及操作安全注意事项

（一）主要仪器设备

床铺2个，床单4张，被套被子各2套，枕头枕套各2套，毛毯2张，床罩2张，标准客房2间备用。

（二）操作安全注意事项

（1）注意老师示范，掌握各实训环节标准要求与要领。

（2）讲究卫生，注意个人仪容仪表。

（3）不要在现场打闹喧哗，防止碰落物品。

（4）所有操作按要求实施，动作标准，爱惜公物。

（5）组员之间相互照应，互相观摩学习。

五、实训的组织管理

（1）实训分组安排：每组2~4人。

（2）时间安排。

教学时间		实训单项名称（或任务名称）	具体内容（知识点）	学时数	备注
星期	节次				
二	3～4	整理房间	教师示范，学生跟练	2	
			整理房间的程序		
			清理浴室的程序		
			撤床标准与规范		
三	1～2 3～4	中式铺床	中式铺床程序与技巧	4	
三	5～6	夜床服务（晚间整理）	晚间服务程序与规范	2	

六、实训项目简介、实训步骤指导与注意事项

（一）房间整理程序

1. 实训项目简介

介绍客房服务房间整理程序，本实训项目旨在让学生充分了解和掌握房间整理程序标准。

2. 实训步骤指导

（1）教师讲解整理房间步骤标准。

（2）播放整理房间步骤视频。

（3）让学生按照"从里到外，从上到下，环形整理"的原则进行训练。

（4）每组轮流按原则练习，交流各自意见。

（5）教师总结点评。

3. 注意事项

（1）学生认真听课，维护好课堂纪律。

（2）注意动作规范、标准，讲话小声，勿大力敲门。

（二）中式铺床

1. 实训项目简介

客房服务员必备技能，是客房服务工作最难掌握的技能，也是日常工作任务。本实训项目主要介绍铺床的流程，旨在让学生掌握铺床的技能与技巧。

2. 实训步骤指导

（1）教师讲解中式铺床步骤标准。

（2）播放中式铺床步骤标准视频。

（3）让学生按照标准进行训练。

（4）每组轮流按原则练习，交流各自意见。

（5）教师总结点评。

3. 注意事项

（1）甩床单时手腕下压，床单中缝与床头中线相对，第一张床单要包住床垫头，两个枕头上下重叠摆放。

（2）练习有序，防止学生扭伤摔伤。

（3）结束时，所有物品归类，归位放好。

（三）夜床服务

1. 实训项目简介

客房服务员必备技能，开夜床是客房服务工作的特色服务，最能体现酒店的人性化与细节服务。本实训项目主要介绍晚间开夜床服务的流程，旨在让学生掌握开夜床的技能与技巧。

2. 实训步骤指导

（1）教师讲解夜床服务步骤标准。

（2）播放夜床服务步骤视频。

（3）让学生按标准进行训练。

（4）每组轮流按原则练习，交流各自意见。

（5）教师总结点评。

3. 注意事项

（1）留意房内照明有无损坏。

（2）将床罩折好放于衣柜底部或梳妆台下柜内。

（3）留意杯子和烟缸有无破损。

（4）不得随意丢掉报纸杂志或其他有记录的纸片。

（5）不得查看客房已摆放客人私有物品的抽屉。

（6）实训过程中，物品轻拿轻放，防止摔碎划伤。

（7）练习有序，防止学生扭伤摔伤。

（8）结束时，所有物品归类，归位放好。

七、考核标准

整理房间考核标准

项目	要求	分值	得分	扣分
房间整理	1. 进入房间，根据进房的程序和要求去做	5		
	2. 检查房间贮藏食品的小型冰柜，与固定的数额相比较	5		
	3. 观察房内情况，若此房客人刚迁出，需留意是否有遗留物品，同时留意房间内的设施物品是否损坏和丢失	5		
	4. 拉开窗帘	5		
	5. 熄灭多余的灯光	5		
	6. 撤走房内用毕的餐具或餐车	5		

项目	要求	分值	得分	扣分
房间整理	7. 收集垃圾	5		
	8. 清洗杯子和烟缸	5		
	9. 撤换床铺	5		
	10. 整理床铺（根据整理床铺的程序去做）	10		
	11. 抹尘及打蜡	5		
	12. 补充房内用品	5		
	13. 关拉纱帘	5		
	14. 将家具擦亮	5		
	15. 清洁浴室（根据清理浴室程序做）	5		
	16. 吸地	5		
	17. 环顾房间	5		
	18. 关闭房间	5		
	19. 记录	5		
实际得分				

中式铺床考核标准

项目	要求	分值	得分	扣分
中式铺床	1. 学生分组练习，按照老师的要求去操作	5		
	2. 练习床单折叠操作步骤	5		
	3. 右脚在前左脚在后，弯腰屈膝，双手提拉床垫	5		
	4. 在工作台检查物品，床尾站立准备	5		
	5. 打单干脆利落，一次成型	30		
	6. 直角包角	10		
	7. 反穿衣方法，"69折叠法"	10		
	8. 打线均匀有美感	10		
	9. 枕头饱满，无枕芯外露	15		
	10. 膝盖顶住床尾，借力前推，不破坏床单形状，将床复位	5		
实际得分				

夜床服务考核标准

项目	内容要求	分值	得分	扣分
夜床服务	1. 进入房间，根据进房的程序和要求去做	5		
	2. 检查房间贮藏食品的小型冰柜，与固定的数额相比较	5		
	3. 观察房内情况，若此房客人刚迁出，需留意是否有遗留物品，同时留意房间内的设施物品是否损坏和丢失	5		
	4. 关上窗帘	5		
	5. 打开夜灯	5		
	6. 撤走房内用毕的餐具或餐车	5		
	7. 收集垃圾	5		
	8. 清洗杯子和烟缸	5		
	9. 整理床铺	5		
	10. 床铺上摆放夜床纪念物品	10		
	11. 抹尘	5		
	12. 补充房内用品	5		
	13. 关拉纱帘	5		
	14. 将家具擦亮	5		
	15. 简单清洁浴室（根据清理浴室程序做）	5		
	16. 吸地	5		
	17. 环顾房间	5		
	18. 关闭房间	5		
	19. 记录	5		
实际得分				

课程三　前厅客房服务英语课内实训指导书

实　训　一　Booking rooms

一、实训目的

（1）熟练掌握有关酒店预订工作服务接待中常用的专业词汇，了解预订服务英语的特定表达方式。

（2）采用角色扮演的情景教学法，加强预订情景对话的训练，提高学生的听说能力，使其具有与外国客人进行交流的能力。

（3）提高语言文化方面的修养，学习酒店接待和预订服务的相关知识。

（4）通过学习，具备用英语进行酒店服务的语言能力、基本素质和对中西文化差异对比的认识。

二、实训任务

（1）Booking rooms 训练，能说预订房间、更改预定、取消预定的英语服务对话和英语服务句型。

（2）能根据不同顾客的要求，灵活地完成订房服务。

三、实训预备知识

（1）认真阅读实训指导书，复习酒店预订服务的有关知识。

（2）复习顾客支付方式：现金、银行卡、信用卡等。

四、主要仪器设备及操作安全注意事项

（一）主要仪器设备

（1）电话 1 部；

（2）银行卡 1 张（学生自备）；

（3）登记表格 1 张（学生自备）；

（4）路线图 1 张（学生自备）；

（5）名片，纸、笔等学习用具。

（二）操作安全注意事项

（1）实训场地桌子摆成圆形，凳子摆放整齐。注意对公共物品的保管和爱护。

（2）按照工作场景进行展示，同学们应该举止礼貌，不喧哗，不打闹，注意保持实训场地的整洁。

五、实训的组织管理

（1）实训分组安排：每组 4 ~ 6 人。

（2）时间安排。

教学时间		实训单项名称（或任务名称）	具体内容（知识点）	学时数	备注
星期	节次				
二	3 ~ 4	Booking room	由老师讲授	2	

六、实训项目简介、实训步骤指导与注意事项

（一）Booking rooms 实训项目简介

模拟酒店预订服务的工作流程，分步骤进行实训。分析顾客需求和工作人员的工作需求，采用情景教学法和任务驱动法来训练学生为客人提供预订房间、更改预定、取消预定的语言表达。

（二）实训步骤

1. 分析顾客和工作人员的需求

顾客预订房间时，顾客关心酒店的 price，room，breakfast，等等。

Guest will say——

I want to make a reservation with you.

I'd like to book/ reserve a room with…/facing…

I need a room with a king bed.

I'll stay 3 nights.

How much for one night?

How much per night?

What's the room rate?

I'd like a single room.

I need a double room.

May I have a suite?

Should I pay a deposit? How much should I pay?

工作人员工作时，需向顾客了解以下信息：name，phone number，arrival time，departure time，deposit。

Worker will say——

Please wait for a moment. Let me check. Yes，we have …/ sorry…but we have a…room with a view of…

How long will you stay?

May I have your name，sir/ madam/miss?

Your phone number?

When/ What time will you arrive/ leave?

I think you need to pay a deposit of 1,000 Yuan.

2. 分组练习

按预订工作流程进行分组练习，顾客方和工作人员讨论并演练场景中的语言使用：Greeting，information collecting，conforming，closing。

3. Booking rooms 情景对话练习

把学生分成一对一的小组：

（1）既要符合教师设计的背景，又要灵活设计情节，并尽可能将所学的知识点正确体现出来；

（2）结合所学知识使用道具；

（3）每个小组成员均要参与，分别扮演规定的角色。

4. 老师点评

（1）通过演练，纠正不正确的服务语言，掌握正确、礼貌地服务客人的语言技能和技巧。

（2）通过情境组合训练，将本次实训所学知识转化为学生的实际动手能力，并将子模块的片段知识整合到面对面的前厅订房服务的组合训练中。

（三）注意事项

（1）学生听从老师安排，及时改正训练过程中出现的问题。

（2）学生在完成练习后，观摩其他同学的对话练习或预习下次课的内容。不可有玩手机、打闹等影响课堂正常进行的行为。

（3）按照考核标准打分。

七、考核标准

考核内容	考核标准	评分标准	考试形式
Booking rooms	语音语调正确，表达正确、流利，合乎礼仪；几乎没有明显语法错误，允许个别发音有误。预订服务的过程完整	81～100 分	口语面试考核
	英语表达允许有停顿、重复和少数语法错误，但基本上不妨碍交流；能够运用英语进行一般的交际，能完成酒店工作中与客人的交流。预订工作的工作步骤有一定欠缺	61～80 分	
	语言表达模糊，语不达意，妨碍与客人的交流，不能胜任工作。预订工作的工作步骤缺少较多	0～60 分	

实训二　Checking in

一、实训目的

（1）熟练掌握酒店入住服务接待中常用的专业词汇，了解提供入住服务英语的特定表达方式。

（2）加强角色扮演，进行酒店前台提供入住服务情景对话的训练，提高学生的听说能力，使其可以与外国客人进行交流，顺利完成入住服务。

（3）提高语言文化方面的修养，同时掌握酒店提供入住服务接待的相关知识。

（4）通过学习，具备用英语进行酒店入住服务的语言能力、基本素质和对中西文化差异对比的认识。

二、实训任务

（1）Checking in 训练，能表达为客人提供入住服务的英语服务对话和英语服务句型。

（2）能根据不同顾客的预定，安排入住并能处理突发情况，灵活地完成入住服务。

三、实训预备知识

认真阅读实训指导书，复习前台接待服务的有关知识。

四、主要仪器设备及操作安全注意事项

（一）主要仪器设备

（1）银行卡 1 张（学生自备）;
（2）登记表格 1 张（学生自备）;
（3）停车卡 1 张（学生自备）;
（4）房卡 1 张（学生自备）;
（5）名片，纸、笔等学习用具。

（二）操作安全注意事项

（1）实训场地桌子摆成圆形，凳子摆放整齐。注意对公共物品的保管和爱护。

（2）按照工作场景进行展示，同学们应该举止礼貌，不喧哗，不打闹，注意保持实训场地的整洁。

五、实训的组织管理

（1）实训分组安排：每组 2 人。
（2）时间安排。

教学时间		实训单项名称（或任务名称）	具体内容（知识点）	学时数	备注
星期	节次				
二	3～4	Checking in	由老师讲授	2	

六、实训项目简介、实训步骤指导与注意事项

（一）Checking in 实训项目简介

模拟酒店入住服务的工作流程，分步骤进行实训。分析顾客需求和工作人员的工作需求，采用情景教学法和任务驱动法来训练学生为客人提供入住服务的语言表达。

（二）实训步骤指导

1. 分析顾客和工作人员的需求

顾客进入酒店入住时，顾客关心是否可以顺利入住。

Guest will say——

I have a reservation with you.

I have a reservation number.

I booked/ reserved a room with you/the agent/ online/ at…network.

I'd like to have my room.

I have paid the deposit of 1,000 Yuan.

工作人员工作时，需向顾客了解以下信息：name，phone number，deposit，ID card。

Worker will say——

Please wait for a moment. Let me check. …Yes，we have you here./ sorry，I can't find you.

May I have your name，sir/ madam/miss?

Your phone number?

May I have any kind of ID card?

工作人员工作时，需向顾客提供或归还以下物品：ID card，passport，bank card，room card。

Here is your…

Your room card，please. It's on the 5th floor. You can take a lift over there. When you walk out of the lift，please turn right.

When having breakfast，your can show your room card.

2. 分组练习

按预订工作流程进行分组练习，顾客方和工作人员讨论并演练场景中的语言使用：Greeting，conforming the reservation，filling the form，the room card，closing。

3. Checking in 情景对话练习

把学生分成一对一的小组：

（1）情节设计均要有微笑、接递卡片的礼仪；

（2）既要符合教师设计的背景，又要灵活设计情节，并尽可能将所学的知识点正确体现出来；

（3）结合所学知识使用道具；

（4）每个小组成员均要参与，分别扮演规定的角色。

4. 老师点评

（1）通过演练，纠正不正确的服务语言，掌握正确、礼貌地服务客人的语言技能和技巧。

（2）通过情境组合训练，将本次实训所学知识转化为学生的实际动手能力，并将子模块的片段知识整合到面对面的前厅入住服务的组合训练中。

（三）注意事项

（1）学生听从老师安排，及时改正训练过程中出现的问题。

（2）学生在完成练习后，观摩其他同学的对话练习或预习下次课的内容。不可有玩手机、打闹等影响课堂正常进行的行为。

（3）按照考核标准打分。

七、考核标准

考核内容	考核标准	评分标准	考试形式
Checking in	语音语调正确，表达正确、流利，合乎礼仪；几乎没有明显语法错误，允许个别发音有误。入住服务的过程完整	81～100 分	口语面试考核
	英语表达允许有停顿、重复和少数语法错误，但基本上不妨碍交流；能够运用英语进行一般的交际，能完成酒店工作中与客人的交流。入住的工作步骤有一定欠缺	61～80 分	
	语言表达模糊，语不达意，妨碍与客人的交流，不能胜任工作。入住的工作步骤缺少较多	0～60 分	

实训三 Require information

一、实训目的

（1）熟练掌握酒店工作中问询服务接待中常用的专业词汇，了解提供入住服务英语的特定表达方式。

（2）加强角色扮演，进行酒店问询服务接待情景对话的训练，提高学生的听说能力，使其可以与外国客人进行交流，顺利完成服务。

（3）提高语言文化方面的修养，同时掌握酒店提供问询服务接待的相关知识。

（4）通过学习，具备用英语进行酒店问询服务接待的语言能力、基本素质和对中西文化差异对比的认识。

二、实训任务

（1）Require information 训练，能说出为客人提供问询服务的英语服务对话和英语服务句型。

（2）能根据不同顾客的问询要求提供问询服务。

三、实训预备知识

复习前台接待及总机服务的问询内容和知识。

四、主要仪器设备及操作安全注意事项

（一）主要仪器设备

（1）登记表格 1 张（学生自备）；

（2）电话 1 部、前台桌椅；

（3）名片，纸、笔等学习用具。

（二）操作安全注意事项

（1）实训场地桌子摆成圆形，凳子摆放整齐。注意对公共物品的保管和爱护。

（2）按照工作场景进行展示，同学们应该举止礼貌，不喧哗，不打闹，注意保持实训场地的整洁。

五、实训的组织管理

（1）实训分组安排：每组 2～4 人。

（2）时间安排。

教学时间		实训单项名称（或任务名称）	具体内容（知识点）	学时数	备注
星期	节次				
二	3～4	Require information	由老师讲授	2	

六、实训项目简介、实训步骤指导与注意事项

（一）Require information 实训项目简介

模拟酒店提供信息问询服务的工作流程，分步骤进行实训。分析顾客需求和工作人员的工作需求，采用情景教学法和任务驱动法来训练学生为客人提供信息问询服务的语言表达。

（二）实训步骤指导

1. 分析顾客和工作人员的需求

顾客在进行信息问询时，顾客想得到准确快捷的信息咨询服务。顾客有可能需要提供准确的信息：方位、人员、the office hours、service、价格等。

Guest will say——

Where is…?

What's your office hours?

I want to visit my friend. / I have a friend in your hotel. Could you please tell me the room number/ transfer the call?

I'd like a…

Do you have…?

How much…?

工作人员工作时，需向顾客提供准确的信息：方位、人员、the office hours、service、价格等。

Worker will say——

Directions：Greeting；Tell the direction to guest（floor，left/ right，take a lift，walk through，go straight，at the end of …）.

Office hours：Greeting；Tell the office hours to guest（a.m.，p.m.，in the morning/ afternoon/ evening，from…to…，open，close）.

In-house guest：Greeting；Check the requirement of our guest；Transfer the call or not（busy，no answer，DND，confidential stay，name，leave a message，all workers leave）.

To get Something：Greeting；Tell whether you have or not.

To get service：Greeting；Introduce the service（baby-sitter，shoe shining service，laundry service，morning call service / wake-up service，provide…for…，time，24 hours service，around-the-clock service）.

2. 分组练习

按预订工作流程进行分组练习，顾客方和工作人员讨论并演练以下场景中的语言使用：Greeting，solve the problems，closing。

3. Require information 情景对话练习

把学生分成一对一小组：

（1）情节设计均要有微笑/鞠躬等礼仪；

（2）既要符合教师设计的背景，又要灵活设计情节，并尽可能将所学的知识点正确体现出来；

（3）每个小组成员均要参与，分别扮演规定的角色。

4. 老师点评

（1）通过演练，纠正不正确的服务语言，掌握正确、礼貌的服务客人的语言技能和技巧。

（2）通过情境组合训练，将本次实训所学知识转化为学生的实际动手能力，并将子模块的片段知识整合到面对面的前厅入住服务的组合训练中。

（三）注意事项

（1）学生听从老师安排，及时改正训练过程中出现的问题。

（2）学生在完成练习后，观摩其他同学的对话练习或预习下次课的内容。不可有玩手机、打闹等影响课堂正常进行的行为。

（3）按照考核标准打分。

七、考核标准

考核内容	考核标准	评分标准	考试形式
Require information	语音语调正确，表达正确、流利，合乎礼仪；几乎没有明显语法错误，允许个别发音有误。问询服务的过程完整	81～100分	口语面试考核
	英语表达允许有停顿、重复和少数语法错误，但基本上不妨碍交流；能够运用英语进行一般的交际，能完成酒店工作中与客人的交流。问询服务的工作步骤有一定欠缺	61～80分	
	语言表达模糊，语不达意，妨碍与客人的交流，不能胜任工作。问询服务的工作步骤缺少较多	0～60分	

实训四　Settling complaints

一、实训目的

（1）熟练掌握有关酒店在接待和解决投诉的工作中常用的专业词汇，了解酒店在处理投诉服务中英语的特定表达。

（2）采用角色扮演的情景教学法，加强处理投诉情景对话的训练，提高学生的听说能力，使其具有解决投诉的交流能力。

（3）提高语言文化方面的修养，学习酒店接待投诉和解决投诉服务的相关知识。

（4）通过学习，具备用英语进行酒店工作和服务的语言能力、基本素质和对中西文化差异对比的认识。

二、实训任务

（1）Settling complains 训练，能说出为客人提供解决投诉服务的英语服务对话和英语服务句型。

（2）能根据不同顾客的投诉要求，灵活地解决投诉服务。

三、实训预备知识

复习投诉服务的内容和知识。

四、主要仪器设备及操作安全注意事项

（一）主要仪器设备

（1）电话 1 部；
（2）登记表格 1 张（学生自备）；
（3）名片、纸、笔等学习用具。

（二）操作安全注意事项

（1）实训场地桌子摆成圆形，凳子摆放整齐。注意对公共物品的保管和爱护。
（2）按照工作场景进行展示，同学们应该举止礼貌，不喧哗，不打闹，注意保持实训场地的整洁。

五、实训的组织管理

（1）实训分组安排：每组 2 人。
（2）时间安排。

教学时间		实训单项名称（或任务名称）	具体内容（知识点）	学时数	备注
星期	节次				
二	3~4	Settling complains	由老师讲授	2	

六、实训项目简介、实训步骤指导与注意事项

（一）Settling complains 实训项目简介

模拟酒店接待投诉和解决投诉服务的工作流程，分步骤进行实训。分析顾客需求和工作人员的工作要求，采用情景教学法和任务驱动法来训练学生为客人提供接待和解决投诉的语言表达。

（二）实训步骤指导

1. 分析顾客和工作人员的需求
顾客进行投诉时，顾客关心酒店是否解决问题，如何解决问题，及解决问题的态度等。
Guest will say——

There is no…. in room. Need more.

TV/ air-conditioner/ lights/ hair dryer…doesn't work.

The drain/ water closet is clogged/ blocked.

There are some stains on…

…is dirty/ not clean.

工作人员工作时，需向顾客了解以下信息：顾客有什么问题，针对问题解决问题。工作人员在处理投诉时，心态要平和，态度要和蔼亲切，积极解决顾客的投诉。

The clerk will say——

I'm awful sorry for that, sir. I'll see to it right away.

I'm sorry to have caused you so much trouble, and I'll manage to solve the problem before long.

I'm so sorry for that. I'll speak to the manager and the problem will be settled soon.

Well, I understand how you feel and we'll try to do our best to help you.

Please wait for a moment. I'll arrange for you soon.

No problem, sir. We'll manage it.

I'll make a note of that. Everything will be taken care of.

I'll tell the worker to take care of that.

I'll send a housemaid to your room and clean the room up for you at once.

I'll ask our manager to come and take care of your request.

I'm sure the waitress didn't mean to be rude.

2. 分组练习

按处理投诉的工作流程进行分组练习，顾客方和工作人员讨论并演练场景中的语言使用。

Greeting；

The clerk will focus on：What's the room number? What's the problem? How to settle the problem?

Closing.

3. Booking rooms 情景对话练习

把学生分成一对一的小组：

（1）既要符合教师设计的背景，又要灵活设计情节，并尽可能将所学的知识点正确体现出来；

（2）结合所学知识使用道具；

（3）每个小组成员均要参与，分别扮演规定的角色。

4. 老师点评

（1）通过演练，纠正不正确的服务语言，掌握正确、礼貌地服务客人的语言技能和技巧。

（2）通过情境组合训练，将本次实训所学知识转化为学生的实际动手能力，并将子模块的片段知识整合到面对面的前厅订房服务的组合训练中。

（三）注意事项

（1）学生听从老师安排，及时改正训练过程中出现的问题。

（2）学生在完成练习后，观摩其他同学的对话练习或预习下次课的内容。不可有玩手机、打闹等影响课堂正常进行的行为。

（3）按照考核标准打分。

七、考核标准

考核内容	考核标准	评分标准	考试形式
Settling complaints	语音语调正确，表达正确、流利，合乎礼仪；几乎没有明显语法错误，允许个别发音有误。投诉服务的工作过程完整	81～100分	口语面试考核
	英语表达允许有停顿、重复和少数语法错误，但基本上不妨碍交流；能够运用英语进行一般的交际，能完成酒店工作中与客人的交流。投诉的工作步骤有一定欠缺	61～80分	
	语言表达模糊，语不达意，妨碍与客人的交流，不能胜任工作。投诉服务的工作步骤缺少较多	0～60分	

实训五 Telephone terminal

一、实训目的

（1）熟练掌握有关酒店总机工作服务中常用的专业词汇，了解酒店总机服务英语的特定表达方式。

（2）采用角色扮演的情景教学法和任务驱动法来加强酒店总机工作情景对话的训练，提高学生的听说能力，使其具有总机工作的交流能力。

（3）提高语言文化方面的修养，学习酒店总机工作服务的相关知识。

（4）通过学习，具备用英语进行酒店总机服务的语言能力、基本素质和对中西文化差异对比的认识。

二、实训任务

（1）Telephone terminal 训练，能说出为客人提供总机服务的英语服务对话和英语服务句型。

（2）能根据不同顾客的不同要求，灵活地完成总机服务。

三、实训预备知识

复习总机服务的内容和知识。

四、主要仪器设备及操作安全注意事项

（一）主要仪器设备

（1）电话1部；

（2）纸、笔等学习用具。

（二）操作安全注意事项

（1）实训场地桌子摆成圆形，凳子摆放整齐。注意对公共物品的保管和爱护。

（2）按照工作场景进行展示，同学们应该举止礼貌，不喧哗，不打闹，注意保持实训场地的整洁。

五、实训的组织管理

（1）实训分组安排：每组 2 人。

（2）时间安排。

教学时间		实训单项名称（或任务名称）	具体内容（知识点）	学时数	备注
星期	节次				
二	3～4	Telephone terminal	由老师讲授	2	

六、实训项目简介、实训步骤指导与注意事项

（一）Telephone terminal 实训项目简介

模拟酒店总机工作的工作流程，分步骤进行实训。分析顾客需求和工作人员的工作需求，采用情景教学法和任务驱动法来训练学生提供总机服务的语言表达。

（二）实训步骤指导

1. 分析顾客和工作人员的需求

顾客拨打总机电话，需要服务的内容主要有：叫醒服务和转接电话。

Guest will say——

Morning call service：

I need morning call service.

Do you have morning call service?

Could you please wake me up at 6：00 a.m.?

Transfer a call：

I'd like to visit my friend. He lives in your hotel. Could you please transfer the call?

工作人员工作时，需向顾客了解以下信息：name，phone number，the room number，the second call。

Worker will say——

Morning call service：

What time would you like to wake you up?

7：00 on tomorrow morning? By the way，would you like your second call after 10 minutes?

Certainly，Mr. Lin. Your room number is 601，we will wake you up at 7：00 tomorrow morning. And your last name spelling is L-i-N Mr.Lin，right?

Is there anything else I can do for you?

Wish you have a nice dream.

Transfer a phone：

Hilton Hotel. My name is… How may I help you?

May I have the room number/guest name please?

I'm sorry，sir/madam，may I have your name（and your company name）?

Please wait a moment.

I'll put you through. Thank you for calling!

（With in-house guest）I'll put you through. Thanks and wish you a nice stay!

Is there anything else I can do for you?

Thank you for calling.

Wish you have a nice day!

Good morning/afternoon，this is operator，Mr/Ms.XXX from XXX company wants to speak with you. Can I put him/her through?

Sorry for kept you waiting. I'll put you through.

I'm sorry，Sir/Madam. I cannot find the guest with this name. May I put you through to Front. Desk? You can check more details with them.

2. 分组练习

按预订工作流程进行分组练习，顾客方和工作人员讨论并演练场景中的语言使用。

Morning call service：

Greeting.

Information collecting：name，room number，time，the second call.

Conforming.

Closing.

Transfer a call：

Greeting.

Information collecting on the out-house guest and the in-house guest：

The in-house guest's name and the room number；

The out-house guest's name.

Conforming the information with the in-house guest：

If yes，transfer the call；

If not，say sorry to the out-house guest and give somele reasons.

Closing.

3. Operator terminal 情景对话练习

把学生分成一对一的小组：

（1）既要符合教师设计的背景，又要灵活设计情节，并尽可能将所学的知识点正确体现出来；

（2）结合所学知识使用道具；

（3）每个小组成员均要参与，分别扮演规定的角色。

4. 老师点评

（1）通过演练，纠正不正确的服务语言，掌握正确、礼貌地服务客人的语言技能和技巧。

（2）通过情境组合训练，将本次实训所学知识转化为学生的实际动手能力，并将子模块的片段知识整合到面对面的前厅订房服务的组合训练中。

（三）注意事项

（1）学生听从老师安排，及时改正训练过程中出现的问题。

（2）学生在完成练习后，观摩其他同学的对话练习或预习下次课的内容。不可有玩手机、打闹等影响课堂正常进行的行为。

（3）按照考核标准打分。

七、考核标准

考核内容	考核标准	评分标准	考试形式
Telephone terminal	语音语调正确，表达正确、流利，合乎礼仪；几乎没有明显语法错误，允许个别发音有误。总机叫醒和转机服务的过程完整	81～100分	口语面试考核
	英语表达允许有停顿、重复和少数语法错误，但基本上不妨碍交流；能够运用英语进行一般的交际，能完成酒店工作中与客人的交流。总机叫醒和转机服务的工作步骤有一定欠缺	61～80分	
	语言表达模糊，语不达意，妨碍与客人的交流，不能胜任工作。总机叫醒和转机服务的工作步骤缺少较多	0～60分	

实训六　Check out

一、实训目的

（1）熟练掌握有关酒店前台客人离店服务常用的专业词汇，了解酒店前台离店服务英语的特定表达。

（2）采用角色扮演的情景教学法和任务驱动法来加强酒店前台离店服务的工作情景对话训练，提高学生的听说能力，使其具有前台离店的交流能力。

（3）提高语言文化方面的修养，学习酒店前台离店的工作服务的相关知识。

（4）通过学习，具备用英语进行酒店前台服务的语言能力、基本素质和对中西文化差异对比的认识。

二、实训任务

（1）Check out 训练，能说出为客人提供结账离开酒店服务的英语服务对话和英语服务句型。

（2）能安排结账离开，并能处理突发情况，灵活地完成结账服务。

三、实训预备知识

复习前台接待和客房服务的有关知识。

四、主要仪器设备及操作安全注意事项

（一）主要仪器设备

（1）银行卡 1 张（学生自备）；
（2）登记表格 1 张（学生自备）；
（3）房卡 1 张（学生自备）；
（4）客人消费账单（学生自备）。

（二）操作安全注意事项

（1）实训场地桌子摆成圆形，凳子摆放整齐。注意对公共物品的保管和爱护。
（2）按照工作场景进行展示，同学们应该举止礼貌，不喧哗，不打闹，注意保持实训场地的整洁。

五、实训的组织管理

（1）实训分组安排：每组 2 人。
（2）时间安排。

教学时间		实训单项名称（或任务名称）	具体内容（知识点）	学时数	备注
星期	节次				
二	3 ～ 4	Check out	由老师讲授	2	

六、实训项目简介、实训步骤指导与注意事项

（一）check out 实训项目简介

模拟酒店前台客人离店服务的工作流程，分步骤进行实训。分析顾客需求和工作人员的工作需求，采用情景教学法和任务驱动法来训练学生提供前台离店服务的语言表达。

（二）实训步骤

1. 分析顾客和工作人员的需求
顾客在离店时，需要服务的内容主要有：尽快付账，账单无误，交回房卡。
Guest will say——

I've to check out now. I was in Room 305. Get me the bill, please.

I'm leaving for Beijing tomorrow. Will you close my account?

I'm checking out this afternoon. What time must I vacate the room?

I'd like to settle my bill now. I'm leaving around ten.

Pay the bill.

工作人员工作时，需向顾客了解以下信息：name, the room number, prepare the bill, solve the problems of bill, the way of payment。

Worker will say——

This figure accounts for the laundry service.

That's for things consumed from the fridge.

I'm sorry, sir. We don't have any discount for long-distance calls.

Item 6 is the charge for phone calls.

That's for the lunch you ordered from your room.

Your overseas call is included in the bill.

Here is your receipt.

How would you like to pay the bill/ make the payment?

The credit limit set is…

I'm sorry. We have to wait for the final chit. Would you please wait for a while?...

Here's your bill.

Shall I make out a single bill or two separate bills?

May I have the room card, please?

I'll draw up your bill… Your bill totals …

2. 分组练习

按预订工作流程进行分组练习，顾客方和工作人员讨论并演练场景中的语言使用。

Check-out service：

Hotel staff: greeting, ask the time, room number, name, prepare bill, explain some items, how to pay, closing.

3. Operator terminal 情景对话练习

把学生分成一对一的小组：

（1）既要符合教师设计的背景，又要灵活设计情节，并尽可能将所学的知识点正确体现出来；

（2）结合所学知识使用道具；

（3）每个小组成员均要参与，分别扮演规定的角色。

4. 老师点评

（1）通过演练，纠正不正确的服务语言，掌握正确、礼貌地服务客人的语言技能和技巧。

（2）通过情境组合训练，将本次实训所学知识转化为学生的实际动手能力，并将子模块的片段知识整合到面对面的前厅订房服务的组合训练中。

（三）注意事项

（1）学生听从老师安排，及时改正训练过程中出现的问题。

（2）学生在完成练习后，观摩其他同学的对话练习或预习下次课的内容。不可有玩手机、打闹等影响课堂正常进行的行为。

（3）按照考核标准打分。

七、考核标准

考核内容	考核标准	评分标准	考试形式
Check out	语音语调正确，表达正确、流利，合乎礼仪；几乎没有明显语法错误，允许个别发音有误。为客人提供结账服务的过程完整	81～100分	口语面试考核
	英语表达允许有停顿、重复和少数语法错误，但基本上不妨碍交流；能够运用英语进行一般的交际，能完成酒店工作中与客人的交流。为客人提供结账的工作步骤有一定欠缺	61～80分	
	语言表达模糊，语不达意，妨碍与客人的交流，不能胜任工作。为客人提供结账的工作步骤缺少较多	0～60分	

实训七　Introducing the equipment and service to the guests

一、实训目的

（1）熟练掌握有关酒店提供酒店设施和服务讲解工作中常用的专业词汇，了解酒店问询服务英语的特定表达方式。

（2）采用角色扮演的情景教学法和任务驱动法，来加强酒店提供酒店设施和服务讲解工作的情景对话训练，提高学生的听说能力，使其具有提供问询工作的交流能力。

（3）提高语言文化方面的修养，学习酒店总机工作服务的相关知识。

（4）通过学习，具备用英语进行酒店提供设施和服务讲解工作服务的语言能力、基本素质和对中西文化差异对比的认识。

二、实训任务

（1）Introducing the equipment and service to the guests 训练，能说出设施的方位和名称，并掌握能告知顾客如何使用酒店设施的英语服务对话和英语服务句型。

（2）能根据不同顾客的要求，灵活地为顾客提供服务。

三、实训预备知识

认真阅读课内容，复习介绍设备的短语及相关的知识。

四、主要仪器设备及操作安全注意事项

（一）主要仪器设备

纸、笔等学习用具。

（二）操作安全注意事项

（1）实训场地桌子摆成圆形，凳子摆放整齐，注意对公共物品的保管和爱护。

（2）按照工作场景进行展示，同学们应该举止礼貌，不喧哗，不打闹，注意保持实训场地的整洁。

五、实训的组织管理

（1）实训分组安排：每组 2 人。
（2）时间安排。

教学时间		实训单项名称（或任务名称）	具体内容（知识点）	学时数	备注
星期	节次				
二	3～4	Introducing the equipment and service to the guests	由老师讲授	2	

六、实训项目简介、实训步骤指导与注意事项

（一）Introducing the equipment and service to the guests 实训项目简介

模拟酒店工作的工作流程，分步骤进行实训。分析顾客需求和工作人员的工作需求，采用情景教学法和任务驱动法来训练学生提供酒店设施和服务讲解的语言表达。

（二）实训步骤指导

1. 分析顾客和工作人员的需求

顾客询问酒店设施和服务时，需要服务的内容主要有：什么设施/服务，特色，收费，怎么使用设施。

Guest will say——

What service do you have?

Do you have.../...service?

How much...?

How will charge...?

How may I use it?

工作人员工作时，需向顾客了解以下信息：What kind of amenities we have, why it's so attractive, how to use, how to charge。

Worker will say——

Parking lot, parking permit, remoter, yoga, indoor and outdoor pool, spa, fitness center, business center, chinese restaurant, western restaurant, bakery, hairdresser, fridge, mini-bar, shaver point, bottle opener.

The hot water supply is from…to…

You can call any place if you like. The charges will be paid when you check out.

If you want to have breakfast in the room, mark down, and hang the menu outside the door before you go to bed tonight.

Room 1698 is a room with a wide view, overlooking Yangtze River.

Welcome to the fifth floor, I'm the floor attendant.

Your room is equipped with an electronic safe, and you can keep your valuables in it.

So you can use our business center. There are some computers.

If you don't want to change the sheets, please put the card on your bed.

2. 分组练习

按讲解设施和服务的工作流程进行分组练习，顾客方和工作人员讨论并演练场景中的语言使用。

Greeting; tell the name of the facilities and service; explain the facilities and service; closing.

3. 情景对话练习

把学生分成一对一的小组：

（1）既要符合教师设计的背景，又要灵活设计情节，并尽可能将所学的知识点正确体现出来；

（2）结合所学知识使用道具；

（3）每个小组成员均要参与，分别扮演规定的角色。

4. 老师点评

（1）通过演练，纠正不正确的服务语言，掌握正确、礼貌的服务客人的语言技能和技巧。

（2）通过情境组合训练，将本次实训所学知识转化为学生的实际动手能力，并将子模块的片段知识整合到面对面的前厅客房服务的组合训练中。

（三）注意事项

（1）学生听从老师安排，及时改正训练过程中出现的问题。

（2）学生在完成练习后，观摩其他同学的对话练习或预习下次课的内容。不可有玩手机、打闹等影响课堂正常进行的行为。

（3）按照考核标准打分。

七、考核标准

考核内容	考核标准	评分标准	考试形式
Introducing the equipment and service to the guests	语音语调正确，表达正确、流利，合乎礼仪；几乎没有明显语法错误，允许个别发音有误。介绍酒店设施和酒店服务的服务过程完整	81～100 分	口语面试考核
	英语表达允许有停顿、重复和少数语法错误，但基本上不妨碍交流；能够运用英语进行一般的交际，能完成酒店工作中与客人的交流。介绍酒店设施和酒店服务的工作步骤有一定欠缺	61～80 分	
	语言表达模糊，语不达意，妨碍与客人的交流，不能胜任工作。介绍酒店设施和酒店服务的工作步骤缺少较多	0～60 分	

实训八　Tidy room and laundry service

一、实训目的

（1）熟练掌握有关酒店提供整理房间和洗衣服务工作中常用的专业词汇，了解酒店在整理客房和洗衣服务中英语的特定表达。

（2）采用角色扮演的情景教学法，加强处理整理房间和洗衣服务情景对话的训练，提高学生的听说能力，使其具有整理房间和洗衣服务的交流能力。

（3）提高语言文化方面的修养，学习酒店整理房间和洗衣服务的相关知识。

（4）通过学习，具备用英语进行酒店工作和服务的语言能力、基本素质和对中西文化差异对比的认识。

二、实训任务

（1）Tidy room and laundry service 训练，能了解客户要求，会说整理房间和洗衣服务的衣物名称及价格，并能按照客户的要求进行安排，并告知顾客清理的时间或衣物送回的时间。

（2）能根据不同顾客的要求，灵活地为顾客提供服务。

三、实训预备知识

认真阅读课内容，复习整理房间和提供洗衣服务的短语及相关的知识。

四、主要仪器设备及操作安全注意事项

（一）主要仪器设备

（1）洗衣服务登记表格 1 张（学生自备）；

（2）名片、纸、笔等学习用具。

（二）操作安全注意事项

（1）实训场地桌子摆成圆形，凳子摆放整齐。注意对公共物品的保管和爱护。

（2）按照工作场景进行展示，同学们应该举止礼貌，不喧哗，不打闹，注意保持实训场地的整洁。

五、实训的组织管理

（1）实训分组安排：每组 2 人。

（2）时间安排。

教学时间		实训单项名称（或任务名称）	具体内容（知识点）	学时数	备注
星期	节次				
二	3～4	Tidy room and laundry service	由老师讲授	2	

六、实训项目简介、实训步骤指导与注意事项

（一）Tidy room and laundry service 实训项目简介

模拟酒店客房整理和洗衣服务的工作流程，分步骤进行实训。分析顾客需求和工作人员的工作要求，采用情景教学法和任务驱动法来训练学生为客人提供客房整理和洗衣服务的语言表达。

（二）实训步骤指导

1. 分析顾客和工作人员的需求

顾客要求整理房间和洗衣服务时，顾客会提出打扫时间和洗衣要求，洗衣价格，何时取回衣服等。

Guest will say——

Water by hand，dry-clean，express service，Extra charge.

Please clean my room at 5：35 p.m.

When will you clean room?

I need laundry service.

Could you please clean this for me?

I have something to clean.

How much is it for…?

When could I fetch/ get my…?

Please send my…to my room at 5：30 p.m.

How soon can I have my clothes back?

How much is it to wash a coat?

I need laundry service, but where should I put the dirty clothes?

How much for a coat with leather?

When can I get them?

Could you make it quickly?

工作人员工作时，需向顾客了解以下信息：什么时候打扫，提醒客人填表、签字，回答客人问题等。

The clerk will say——

laundry bag, laundry form.

If anything is needed, please let us know. We shall always be at your service.

I'll ask a maid to do/clean/ make up your room.

There is a guide book on the desk. Please have a look. I think you can find something useful.

There is a laundry form and a laundry bag.

We'll bring them back…

We'll deliver/give them…

Could you please fill out the laundry form?

Please put your stuff in the laundry bag.

I believe there is some information on the laundry form.

The worker will be there in a few minutes.

I will send someone to pick up your clothes right now.

We offer a rush/quick/ express service. It's just 5 Yuan extra for each one.

If you need quick laundry service, you can get it back in 5 hours, but there will be 50% surcharge.

2. 分组练习

按客人要求清理房间和洗衣服务的工作流程进行分组练习，顾客方和工作人员讨论并演练场景下的语言使用。

Tidy room service：

Greeting.

The requirement of guests.

Do the service.

Laundry service：

Greeting；

The requirement of guests：when/how much/the time of getting clothes/fill the form/sign name.

Closing.

3. Tidy room and laundry service 情景对话练习

把学生分成一对一的小组：

（1）既要符合教师设计的背景，又要灵活设计情节，并尽可能将所学的知识点正确体现出来；

（2）结合所学知识使用道具；

（3）每个小组成员均要参与，分别扮演规定的角色。

4. 老师点评

（1）通过演练，纠正不正确的服务语言，掌握正确、礼貌的服务客人的语言技能和技巧。

（2）通过情境组合训练，将本次实训所学知识转化为学生的实际动手能力，并将子模块的片段知识整合到面对面的客房服务的组合训练中。

（三）注意事项

（1）学生听从老师安排，及时改正训练过程中出现的问题。

（2）学生在完成练习后，观摩其他同学的对话练习或预习下次课的内容。不可有玩手机、打闹等影响课堂正常进行的行为。

（3）按照考核标准打分。

七、考核标准

考核内容	考核标准	评分标准	考试形式
Tidy room and laundry service	语音语调正确，表达正确、流利，合乎礼仪；几乎没有明显语法错误，允许个别发音有误。打扫客房服务和洗衣服务的工作过程完整	81～100分	口语面试考核
	英语表达允许有停顿、重复和少数语法错误，但基本上不妨碍交流；能够运用英语进行一般的交际，能完成酒店工作中与客人的交流。打扫客房服务和洗衣服务的工作步骤有一定欠缺	61～80分	
	语言表达模糊，语不达意，妨碍与客人的交流，不能胜任工作。打扫客房服务和洗衣服务的工作步骤缺少较多	0～60分	

实训九 Repair service and wake-up call service

一、实训目的

（1）熟练掌握有关酒店处理维修服务和叫醒服务的工作中常用的专业词汇，了解酒店在处理维修和叫醒服务中英语的特定表达。

（2）采用角色扮演的情景教学法，加强处理投诉情景对话的训练，提高学生的听说能力，使其具有解决维修和叫醒服务的交流能力。

（3）提高语言文化方面的修养，学习酒店接待处理维修服务和叫醒服务的相关知识。

（4）通过学习，具备用英语进行酒店工作和服务的语言能力、基本素质和对中西文化差异对比的认识。

二、实训任务

（1）Repair service and wake-up call service 训练，能了解顾客反映或投诉的问题，并能按照顾客的要求进行安排，并告知顾客解决的办法。

（2）能根据不同顾客的要求，灵活地为顾客提供服务。

三、实训预备知识

认真阅读课内容，复习解决维修和叫醒服务的短语及相关的知识。

四、主要仪器设备及操作安全注意事项

（一）主要仪器设备

（1）电话1部；

（2）登记表格1张（学生自备）；

（3）名片、纸、笔等学习用具。

（二）操作安全注意事项

（1）实训场地桌子摆成圆形，凳子摆放整齐。注意对公共物品的保管和爱护。

（2）按照工作场景进行展示，同学们应该举止礼貌，不喧哗，不打闹，注意保持实训场地的整洁。

五、实训的组织管理

（1）实训分组安排：每组2人。

（2）时间安排。

教学时间		实训单项名称（或任务名称）	具体内容（知识点）	学时数	备注
星期	节次				
二	3~4	Repair service and wake-up call service	由老师讲授	2	

六、实训项目简介、实训步骤指导与注意事项

（一）Repair service and wake-up call service 实训项目简介

模拟酒店处理维修服务和叫醒服务的工作流程，分步骤进行实训。分析顾客需求和工作人员的工作要求，采用情景教学法和任务驱动法来训练学生为客人提供接待和解决投诉的语言表达。

（二）实训步骤指导

1. 分析顾客和工作人员的需求

A：Repair service

顾客要求维修服务时，顾客关心酒店是否解决问题，如何解决问题及解决问题的态度等。

Guest will say——

There is something wrong with...

I think...can't work.

I believe...is broken.

Could you please send someone to fix/ repair it?

It's too terrible, the...is broken/ doesn't work.

Please check...soon.

I can't find.... Would you please check it?

工作人员工作时，需向顾客了解以下信息：顾客有什么问题，针对问题解决问题。工作人员在处理投诉时，心态要平和，态度要和蔼亲切，积极解决问题。

The clerk will say——

I'll send for an electrician from the Maintenance Department.

I'll send...to your room.

We'll send someone to repair it immediately.

We'll send our staff to fix it now.

An engineer will come and check it now.

I'll report it to the maintenance.

We will get a new one for you.

We will soon send someone to fix it.

B：Wake-up call service

顾客要求叫醒服务时，顾客关心酒店是否有叫醒服务，如何叫醒等。

Guest will say——

I'd like a morning call service.

Could you please wake me up at 5：00 in the morning?

I need to catch a plane. Could you please get me up at...?

Please call me up at...

工作人员工作时，需向顾客了解以下信息：要求什么服务，几点叫醒，第二遍叫醒，怎么叫醒。

The clerk will say——

Good evening, Service Center, this is...

May I help you, Mr. Tan?

What time would you like to wake you up?

7：00 on tomorrow morning? By the way, would you like a second call after 10 minutes?

Certainly, Mr. Tan. Your room number is 601.

We will wake you up at 7：00 tomorrow morning.

And your last name spelling is T-A-N Mr. Tan, right?

Is there anything else I can do for you?

Wish you have a nice dream.

2. 分组练习

A：Repair service

按提供维修服务的工作流程进行分组练习，顾客方和工作人员讨论并演练场景中的语言使用。

Greeting，room number，name of guest，your arrangement，sorry，send/ask，report to，tell to Maintenance department/Electrician manager，wishes.

B：wake-up call service

按处理叫醒服务的工作流程进行分组练习，顾客方和工作人员讨论并演练场景中的语言使用。

Greeting，room number，name of guest，time of waking-up，the second call，wishes.

3. Repair service and wake-up call service 情景对话练习

把学生分成一对一的小组：

（1）既要符合教师设计的背景，又要灵活设计情节，并尽可能将所学的知识点正确体现出来；

（2）结合所学知识使用道具；

（3）每个小组成员均要参与，分别扮演规定的角色。

4. 老师点评

（1）通过演练，纠正不正确的服务语言，掌握正确、礼貌地服务客人的语言技能和技巧。

（2）通过情境组合训练，将本次实训所学知识转化为学生的实际动手能力，并将子模块的片段知识整合到面对面的前厅订房服务的组合训练中。

（三）注意事项

（1）学生听从老师安排，及时改正训练过程中出现的问题。

（2）学生在完成练习后，观摩其他同学的对话练习或预习下次课的内容。不可有玩手机、打闹等影响课堂正常进行的行为。

（3）按照考核标准打分。

七、考核标准

考核内容	考核标准	评分标准	考试形式
Repair service and wake-up call service	语音语调正确，表达正确、流利，合乎礼仪；几乎没有明显语法错误，允许个别发音有误。维修服务和叫醒服务的工作过程完整	81～100分	口语面试考核
	英语表达允许有停顿、重复和少数语法错误，但基本上不妨碍交流；能够运用英语进行一般的交际，能完成酒店工作中与客人的交流。维修服务和叫醒服务的工作步骤有一定欠缺	61～80分	
	语言表达模糊，语不达意，妨碍与客人的交流，不能胜任工作。维修服务和叫醒服务的工作步骤缺少较多	0～60分	

实训十　Room service

一、实训目的

（1）熟练掌握有关酒店处理客房服务的工作中常用的专业词汇，了解酒店在处理客房服务中英语的特定表达。

（2）采用角色扮演的情景教学法，加强处理客房服务情景对话的训练，提高学生的听说能力，使其具有解决客房服务的交流能力。

（3）提高语言文化方面的修养，学习酒店客房服务的相关知识。

（4）通过学习，具备用英语进行酒店工作和服务的语言能力、基本素质和对中西文化差异对比的认识。

二、实训任务

（1）Room service 训练，能提供客房服务，并能按照顾客的要求进行安排，并告知顾客解决的办法。

（2）能根据不同顾客的要求，灵活地为顾客提供服务。

三、实训预备知识

认真阅读课内容，复习客房服务的短语及相关的知识。

四、主要仪器设备及操作安全注意事项

（一）主要仪器设备

（1）登记表格 1 张（学生自备）；

（2）名片、纸、笔等学习用具。

（二）操作安全注意事项

（1）实训场地桌子摆成圆形，凳子摆放整齐。注意对公共物品的保管和爱护。

（2）按照工作场景进行展示，同学们应该举止礼貌，不喧哗，不打闹，注意保持实训场地的整洁。

五、实训的组织管理

（1）实训分组安排：每组 2 人。

（2）时间安排。

教学时间		实训单项名称（或任务名称）	具体内容（知识点）	学时数	备注
星期	节次				
二	3～4	Room service	由老师讲授	2	

六、实训项目简介、实训步骤指导与注意事项

（一）Room service 实训项目简介

模拟酒店处理客房服务的工作流程，分步骤进行实训。分析顾客需求和工作人员的工作要求，采用情景教学法和任务驱动法来训练学生为客人提供客房服务的语言表达。

（二）实训步骤指导

1. 分析顾客和工作人员的需求

顾客要求客房服务时，顾客关心酒店是否有客房服务、点单、收费、送达时间等。

Guest will say——

Call the operator

Hello，I need a room service.

Would you please bring my breakfast at 7：00?

I like....

When...?

How much...?

工作人员工作时，需向顾客了解以下信息：顾客要求，点单项目，几点送到。

The clerk will say——

We provide good room service.

Anything more beside the breakfast?

Your breakfast will be sent to your room in 10 minutes.

There will be a wait of 15 minutes.

Sir，you ordered...

We'll work from...to...

The office is open from...to...

Have breakfast in the room.

The menu is on the desk in your room. Please mark down the time and the dishes and hang it on the handle.

May I have your order，sir/madam?

How many bottles of...?

Which brand would you like?

How many glasses would you like?

Is that all/ anything else?

Your order will be there within 20 minutes.

Sorry，could you repeat that，please，sir?

Could you please recommend something local?

Is that correct?

Would you like a dessert, sir/ madam?

2. 分组练习

按提供维修服务的工作流程进行分组练习，顾客方和工作人员讨论并演练场景下的语言使用。

Greeting，guest's information，room number，name of guest，time，dishes，conformation，wishes.

3. Room service 情景对话练习

把学生分成一对一的小组：

（1）既要符合教师设计的背景，又要灵活设计情节，并尽可能将所学的知识点正确体现出来；

（2）结合所学知识使用道具；

（3）每个小组成员均要参与，分别扮演规定的角色。

4. 老师点评

（1）通过演练，纠正不正确的服务语言，掌握正确、礼貌地服务客人的语言技能和技巧。

（2）通过情境组合训练，将本次实训所学知识转化为学生的实际动手能力，并将子模块的片段知识整合到面对面的前厅订房服务的组合训练中。

（三）注意事项

（1）学生听从老师安排，及时改正训练过程中出现的问题。

（2）学生在完成练习后，观摩其他同学的对话练习或预习下次课的内容。不可有玩手机、打闹等影响课堂正常进行的行为。

（3）按照考核标准打分。

七、考核标准

考核内容	考核标准	评分标准	考试形式
Room service	语音语调正确，表达正确、流利，合乎礼仪；几乎没有明显语法错误，允许个别发音有误。客房服务的工作过程完整	81～100 分	口语面试考核
	英语表达允许有停顿、重复和少数语法错误，但基本上不妨碍交流；能够运用英语进行一般的交际，能完成酒店工作中与客人的交流。客房服务的工作步骤有一定欠缺	61～80 分	
	语言表达模糊，语不达意，妨碍与客人的交流，不能胜任工作。客房服务工作的工作步骤缺少较多	0～60 分	

课程四　餐饮服务英语课内实训指导书

实训一　Booking in a restaurant

一、实训目的

（1）熟练掌握有关酒店餐厅服务接待中常用的专业词汇，了解酒店服务英语的特定表达方式。

（2）加强角色扮演酒店餐厅情景对话的训练，提高学生的听说能力，使其可以与外国客人进行交流。

（3）提高语言文化方面的修养，同时对酒店餐厅接待的相关知识有所了解。

（4）通过学习，具备用外语进行酒店餐厅服务的语言能力、基本素质和对中西文化差异对比的认识。

二、实训任务

（1）Booking in a restaurant 训练，能说预订座位、更改预定、取消预定的英语服务对话和英语服务句型。

（2）能根据不同顾客的要求，灵活地完成订座服务。

三、实训预备知识

认真阅读实训指导书，复习课堂讲解的餐厅订座的有关知识。

四、主要仪器设备及操作安全注意事项

（一）主要仪器设备

（1）电话 1 部；

（2）登记表格 1 张（学生自备）；

（3）名片、纸、笔等学习用具。

（二）操作安全注意事项

（1）实训场地桌子摆成圆形，凳子摆放整齐。注意对公共物品的保管和爱护。

（2）按照工作场景进行展示，同学们应该举止礼貌，不喧哗，不打闹，注意保持实训场地的整洁。

五、实训的组织管理

（1）实训分组安排：每组 2 人。

（2）时间安排。

教学时间		实训单项名称（或任务名称）	具体内容（知识点）	学时数	备注
星期	节次				
五	1～2	Booking in a restaurant	由老师讲授	2	

六、实训项目简介、实训步骤指导与注意事项

（一）Booking in a restaurant 实训项目简介

模拟酒店处理餐厅预订座位服务的工作流程，分步骤进行实训。分析顾客需求和工作人员的工作要求，采用情景教学法和任务驱动法来训练学生为客人提供餐厅预订座位的语言表达。

（二）实训步骤指导

1. 分析顾客和工作人员的需求

顾客要求预订座位时，顾客关心酒店是否有座位，客人是否有自己的座位要求，了解到达酒店时间等。

Guest will say——

Reserve/Book a table for...people at...

Make a reservation

Confirm/ Change/ Cancel

Can I bring...?

Is there any corkage fee?

May I pay by credit card?

工作人员工作时，需向顾客了解以下信息：顾客要什么样的座位，什么时间到达，几人，付款方式等。

The clerk will say——

When /What time will you come?

For what time?

How many people in your party?

How many people will there be?

For how many people, please?

How many people, please?

May I know your name, please?

Your name, please?

I'm sorry. we don't have any table at that time，but there will be one at…

We'll hold/keep the table for you about 20 minutes/ till…o'clock.

There is no corkage fee for brought in liquors.

Sorry，we don't have/ provide reservation service on 18th.

2. 分组练习

按提供餐厅预订座位服务的工作流程进行分组练习，顾客方和工作人员讨论并演练场景下的语言使用。

Greeting；When…?What kind of table do you want …?How many people…?Name; Phone number; How long will we keep the table? Wishes.

3. Booking in a restaurant 情景对话练习

把学生分成一对一的小组：

（1）既要符合教师设计的背景，又要灵活设计情节，并尽可能将所学的知识点正确体现出来；

（2）结合所学知识使用道具；

（3）每个小组成员均要参与，分别扮演规定的角色。

4. 老师点评

（1）通过演练，纠正不正确的服务语言，掌握正确、礼貌地服务客人的语言技能和技巧。

（2）通过情境组合训练，将鞠躬、递交名片、握手、微笑的知识化为学生的实际动手能力，并将子模块的片段知识整合到面对面的前厅订房服务的组合训练中。

（三）注意事项

（1）学生听从老师安排，及时改正训练过程中出现的问题。

（2）学生在完成练习后，观摩其他同学的对话练习或预习下次课的内容。不可有玩手机、打闹等影响课堂正常进行的行为。

（3）按照考核标准打分。

七、考核标准

考核内容	考核标准	评分标准	考试形式
Booking in a restaurant	语音语调正确，表达正确、流利，合乎礼仪；没有明显语法错误，允许个别发音有误。餐桌预订服务的工作过程完整	81～100分	口语面试考核
	英语表达允许有停顿、重复和少数语法错误，但基本上不妨碍交流；能够运用英语进行一般的交际，能完成酒店工作中与客人的交流。餐桌预订服务的工作步骤有一定欠缺	61～80分	
	语言表达模糊，语不达意，妨碍与客人的交流，不能胜任工作。餐桌预订服务的工作步骤缺少较多	0～60分	

实训二　F&B terminology

一、实训目的

（1）熟练掌握有关酒店餐饮的术语，了解酒店的餐饮术语的特定表达。

（2）采用提问的方式，角色扮演经理考核的情景教学，加强记忆的训练，提高学生的听说能力，使其具有基本的餐饮基础知识，并为提升餐厅服务交流能力打下基础。

（3）提高语言文化方面的修养，学习酒店餐厅订餐服务的相关知识。

（4）通过学习，具备用英语使用酒店餐饮术语的语言能力和基本素质。

二、实训任务

（1）F&B terminology 训练，能说出和听出酒店的餐饮常用术语。

（2）能根据不同人的发音，听出酒店的餐饮常用术语。

三、实训预备知识

复习酒店餐饮术语。

四、主要仪器设备及操作安全注意事项

（一）主要仪器设备

（1）术语单 1 份；

（2）纸、笔等学习用具。

（二）操作安全注意事项

（1）实训场地桌子摆成圆形，凳子摆放整齐。注意对公共物品的保管和爱护。

（2）按照工作场景进行展示，同学们应该举止礼貌，不喧哗，不打闹，注意保持实训场地的整洁。

五、实训的组织管理

（1）实训分组安排：每组 2 人。

（2）时间安排。

教学时间		实训单项名称（或任务名称）	具体内容（知识点）	学时数	备注
星期	节次				
五	1~2	F&B terminology	由老师讲授	2	

六、实训项目简介、实训步骤指导与注意事项

（一）F&B terminology 实训项目简介

模拟酒店进行餐饮术语考察，分步骤进行实训。按经理的工作要求，采用任务驱动法训练学生对餐饮术语的掌握和口语表达。

（二）实训步骤指导

1. 餐厅术语

F&B terminology 餐饮术语

Mise&place 备餐

Function 宴会，会议	Function sheet 订单	Set menu 套餐	Buffet 自助
A la carte 单点	Cashier 收银	Pick up 拿	
Lunch buffet 午餐自助	Hostess 领位	Breakfast buffet 早餐自助	

Cutlery 餐具

Silverware 银器	Butter knife 黄油刀	Tea spoon 茶勺
Soup spoon 汤匙	Dessert spoon 甜品勺	Demitasse spoon 小的咖啡勺

Condiments 调味品

Chili 辣椒酱	Salt 盐	Pepper 胡椒	Mustard 芥末
Soya sauce 大豆酱油	Ginger 姜	Garlic 大蒜	Ketchup 番茄酱
Mayonnaise 蛋黄酱	Sweetener 代糖	Vinegar 醋	Spiced salt 椒盐
Sugar 糖	Brown sugar 红糖	Worcestershire sauce 伍斯特沙司	

Food preparations 食品准备

Sweet 甜的	Preserved 蜜饯的	Stuffed 填馅的	Glazed 拔丝的

Ways of cooking 烹饪方式

Deep fried 炸	Smoked 熏	Barbecued 烧烤	Stewed 炖
Roasted 烘烤	Sautee 炒	Steam 蒸	Boil 煮
Stir-fry 煸	Bake 烘焙	Grill 烧烤	

Meat preparation/Chinese style 肉类准备/中国式

Shredded 撕碎	Sliced 切片	Striped 剥去，削下
Diced 切成小方块	Roll 卷	Minced 切碎
Mashed 压碎	Boneless 无骨的	Ball 丸子

Tastes/Texture 味道

Sweet 甜的	Sour, Acid 酸的	Bitter 苦的	Hot 辣的
Spicy 香的，辛辣的	Tough 硬的	Tender 软的	Delicious 美味的

Meat 肉类

Veal 小牛肉	Turkey 火鸡	Pork 猪肉	Beef 牛肉
Mutton 羊肉	Pork chop 猪排	Steak 肉排	Lamp chop 羊排
Sausage 香肠、腊肠	Ham 火腿	Bacon 腌肉	Goose liver 鹅肝
Duck 鸭肉	Chicken 鸡肉	Drumstick 鸡腿	Chicken wing 鸡翅

Shellfish 贝壳类，水生动物

Prawn 对虾	Shrimp 小虾	Scallop 扇贝	Clam 蛤
Oyster 生蚝	Mussel 青口，贻贝	Snail 蜗牛	Lobster 龙虾
Salmon 鲑鱼	Tuna 金枪鱼，鱿鱼	Arctic shellfish 北极贝	Crab 螃蟹
Weever 鲈鱼	Sea cucumber 海参	Jellyfish 海蜇	Abalone 鲍鱼
Crawfish 小龙虾			

Vegetables 蔬菜

Broccoli 西兰花	Lettuce 生菜	Cabbage 大白菜	Carrot 胡萝卜
Cucumber 黄瓜	Tomato 西红柿	Potato 土豆	Onions 洋葱
Garlic 大蒜	Cauliflower 菜花	Leek韭葱	Spinach 菠菜

2. 分组练习

按一人念一人听的方式进行分组练习，经理方和工作人员讨论并演练场景下的语言使用。

3. F&B terminology 记忆和语音练习

把学生分成一对一的小组：

（1）既要符合教师设计的背景，又要灵活设计情节，并尽可能将所学的知识点正确体现出来；

（2）结合所学知识使用道具；

（3）每个小组成员均要参与，分别扮演规定的角色。

4. 老师点评

（1）通过演练，纠正不正确的服务语言，掌握正确、礼貌地服务客人的语言技能和技巧。

（2）通过情境组合训练，将鞠躬、递交名片、握手、微笑的知识化为学生的实际动手能力，并将子模块的片段知识整合到面对面的前厅订房服务的组合训练中。

（三）注意事项

（1）学生听从老师安排，及时改正训练过程中出现的问题。

（2）学生在完成练习后，观摩其他同学的对话练习或预习下次课的内容。不可有玩手机、打闹等影响课堂正常进行的行为。

（3）按照考核标准打分。

七、考核标准

考核内容	考核标准	评分标准	考试形式
F&B terminology	练习餐饮术语时，语音语调正确，表达正确、流利；没有明显发音错误。能较好地掌握餐饮术语	81~100分	口语面试考核
	练习餐饮术语时，允许有停顿、重复和少数语音错误，但基本上不妨碍交流。掌握的餐饮术语，有一定欠缺	61~80分	
	练习餐饮术语时，语音语调表达模糊，表达不正确；有明显发音错误。不能较好地掌握餐饮术语，妨碍与客人的交流，不能胜任工作	0~60分	

实训三 Menu

一、实训目的

（1）熟练掌握有关酒店餐饮的菜单，了解酒店的餐饮菜单的特定表达。

（2）采用提问的方式，角色扮演经理考核的情景教学，加强记忆的训练，提高学生的听说能力，使其具有基本的餐饮菜单的基础知识，并为餐厅服务交流能力打下基础。

（3）提高语言文化方面的修养，学习酒店餐厅菜单的相关知识。

（4）通过学习，具备用英语使用酒店餐饮菜单的语言能力、基本素质。

二、实训任务

（1）Menu 训练，能说出菜单的菜式，并能听出就餐客人的点餐，可以在菜单上找到客人点的菜式。

（2）接待客人的英语服务句子。

三、实训预备知识

复习菜单内容，并可以读出菜单的菜式。

四、主要仪器设备及操作安全注意事项

（一）主要仪器设备

（1）菜单 1 份；

（2）纸、笔等学习用具。

（二）操作安全注意事项

（1）实训场地桌子摆成圆形，凳子摆放整齐。注意公共物品的保管和爱护。

（2）按照工作场景进行展示，同学们应该举止礼貌，不喧哗，不打闹，注意保持实训场地的整洁。

五、实训的组织管理

（1）实训分组安排：每组 2 人。

（2）时间安排。

教学时间		实训单项名称（或任务名称）	具体内容（知识点）	学时数	备注
星期	节次				
五	1～2	Menu	由老师讲授	2	

六、实训项目简介、实训步骤指导与注意事项

（一）Menu 实训项目简介

模拟酒店进行餐饮菜单的考察，分步骤进行实训。按经理的工作要求，采用任务驱动法训练学生对餐饮术语的掌握和口语表达。

（二）实训步骤指导

1. Menu

※ （C）Chicken 含鸡肉　（P）pork 含猪肉　（N）nuts 含坚果　（V）vegetarian 素食

※ All above prices are subject to 15% service charge.（以上价格需加收 15%服务费）

Breakfast

（1）Healthy breakfast

Freshly squeezed fruit juice-choice of orange, grapefruit, apple, watermelon or carrot

Natural yoghurt or Bircher Muesli（N）

Organic egg white omelet（V）

Whole wheat bread roll or whole wheat toast with jam（V）

Seasonal fresh fruit（V）

Choice of freshly brewed coffee, tea or soya milk

（2）American breakfast（available all day）

Freshly squeezed fruit juice-choice of orange, grapefruit, apple, watermelon or carrot

Danish, muffin, croissant, bread roll or toast with honey, jam and marmalade （N）

Strawberry yoghurt（V）

Two eggs fried, poached, scrambled, boiled or omelet（P）

With grilled tomato, mushroom, bacon, pork sausage

Choice of freshly brewed coffee, tea or hot chocolate

（3）Shanghainese-style breakfast（available all day）

Plain, chicken, fish, beef or pork congee（P）

Or Noodle soup with vegetable, sliced pork, bamboo shoot（P）

Deep-fried Chinese dough fritters（V）

Mushroom and vegetable spring roll（V）

Tea boiled eggs（V）

Seasonal fresh fruit（V）

Choice of Chinese tea or hot soya milk

Asian breakfast

(1) Beef noodle

Five spice beef noodle soup with vegetable

(2) Pork noodle soup (P)

Noodle soup with vegetable, sliced pork, bamboo shoot

(3) Wonton noodle soup (P)

Egg noodles, pork dumpling, vegetable, chicken broth

Plain, chicken, fish, beef or pork congee (P)

Breakfast favorites

(1) French toast (V)

Cinnamon French toast with whipped cream, honey butter

(2) Pancakes or waffles (V)

Buttermilk pancakes or waffles with Canadian maple syrup

Served plain or with berries

(3) Two eggs, fried, poached, scrambled, boiled or omelet

with grilled tomato, mushroom, bacon, pork sausage (P)

(4) Organic egg-white omelet (V)

With diced vegetable and mixed green salad

(5) Eggs Benedict (P)

Ham, poached egg, home-baked English muffin, Hollandaise sauce

All-day dining

(1) Brew Salad (V)

Romaine, rocket, tomato, spinach & sesame vinaigrette

(2) Kerry Cobb

Lettuce, chicken, bacon, hard-boiled egg, tomato, avocado, cheddar & Roquefort

(3) Chicken quesadilla

Tortilla with chicken breast, cheese, onion, capsicum, jalapeno, sour cream, guacamole

(4) Classic nachos

Corn tortilla chips, tomato, green & red pepper, olive, jalapeno, cheese, guacamole

(5) Margarita pizza (V)

Tomato, cheese and basil

(6) Club sandwich (P)

Egg, bacon, grilled chicken breast, lettuce, tomato, toast

(7) steak sandwich

sliced beef sirloin, sautéed onion, French baguette, cheese

(8) Beef burger (P)

Well-done grilled beef patty, cheese, bacon, onions, tomato, lettuce, sesame burger

Complimentary sides

French fries, coleslaw and green salad tossed with olive oil (V)

The Cook

(1) Wonton noodle soup

Egg noodles, prawn pork dumpling, vegetable, chicken broth

(2) Char Kway Teow

Malaysia-style wok-fried glass noodles, seafood egg, bean sprout, spring onion

(3) Spaghetti Bolognese

Spaghetti group beef, parsley, parmesan cheese

(4) Penne

Cream based with bacon & parmesan cheese

(5) Nasi Goreng

Malaysian-style fried rice with fried egg, shrimp, pickled vegetable

(6) Chicken skewer, spicy peanut dip

(7) Butter Chicken

Butter chicken with naan, rice & sauce

(8) Hainan's chicken rice

Poached boneless chicken, cucumber, soy sauce fragrant ginger rice

(9) Black pepper beef

Wok-fired spicy beef, vegetable, steamed rice

(10) Yang Zhou fried rice (p)

Mushroom, ham, egg, shrimp, vegetable, spring onion

(11) Fish congee

Slices of cod fillet, Chinese dough fritters, anchovy, spring onion

(12) Caesar salad

Tossed romaine lettuce, Caesar dressing, bacon, crouton

Choice of chicken or smoked salmon

(13) Sirloin steak (250g)

Australian Wagyu Beef Marbling Score 3+

(14) Rib eye steak (280g)

Australian Wagyu Beef Marbling Score 3+

(15) Lamb chops (220g)

Grilled Mongolian lamb chops with garlic, rosemary

(16) Grilled chicken

Grilled chicken breast with thyme

(17) Grilled salmon

Choice of 2 complimentary side dishes

a. French fries   b. Mashed potato

Steamed rice

Sautéed seasonal vegetable   Sautéed mushroom

Sautéed baby spinach   Sautéed broccoli

Green salad

Sauces: Black pepper, red wine and mushroom cream

Vegetarian

Salads and soups

（1）Vegetarian Caesar salad（V）

Tossed romaine lettuce，Caesar dressing，parmesan cheese crouton

（2）Mixed green salad

Mixed greens，feta cheese，roasted walnut，Olive Oil

（3）Minestrone soup

Thick vegetable broth，pasta，kidney bean，parmesan cheese

（4）Cream of mushroom soup

Assortment of mushrooms soup

（5）Minestrone soup（V）

Thick vegetable broth，pasta，kidney bean，parmesan cheese

（6）Cream of mushroom soup （V）

Assortment of mushrooms crouton

（7）Curry Laksa noodle soup

Laksa soup with prawn，egg chicken，bean sprouts

（8）Beef noodle

Five spice beef noodle soup with vegetable

Beverages

Mineral water	Perrier	San Pellegrino
Evian	Natia Mineral	Ferrarelle Sparkling Mineral

Soft drink

Coca-Cola	Coca-Cola Light
Sprite	Tonic Water
Ginger ale	Soda Water
Freshly Squeezed juice	Carrot with orange
Celery with cucumber	

Hot and cold beverage

Chocolate	Milk	Fresh soy milk

Coffee selection

Freshly brewed coffee	Single espresso
Double espresso	Cappuccino
Café latter	Latte macchiato
Decaffeinated coffee	
Iced coffee	

2. 分组练习

按一人念一人听的方式进行分组练习，经理方和工作人员讨论并演练场景下的语言使用。

3. Menu 记忆和语音练习

把学生分成一对一的小组：

（1）既要符合教师设计的背景，又要灵活设计情节，并尽可能将所学的知识点正确体现出来；

（2）结合所学知识使用道具；

（3）每个小组成员均要参与，分别扮演规定的角色。

4. 老师点评

（1）通过演练，纠正不正确的服务语言，掌握正确、礼貌地服务客人的语言技能和技巧。

（2）通过情境组合训练，将鞠躬、递交名片、握手、微笑的知识化为学生的实际动手能力，并将子模块的片段知识整合到面对面的前厅订房服务的组合训练中。

（三）注意事项

（1）学生听从老师安排，及时改正训练过程中出现的问题。

（2）学生在完成练习后，观摩其他同学的对话练习或预习下次课的内容。不可有玩手机、打闹等影响课堂正常进行的行为。

（3）按照考核标准打分。

七、考核标准

考核内容	考核标准	评分标准	考试形式
Menu	练习菜单时，语音语调正确，表达正确、流利；没有明显发音错误。能较好地掌握菜单	81~100分	口语面试考核
	练习菜单时，允许有停顿、重复和少数语音错误，但基本上不妨碍交流。掌握的菜单，有一定欠缺	61~80分	
	练习菜单时，语音语调表达模糊，表达不正确；有明显发音错误。不能较好地掌握菜单，妨碍与客人的交流，不能胜任工作	0~60分	

实训四 Standard of food service

一、实训目的

（1）熟练掌握有关酒店餐厅服务标准的常用的专业词汇，了解酒店进行餐饮标准服务中英语的特定表达。

（2）采用角色扮演的情景教学法，加强酒店餐饮服务标准情景对话的训练，提高学生的听说能力，使其具有酒店餐厅餐饮标准服务的交流能力。

（3）提高语言文化方面的修养，学习酒店餐厅标准服务的相关知识。

（4）通过学习，具备用英语进行酒店餐饮工作标准和服务的语言能力、基本素质和对中西文化差异对比的认识。

二、实训任务

（1）Standard of food service 训练，能说出为客人提供餐饮服务的英语服务对话和英语服务句型。

（2）训练餐饮服务的整个流程，并可以根据不同点菜，提供餐饮服务。

三、实训预备知识

复习酒店的服务标准知识。

四、主要仪器设备及操作安全注意事项

（一）主要仪器设备

托盘 1 个，盘子 2~4 个，餐巾 1 个，水杯 2 个，菜单 1 个。

（二）操作安全注意事项

（1）实训场地桌子摆成一排，作为餐桌。

（2）按照工作场景进行展示，同学应该举止礼貌。

五、实训的组织管理

（1）实训分组安排：每组 2 人。

（2）时间安排。

教学时间		实训单项名称（或任务名称）	具体内容（知识点）	学时数	备注
星期	节次				
五	1~2	Standard of food service	由老师讲授	2	

六、实训项目简介、实训步骤指导与注意事项

（一）Standard of food service 实训项目简介

模拟酒店餐厅标准服务的工作流程，分步骤进行实训。分析顾客需求和工作人员的工作要求，采用情景教学法和任务驱动法来训练学生为客人提供餐厅标准服务的语言表达。

（二）实训步骤指导

1. 分析顾客的需求

客人就坐前的准备：

May I know how many persons you have ?

You want smoking area or non-smoking area?

Where would you like to sit?

领位并摆放餐巾，客人就座后递菜单：

Here is the menu.

Are you ready to order?

May I take your order?

如果客人说：I will order later.（我稍候再点）

Please take your time，I'll be back in a few minutes.

如果客人说：Yes，I am. 或 Yes，I do. We will order straight away.

询问客人需要什么酒水：

Would you like something to drink?

Coffee，please.

How would you like your coffee served，black or white?

What tea would you like，green tea，black tea or jasmine tea?

Would you like your tea strong or weak?

Would you like an aperitif?

This wine is only served by the bottle. How about × ×? It is served by the glass.

点菜：

What would you like to eat?

What dish would you like?

Would you like some appetizer?

当菜单时没有时：

I am afraid it is not on our menu.

I am sorry, we haven't got any more lobster（× ×）. Maybe you would like to have it tomorrow.

I am afraid the dish is not in season/out of season.

Would you like to try something else?

How about × ×? perhaps you will love it.

菜品推荐：

We serve Shanghai and Cantonese cuisine，Which one would you prefer?

Cantonese cuisine is light and clear，and Shanghai cuisine is oily.

May I suggest × ×（Japanese dried abalone，birds nest，shark's fin，sea cucumber）？

It is very popular with foreigners.

I would recommend × × to you.

× × is our chef's recommendation

What's today's special?

Today's special is × ×，with a discount of 40 percent.

It's crisp，tasty，tender，clear，strong，spicy，aromatic.

牛排、鸡蛋、汤：

How would you like your steak，rare，medium，well done?

Medium rare   Medium well

How would you like your egg served, fried, boiled or scrambled?

How would you like your egg fried, sunny side up or over easy?

How would you like your egg boiled? Hard boiled or poached?

How would you like your soup served, thick or thin?

Your dishes will take 20 minutes. Please wait a moment and enjoy your drink.

Repeat all the dish the guests have ordered.

其他常用语：

Enjoy your food/meal/drink.

This is what you've ordered.

If you want more dishes, you can order during the meal.

We offer complimentary dessert.

Are you on a special diet?

I don't eat pork, beef, chicken or mutton.

I am a vegetarian.

2. 分组练习

按提供餐厅标准服务的工作流程进行分组练习，顾客方和工作人员讨论并演练场景下的语言使用。

（1）客人就座前的准备；

（2）客人就座后；

（3）酒水；

（4）点菜；

（5）如果某种菜今天已经售完；

（6）菜品推荐；

（7）牛排、鸡蛋、汤；

（8）询问客人饮食特殊要求。

3. Standard of food service 情景对话练习

把学生分成一对一的小组：

（1）既要符合教师设计的背景，又要灵活设计情节，并尽可能将所学的知识点正确体现出来；

（2）结合所学知识使用道具；

（3）每个小组成员均要参与，分别扮演规定的角色。

4. 老师点评

（1）通过演练，纠正不正确的服务语言，掌握正确、礼貌地服务客人的语言技能和技巧。

（2）通过情境组合训练，将鞠躬、递交名片、握手、微笑的知识化为学生的实际动手能力，并将子模块的片段知识整合到面对面的前厅订房服务的组合训练中。

（三）注意事项

（1）学生听从老师安排，及时改正训练过程中出现的问题。

（2）学生在完成练习后，观摩其他同学的对话练习或预习下次课的内容。不可有玩手机、打闹等影响课堂正常进行的行为。

（3）按照考核标准打分。

七、考核标准

考核内容	考核标准	评分标准	考试形式
Standard of food service	语音语调正确，表达正确、流利，合乎礼仪；没有明显语法错误，允许个别发音有误。餐厅餐饮服务标准的工作过程完整	81～100分	口语面试考核
	英语表达允许有停顿、重复和少数语法错误，但基本上不妨碍交流；能够运用英语进行一般的交际，能完成酒店工作中与客人的交流。餐厅餐饮服务标准的工作步骤有一定欠缺	61～80分	
	语言表达模糊，语不达意，妨碍与客人的交流，不能胜任工作。餐厅餐饮服务标准的工作步骤缺少较多	0～60分	

实训五　Ordering food

一、实训目的

（1）熟练掌握有关酒店餐厅客人点餐服务工作中常用的专业词汇，了解酒店在处理点餐的服务中英语的特定表达。

（2）采用角色扮演的情景教学法，加强餐厅点餐情景对话的训练，提高学生的听说能力，使其具有酒店餐厅点餐服务的交流能力。

（3）提高语言文化方面的修养，学习酒店餐厅点餐服务的相关知识。

（4）通过学习，具备用英语进行酒店餐饮工作和服务的语言能力、基本素质和对中西文化差异对比的认识。

二、实训任务

（1）Ordering food 训练，能说问候就餐客人和接待客人的英语服务对话和英语服务句型。

（2）能根据不同的场景，完成顾客点餐的要求。

三、实训预备知识

复习接待客人及服务客人点餐的服务知识。

四、主要仪器设备及操作安全注意事项

（一）主要仪器设备

餐巾 1 个，刀叉 1 套，水杯 2 个，菜单 1 个。

（二）操作安全注意事项

（1）实训场地桌子摆成圆形，凳子摆放整齐。注意对公共物品的保管和爱护。

（2）按照工作场景进行展示，同学们应该举止礼貌，不喧哗，不打闹，注意保持实训场地的整洁。

五、实训的组织管理

（1）实训分组安排：每组 2 人。

（2）时间安排。

教学时间		实训单项名称（或任务名称）	具体内容（知识点）	学时数	备注
星期	节次				
五	1~2	Ordering food	由老师讲授	2	

六、实训项目简介、实训步骤指导与注意事项

（一）Ordering food 实训项目简介

模拟酒店处理餐厅点餐服务的工作流程，分步骤进行实训。分析顾客需求和工作人员的工作要求，采用情景教学法和任务驱动法来训练学生为客人提供餐厅点餐的语言表达。

（二）实训步骤指导

1. 分析顾客和工作人员的需求

顾客要求点餐时，顾客关心酒店是否有自己喜欢的菜品，味道如何，价格，怎么烹饪的等。

Guest will say——

May I have my menu?

May I have a...?

Do you have...?

What's the taste of...?

Could you please recommend some for me?

I'd like to order a...?

Can I order one fried egg?

Sure, sir. Sunny side up or over easy please?

Can I order one beef burger and one French fries?

Can I order one garden mixed salad?

Can I order one Australian rib eye steak?

Medium，black pepper sauce please.

Can I order a cup of coffee?

Espresso，please.

Just single.

工作人员工作时，需了解顾客喜欢什么菜品，并为客人推荐酒店特色菜或重点推广的菜品，为客人讲解菜品，什么时候上菜等。

The clerk will say——

Here is your menu，…

Would you please try…，it's delicious/ sweet…

We have nice salad. Would you like order some?

What do you say to some…?

May I take/ have your order?

Would you like to start with…?

And?

Anything else，sir/ madam/ miss?

Here is the drink list，sir. Please take your time.

What would you like to drink please?

Now is happy hour. For some beer buy one get one free. Our happy hour is from 16 pm to 20 pm everyday.

Would you like some food?

Excuse me，sir. May I repeat your order?…

Please wait a moment.

Would you please try…，it's delicious/ sweet…

We have nice salad. Would you like to order some?

May I take/ have your order?

Would you like to start with…?

And?

Anything else，sir/ madam/ miss?

2. 分组练习

按提供餐厅点餐服务的工作流程进行分组练习，顾客方和工作人员讨论并演练场景中的语言使用。

Greeting；Give menu to guest；Guest will order or not；Record guest's order；Recommend dish to guest；Conform the order of guest.

3. Ordering food 情景对话练习

把学生分成一对一的小组：

（1）既要符合教师设计的背景，又要灵活设计情节，并尽可能将所学的知识点正确体现出来；

（2）结合所学知识使用道具；

（3）每个小组成员均要参与，分别扮演规定的角色。

4. 老师点评

（1）通过演练，纠正不正确的服务语言，掌握正确、礼貌地服务客人的语言技能和技巧。

（2）通过情境组合训练，将鞠躬、递交名片、握手、微笑的知识化为学生的实际动手能力，并将子模块的片段知识整合到面对面的前厅订房服务的组合训练中。

（三）注意事项

（1）学生听从老师安排，及时改正训练过程中出现的问题。

（2）学生在完成练习后，观摩其他同学的对话练习或预习下次课的内容。不可有玩手机、打闹等影响课堂正常进行的行为。

（3）按照考核标准打分。

七、考核标准

考核内容	考核标准	评分标准	考试形式
Ordering food	语音语调正确，表达正确、流利，合乎礼仪；没有明显语法错误，允许个别发音有误。点餐服务的过程完整	81~100 分	口语面试考核
	英语表达允许有停顿、重复和少数语法错误，但基本上不妨碍交流；能够运用英语进行一般的交际，能完成酒店工作中与客人的交流。点餐工作的工作步骤有一定欠缺	61~80 分	
	语言表达模糊，语不达意，妨碍与客人的交流，不能胜任工作。点餐工作的工作步骤缺少较多	0~60 分	

实训六 Serving dishes

一、实训目的

（1）熟练掌握有关酒店餐厅上菜服务的专业词汇，了解酒店在处理上菜服务中英语的特定表达。

（2）采用角色扮演的情景教学法，加强上菜服务的情景对话的训练，提高学生的听说能力，使其具有酒店餐厅上菜服务的交流能力。

（3）提高语言文化方面的修养，学习酒店餐厅上菜服务的相关知识。

（4）通过学习，具备用英语进行酒店餐饮工作和服务的语言能力、基本素质和对中西文化差异对比的认识。

二、实训任务

（1）Serving dishes 训练，能说出为客人提供上菜服务的英语服务对话和英语服务句型。

（2）能根据不同顾客点菜安排上菜，并能处理突发情况，灵活地完成上菜服务。

三、实训预备知识

复习接待、引客人入座及上菜的有关知识。

四、主要仪器设备及操作安全注意事项

（一）主要仪器设备

托盘 1 个，盘子 2 ~ 4 个，餐巾 1 个，刀叉 1 套，水杯 2 个。

（二）操作安全注意事项

（1）实训场地桌子摆成圆形，凳子摆放整齐。注意对公共物品的保管和爱护。

（2）按照工作场景进行展示，同学们应该举止礼貌，不喧哗，不打闹，注意保持实训场地的整洁。

五、实训的组织管理

（1）实训分组安排：每组 2 人。

（2）时间安排。

教学时间		实训单项名称（或任务名称）	具体内容（知识点）	学时数	备注
星期	节次				
五	1 ~ 2	Serving disher	由老师讲授	2	

六、实训项目简介、实训步骤指导与注意事项

（一）Serving disher 实训项目简介

模拟酒店处理餐厅上菜服务的工作流程，分步骤进行实训。分析顾客需求和工作人员的工作要求，采用情景教学法和任务驱动法来训练学生为客人提供餐厅上菜服务的语言表达。

（二）实训步骤指导

1. 分析顾客和工作人员的需求

为顾客上菜时，顾客关心菜是否上齐，评论或反映菜品的情况，有加水或增加菜品的要求等。

Guest will say——

What's the first dish?

Are you sure it's shrimp?

What's the seasoning made from?

How will I use the seasoning?

Is it the last one?

It's really tasty/ delicious/ terrible/ bitter/ sweet/ good/ bad.

It's tender /tasty/ rich/ oily/ heavy/ fat/hot/ spicy.

I don't think it's what I want.

May I have more water?

I need more…

Please give us more…

工作人员工作时，需向顾客了解以下信息：顾客要什么样的座位，什么时间到达，几人，付款方式等。

The clerk will say——

Hot course

Cold course

Here is your…

We are taking…

This is the first dish/ the last dish/ dessert/ soup.

We are going to serve you…

It's delicious/ tender /tasty/ rich/ oily/ heavy/ fat.

appetizer

Side dish；Side Orders；Second Course

Main Course；main dish

Salad

Dessert

After-dinner drinks

What's the first dish?

It's made from ground shrimp.

Be made from…

A mixture of…

Mix…and…

Dip…into…

Wrap…in/ into…

Sprinkle…on/ onto…

Cut…into…

Put…in/ into…

2. 分组练习

按提供餐厅预订座位服务的工作流程进行分组练习，顾客方和工作人员讨论并演练场景下的语言使用。

Greeting；

Serve food and drinking；

The name of dish；

Explain the dish；

Bring more for guest；

Ask the comments of guest.

3. Serving dishes 情景对话练习

把学生分成一对一的小组：

（1）既要符合教师设计的背景，又要灵活设计情节，并尽可能将所学的知识点正确体现出来；

（2）结合所学知识使用道具；

（3）每个小组成员均要参与，分别扮演规定的角色。

4. 老师点评

（1）通过演练，纠正不正确的服务语言，掌握正确、礼貌的服务客人的语言技能和技巧。

（2）通过情境组合训练，将鞠躬、递交名片、握手、微笑的知识化为学生的实际动手能力，并将子模块的片段知识整合到面对面的前厅订房服务的组合训练中。

（三）注意事项

（1）学生听从老师安排，及时改正训练过程中出现的问题。

（2）学生在完成练习后，观摩其他同学的对话练习或预习下次课的内容。不可有玩手机、打闹等影响课堂正常进行的行为。

（3）按照考核标准打分。

七、考核标准

考核内容	考核标准	评分标准	考试形式
Serving dishes	语音语调正确，表达正确、流利，合乎礼仪；没有明显语法错误，允许个别发音有误。引客人入座及上菜服务的过程完整	81～100 分	口语面试考核
	英语表达允许有停顿、重复和少数语法错误，但基本上不妨碍交流；能够运用英语进行一般的交际，能完成酒店工作中与客人的交流。引客人入座及上菜服务的工作步骤有一定欠缺	61～80 分	
	语言表达模糊，语不达意，妨碍与客人的交流，不能胜任工作。引客人入座及上菜服务的工作步骤缺少较多	0～60 分	

实训七 Western food service

一、实训目的

（1）熟练掌握有关酒店餐厅西餐服务工作中常用的专业词汇，了解酒店西餐服务中英语的特定表达。

（2）采用角色扮演的情景教学法，加强西餐服务情景对话的训练，提高学生的听说能力，使其具有酒店西餐服务的交流能力。

（3）提高语言文化方面的修养，学习酒店餐厅西餐服务的相关知识。

（4）通过学习，具备用英语进行酒店餐饮工作和服务的语言能力、基本素质和对中西文化差异对比的认识。

二、实训任务

（1）Western food service 训练，能说出为客人提供上菜服务的英语服务对话和英语服务句型。

（2）能根据不同顾客点菜安排上菜，并能处理突发情况，灵活地完成上菜服务。

三、实训预备知识

复习接待，引客人入座及上菜的有关知识。

四、主要仪器设备及操作安全注意事项

（一）主要仪器设备

盘子2~4个，餐巾1个，刀叉1套，水杯2个，菜单1个。

（二）操作安全注意事项

（1）实训场地桌子摆成圆形，凳子摆放整齐。注意对公共物品的保管和爱护。

（2）按照工作场景进行展示，同学们应该举止礼貌，不喧哗，不打闹，注意保持实训场地的整洁。

五、实训的组织管理

（1）实训分组安排：每组2人。

（2）时间安排。

教学时间		实训单项名称（或任务名称）	具体内容（知识点）	学时数	备注
星期	节次				
五	1～2	Western food service	由老师讲授	2	

六、实训项目简介、实训步骤指导与注意事项

（一）Western food service 实训项目简介

模拟酒店处理餐厅西餐服务的工作流程，分步骤进行实训。分析顾客需求和工作人员的工作要求，采用情景教学法和任务驱动法来训练学生为客人提供餐厅西餐服务的语言表达。

（二）实训步骤指导

1. 分析顾客和工作人员的需求

顾客享用西餐时，关心酒店是否有可口的西餐，服务是否周到等。

Guest will say——

I'd like a cucumber salad as an appetizer.

Whole wheat, please.

I'd like roast beef with tomato juice and lettuce.

I want baked French onion soup.

One medium beef steak with onion and shrimps salad.

I'll have a mixed salad and a sirloin steak.

I'd like a martini, please.

I don't eat pork, beef, chicken, mutton.

I am a vegetarian.

服务顾客享用西餐时，注意西餐上菜顺序和客人的口味，提供周到的服务等。

Waitress/ waiter will say——

I recommend the shrimp cocktail.

We have Italian and French salad dressing.

May I suggest the roast beef served with roast potatoes and vegetables?

Are you on a special diet?

How would you like your soup served, thick or thin?

How would you like your steak, rare, medium or well done?

How would you like your egg served, fried, boiled or scrambled?

How would you like your egg fried, sunny side up or over easy?

2. 分组练习

按提供餐厅西餐服务的工作流程进行分组练习，顾客方和工作人员讨论并演练场景中的语言使用。

Guest walk into the restaurant.

Smile and show the way.

After seating.

Special requirement of diet.

Ordering food：steak，sauce，soup，salad，drinking.

Question.

Serve the dishes.

3. Western food service 情景对话练习

把学生分成一对一的小组：

（1）既要符合教师设计的背景，又要灵活设计情节，并尽可能将所学的知识点正确体现出来；

（2）结合所学知识使用道具；

（3）每个小组成员均要参与，分别扮演规定的角色。

4. 老师点评

（1）通过演练，纠正不正确的服务语言，掌握正确、礼貌地服务客人的语言技能和技巧。

（2）通过情境组合训练，将鞠躬、递交名片、握手、微笑的知识化为学生的实际动手能力，并将子模块的片段知识整合到面对面的前厅订房服务的组合训练中。

（三）注意事项

（1）学生听从老师安排，及时改正训练过程中出现的问题。

（2）学生在完成练习后，观摩其他同学的对话练习或预习下次课的内容。不可有玩手机、打闹等影响课堂正常进行的行为。

（3）按照考核标准打分。

七、考核标准

考核内容	考核标准	评分标准	考试形式
Western food service	语音语调正确，表达正确、流利，合乎礼仪；没有明显语法错误，允许个别发音有误。西餐服务的工作过程完整	81~100 分	口语面试考核
	英语表达允许有停顿、重复和少数语法错误，但基本上不妨碍交流；能够运用英语进行一般的交际，能完成酒店工作中与客人的交流。西餐服务的工作步骤有一定欠缺	61~80 分	
	语言表达模糊，语不达意，妨碍与客人的交流，不能胜任工作。西餐服务的工作步骤缺少较多	0~60 分	

实训八　Check out

一、实训目的

（1）熟练掌握有关酒店餐厅结账工作中常用的专业词汇，了解酒店在处理餐厅结账的服务中英语的特定表达。

（2）采用角色扮演的情景教学法，加强处理餐厅结账情景对话的训练，提高学生的听说能力，使其具有酒店餐厅结账服务的交流能力。

（3）提高语言文化方面的修养，学习酒店餐厅结账服务的相关知识。

（4）通过学习，具备用英语进行酒店餐饮工作和服务的语言能力、基本素质和对中西文化差异对比的认识。

二、实训任务

（1）Check out 训练，能说出为客人提供结账离开餐厅服务的英语服务对话和英语服务句型。

（2）能安排结账离开餐厅，并能处理突发情况，灵活地完成结账服务。

三、实训预备知识

复习结账接待的有关知识。

四、主要仪器设备及操作安全注意事项

（一）主要仪器设备

（1）银行卡 1 张（学生自备）；

（2）登记表格 1 张（学生自备）；

（3）房卡 1 张（学生自备）；

（4）账单 1 份。

（二）操作安全注意事项

（1）实训场地桌子摆成圆形，凳子摆放整齐。注意对公共物品的保管和爱护。

（2）按照工作场景进行展示，同学们应该举止礼貌，不喧哗，不打闹，注意保持实训场地的整洁。

五、实训的组织管理

（1）实训分组安排：每组 2 人。

（2）时间安排：2学时。

教学时间		实训单项名称（或任务名称）	具体内容（知识点）	学时数	备注
星期	节次				
五	1~2	Check out	由老师讲授	2	

六、实训项目简介、实训步骤指导与注意事项

（一）Check out 实训项目简介

模拟酒店处理餐厅结账服务的工作流程，分步骤进行实训。分析顾客需求和工作人员的工作要求，采用情景教学法和任务驱动法来训练学生为客人提供餐厅结账服务的语言表达。

（二）实训步骤指导

1. 分析顾客和工作人员的需求

顾客要求结账时，关心酒店是否能提供正确的账单。

Guest will say——

Get me the bill，please.

I'd like to settle my bill now.

Please take my bill.

Bill please.

工作人员工作时，需向顾客了解以下信息：顾客是否要结账，确认金额，付款方式等。

Cash / Credit card/ Check

Do you have any other cards?

Let me break it down?

Will you make out the bill?

Credit cards are not accepted.

I'm sorry，but we don't accept personal checks. It's the policy of the hotel.

There is a cover charge.

Service fee is included.

Would you please sign here?

Do you have any other cards?

This figure is for…

That's for…

I'm sorry，sir. We don't have any discount for...

Item 6 is for...

That's for the lunch you ordered from your room.

Here is your receipt.

Personal check.

How would you like to pay the bill/ make the payment?

The limit is…

Accept

Shall I make out a single bill or two separate bills?

I'll draw up your bill. Your bill totals…

Please tell me your room number…

Are you Mr / Miss…?

Here is your bill and receipt.

2. 分组练习

按提供餐厅结账服务的工作流程进行分组练习，顾客方和工作人员讨论并演练场景下的语言使用。

（1）把账单给顾客；

（2）让顾客检查账单；

（3）解释账单；

（4）询问付款方式：

① 付现。找零钱给客人。

② 房账。房号，姓名，护照。

③ 刷卡。拿到客人的卡，请客人查看数字后，输入密码；请客人签字；给客人收据和发票。

3. Check out 情景对话练习

把学生分成一对一的小组：

（1）既要符合教师设计的背景，又要灵活设计情节，并尽可能将所学的知识点正确体现出来；

（2）结合所学知识使用道具；

（3）每个小组成员均要参与，分别扮演规定的角色。

4. 老师点评

（1）通过演练，纠正不正确的服务语言，掌握正确、礼貌地服务客人的语言技能和技巧。

（2）通过情境组合训练，将鞠躬、递交名片、握手、微笑的知识化为学生的实际动手能力，并将子模块的片段知识整合到面对面的前厅订房服务的组合训练中。

（三）注意事项

（1）学生听从老师安排，及时改正训练过程中出现的问题。

（2）学生在完成练习后，观摩其他同学的对话练习或预习下次课的内容。不可有玩手机、打闹等影响课堂正常进行的行为。

（3）按照考核标准打分。

七、考核标准

考核内容	考核标准	评分标准	考试形式
Check out	语音语调正确，表达正确、流利，合乎礼仪；没有明显语法错误，允许个别发音有误。结账服务的过程完整	81～100分	口语面试考核
	英语表达允许有停顿、重复和少数语法错误，但基本上不妨碍交流；能够运用英语进行一般的交际，能完成酒店工作中与客人的交流。结账工作的工作步骤有一定欠缺	61～80分	
	语言表达模糊，语不达意，妨碍与客人的交流，不能胜任工作。结账工作的工作步骤缺少较多	0～60分	

实训九　Serve beverage in pub

一、实训目的

（1）熟练掌握有关酒店餐厅服务接待中常用的专业词汇，了解酒店服务英语的特定表达方式。

（2）加强角色扮演酒店餐厅情景对话的训练，提高学生的听说能力，使其可以与外国客人进行交流。

（3）提高语言文化方面的修养，同时对酒店餐厅接待的相关知识有所了解。

（4）通过学习，具备用外语进行酒店餐厅服务的语言能力、基本素质和对中西文化差异对比的认识。

二、实训任务

（1）Serve beverage in pub训练，能说问候客人、接待客人、提供酒水的英语服务对话和英语服务句型。

（2）能根据不同的场景，完成在酒吧服务顾客酒水的要求。

三、实训预备知识

复习接待客人及问候客人的服务知识。

四、主要仪器设备及操作安全注意事项

（一）主要仪器设备

托盘1个，餐巾1个，杯子2个，菜单1个。

五、实训的组织管理

（1）实训分组安排：每组 4~6 人。

（2）时间安排：8 课时。

教学时间		实训单项名称（或任务名称）	具体内容（知识点）	学时数	备注
星期	节次				
二	3~4	复习 SWOT 内容	教师讲解	2	
			学生讨论		
三	1~2 3~4	带入酒店练习	练习后讨论	4	
三	5~6	带入酒店练习	练习后讨论	2	

六、实训项目简介、实训步骤指导与注意事项

（一）实训项目简介

让学生掌握 SWOT 的具体内容及运用方法，会运用 SWOT 方法对相关酒店进行分析。

（二）实训步骤指导

实训内容	具体标准	基本要求
了解 SWOT 具体内容（2 课时）	SWOT 分析法是对企业外部环境和内部条件进行分析，从而寻找二者最佳可行战略组合的一种分析方法。SWOT 是四个单词的首字母：S（Strengths）代表企业的长处或优势；W（Weaknesses）是企业的弱点或劣势；O（Opportunities）代表外部环境中存在的机会；T（Threats）为外部环境所构成的威胁	根据 SWOT 相关内容对各个酒店进行分析、比较，最后每组同学进行陈述。陈诉时理由充分，分析到位，最好能有具体的数据支撑；酒店之间相互有比较，能有自己的意见和建议
分析柳州丽笙酒店（2 课时）	分组对柳州丽笙酒店运用 SWOT 进行环境分析	
分析柳州东城华美达酒店（2 课时）	分组对柳州东城华美达酒店运用 SWOT 进行环境分析	
分析柳州万达嘉华酒店（2 课时）	分组对柳州万达嘉华酒店运用 SWOT 进行环境分析	

（三）注意事项

运用 SWOT 方法对相关酒店进行分析时，调查酒店背景环节相当重要，各组同学要联系实际，分工合作，完成分析。

七、评分标准

序号	考核内容	考核标准	评分标准	考试形式
1	实训纪律	遵守实训室的规定及操作规程，无损坏实训物品的现象	按时上课，不迟到、不早退、不旷课。（20分）	现场考核
2	SWOT分析方法运用	选择柳州丽笙酒店、柳州东城华美达酒店、柳州万达嘉华酒店	必须是柳州本地酒店，五星级以上酒店为调研对象。（5分）	现场考核
		各小组实地调研，收集资料	收集的资料有所侧重，经过筛选，每个组员都有任务。（20分）	
		各小组完成调查报告	在规定时间内完成环境分析报告。（5分）	
		SWOT分析方法运用	环境分析报告具有可行性，逻辑清晰，操作性强，有成本方面的考虑，具有创新性。（45分）	
		课堂交流，相互点评	积极参与，互相点评。（5分）	

实训二 酒店客房产品、餐饮产品的组合营销

一、实训目的

"酒店客房产品、餐饮产品的组合营销"是现代酒店市场营销中比较重要的部分，旨在通过相关模块的实训，进一步巩固、强化学生对酒店产品营销组合理论知识的掌握，同时训练学生实际运用能力，全面提高学生的综合素质，为接下来学生学习相关内容打下坚实的基础。

二、实训任务

（1）掌握酒店客房产品、餐饮产品的组合营销的内容。
（2）以柳州东城华美达酒店和万达嘉华酒店为例分组完成客房产品、餐饮产品的组合营销。

三、实训预备知识

了解相关知识点。

四、主要仪器设备及操作安全注意事项

（一）主要仪器设备

电脑，投影仪。

（二）操作安全注意事项

（1）学生必须按计划要求完成实训任务。实训前，应认真阅读本次实训的全部内容，明

确实训目的和实训任务，做好必要的实训准备。

（2）严格遵守学校关于专业实训的有关规定，爱护实训室及机房的设备，保持实训室环境卫生。遵守实训纪律，不迟到，不早退，认真听课，仔细做好笔记。

（3）学生在实训期间注意安全，遵守实训制度，服从实训指导老师和实训室管理人员的指导和安排。

（4）严格考勤，出勤情况作为该课程平时成绩的重要依据之一。

五、实训的组织管理

（1）实训分组安排：每组 4~6 人。

（2）时间安排：4 课时。

教学时间		实训单项名称（或任务名称）	具体内容（知识点）	学时数	备注
星期	节次				
四	1~2 3~4	用相关知识分析	练习后讨论	4	

六、实训项目简介、实训步骤指导与注意事项

（一）实训项目简介

让学生掌握 SWOT 的具体内容及运用方法，会运用 SWOT 方法对相关酒店进行分析。

（二）实训步骤指导

实训内容	具体标准	基本要求
了解具体内容	客房、餐饮产品组合营销的意义：可以满足客人或客户多种需求的一种组合方式，同样，对酒店的营销有一定的促进作用	根据相关内容对各个酒店进行分析、比较。最后每组同学进行陈述，陈诉时理由充分、分析到位，最好能有具体的数据支撑，酒店之间相互有比较，能有自己的意见和建议。成功销售
分析柳州万达嘉华酒店	分组完成客房产品、餐饮产品的组合营销	
分析柳州东城华夏达酒店	分组完成客房产品、餐饮产品的组合营销	

（三）注意事项

运用客房、餐饮产品组合营销知识对相关酒店进行分析时，调查酒店营运现状环节相当重要，各组同学要联系实际，分工合作，完成分析。

七、评分标准

序号	考核内容	考核标准	评分标准	考试形式
1	实训纪律	遵守实训室的规定及操作规程，无损坏实训物品的现象	按时上课，不迟到、不早退、不旷课。（20分）	现场考核
2	酒店客房产品、餐饮产品的组合营销	选择柳州丽笙酒店、柳州东城华美达酒店、柳州万达嘉华酒店	必须是柳州本地酒店，五星级以上酒店为调研对象。（5分）	现场考核
		各小组实地调研，收集资料	收集的资料有所侧重，经过筛选，每个组员都有任务。（20分）	
		各小组完成调查报告	在规定时间内完成环境分析报告。（5分）	
		酒店客房产品、餐饮产品的组合营销	酒店客房产品、餐饮产品的组合营销具有可行性，逻辑清晰，操作性强，有成本方面的考虑，具有创新性。（45分）	
		课堂交流，相互点评	积极参与，互相点评。（5分）	

实训三　酒店推广策划书编写

一、实训目的

"酒店推广策划书"是现代酒店市场营销中比较重要的部分，旨在通过相关模块的实训，进一步巩固、强化学生对酒店产品营销组合理论知识的掌握，同时训练学生实际运用能力，全面提高学生的综合素质，为接下来学生学习相关内容打下坚实的基础。

二、实训任务

（1）掌握市场营销策划书的内容。
（2）以柳州东城华美达酒店和万达嘉华酒店为例，分组完成市场营销的策划书。

三、实训预备知识

了解相关知识点。

四、主要仪器设备及操作安全注意事项

（一）主要仪器设备

电脑，投影仪。

（二）操作安全注意事项

（1）学生必须按计划要求完成实训任务。实训前，应认真阅读本次实训的全部内容，明确实训目的和实训任务，做好必要的实训准备。

（2）严格遵守学校关于专业实训的有关规定，爱护实训室及机房的设备，保持实训室环境卫生。遵守实训纪律，不迟到，不早退，认真听课，仔细做好笔记。

（3）学生在实训期间注意安全，遵守实训制度，服从实训指导老师和实训室管理人员的指导和安排。

（4）严格考勤，出勤情况作为该课程平时成绩的重要依据之一。

五、实训的组织管理

（1）实训分组安排：每组 4~6 人。
（2）时间安排：8 课时。

教学时间		实训单项名称（或任务名称）	具体内容（知识点）	学时数	备注
星期	节次				
四	5~6	复习酒店营销策划书编写方法	教师讲解	2	
			学生讨论		
五	1~3	带入酒店练习	练习后讨论	6	
	4~6				

六、实训项目简介、实训步骤指导与注意事项

（一）实训项目简介

让学生掌握酒店营销策划书具体内容及运用方法，会运用 SWOT 方法对相关酒店进行营销策划。

（二）实训步骤指导

实训内容	具体标准	基本要求
了解具体内容（2课时）	酒店市场营销策划书编写方法，策划书涵盖内容，分析方法，编写格式及整体框架	根据相关内容对各个酒店进行分析、比较。最后每组同学进行陈述，陈诉时理由充分、分析到位，最好能有具体的数据支撑。酒店之间相互有比较，能有自己的意见和建议。成功销售
分析柳州万达嘉华酒店（3课时）	分组完成酒店市场营销策划书	
分析柳州朱城华美达酒店（3课时）	分组完成酒店市场营销策划书	

（三）注意事项

运用酒店营销策划方法对酒店进行营销策划时，调查酒店特色及地理位置等环节相当重要，各组同学要联系实际，分工合作，完成分析。

七、评分标准

序号	考核内容	考核标准	评分标准	考试形式
1	实训纪律	遵守实训室的规定及操作规程，无损坏实训物品的现象	按时上课，不迟到、不早退、不旷课。（20分）	现场考核
2	酒店推广策划书编写	选择柳州市及周边地区的某四星级及以上酒店，调研其营销理念	必须是柳州本地酒店，以四星级以上酒店为调研对象。（5分）	现场考核
		各小组实地调研，收集资料	收集的资料有所侧重，经过筛选，每个组员都有任务。（20分）	
		各小组完成调查报告	在规定时间内完成报告。（5分）	
		针对传统节假日，从所调查酒店的立场出发，制定一份节假日营销策划书	策划书具有可行性，符合营销理念，操作性强，有成本方面的考虑，具有创新性。（45分）	
		课堂交流，相互点评	积极参与，互相点评。（5分）	

课程六　茶文化与茶道课内实训指导书

实训一　茶艺实践——绿茶的行茶方法

一、实训目的

茶艺实践——绿茶的行茶方法是"茶文化与茶道"课程中的实践课程部分，旨在通过相关实训，进一步巩固、强化学生对茶文化与茶道理论知识的掌握，同时训练学生的实际运用能力，全面提高学生的动手能力。

二、实训任务

通过玻璃杯冲泡绿茶流程的演示表演，要求学生掌握绿茶的品质特点、冲泡要求和操作要领。

（1）绿茶鉴赏。

（2）冲泡流程和方法。

（3）茶艺解说词。

三、实训预备知识

了解绿茶、茶具、泡茶用水相关知识点。

四、主要仪器设备及操作安全注意事项

（一）主要仪器设备

电脑、投影仪、茶叶、茶台、茶具、烧水壶、插线板。

（二）操作安全注意事项

（1）学生必须按计划要求完成实训任务。实训前，应认真阅读本次实训的全部内容，明确实训目的和实训任务，做好必要的实训准备。

（2）严格遵守学校关于专业实训的有关规定，爱护实训室及机房的设备，保持实训室环境卫生。遵守实训纪律，不迟到，不早退，认真听课，仔细做好笔记。

（3）学生在实训期间注意安全，遵守实训制度，服从实训指导老师和实训室管理人员的指导和安排。

（4）在使用烧水壶烧水的时候，注意用电安全。泡茶过程中注意人身安全。

（5）严格考勤，出勤情况作为该课程平时成绩的重要依据之一。

五、实训的组织管理

（1）实训分组安排：每组 4~6 人。
（2）时间安排：2 课时。

教学时间		实训单项名称（或任务名称）	具体内容（知识点）	学时数	备注
星期	节次				
一	5~6	绿茶的行茶方法	1. 教师讲授，示范； 2. 播放视频； 3. 学生练习	2	

六、实训项目简介、实训步骤指导与注意事项

（一）实训项目简介

让学生在了解绿茶茶叶特点的同时，掌握绿茶的冲泡方法，练习解说词。

（二）实训步骤指导

（1）选用无色透明玻璃杯可以欣赏绿茶芽叶及冲泡全过程。
（2）冲泡前先查看茶具数量、质量，并用开水烫洗茶杯，起到温杯洁具的作用。
（3）用 80~85 ℃水温冲泡名优绿茶，香气纯正，滋味鲜爽。
（4）每杯投茶量 3 g，冲泡时间应在 3 分钟，5 分钟内饮用为好，时间过长或过短都不利于茶香散发、茶汤滋味辨别。
（5）玻璃杯冲泡绿茶适用"上投法""中投法"的置茶方法，盖碗冲泡可选用"中投法""下投法"的置茶方法。上投法，即先向玻璃杯中注入热水七分满，再投入所需茶叶，适合紧实、易下沉的茶叶置茶法（如碧螺春）；中投法，即先向茶杯中注入少量热水后再投放茶叶，使茶叶充分吸收热量后舒展开来，再注入热水七分满即可，适合于条形纤细、不易下沉的茶叶（如黄山毛峰）；下投法，即先将茶叶投入玻璃杯，再注入热水至七分满，适合扁平光直、不易下沉的茶叶（如西湖龙井）。
（6）冲泡绿茶注水量一般以七分满为宜。
（7）绿茶程序解说。
第一道——点香：焚香除妄念。
俗话说："泡茶可修身养性，品茶如品味人生。"古今品茶都讲究要平心静气。"焚香除妄念"就是通过燃香来营造一种祥和肃穆的气氛。
第二道——洗杯：冰心去凡尘。
茶，至清至洁，是天涵地育的灵物，泡茶所用的器皿也必须至清至洁。"冰心去凡尘"，就是用开水再烫一遍本来就干净的玻璃杯，做到茶杯清洁，一尘不染。

第三道——凉汤：玉壶养太和。

绿茶属于芽茶类，因为茶叶细嫩，若用滚烫的开水直接冲泡，会破坏茶芽中的维生素并造成熟汤失味，所以宜用 80 ℃的开水冲泡。"玉壶养太和"是把开水壶中的水预先倒入瓷壶中养一会儿，使水温降至 80 ℃左右。

第四道——投茶：清宫迎佳人。

苏东坡有诗云："戏作小诗君勿笑，从来佳茗似佳人。""清宫迎佳人"就是用茶匙把茶叶投放到清洁的玻璃杯中。

第五道——润茶：甘露润莲心。

好的绿茶外观如莲心，乾隆皇帝把茶叶称为"润心莲"。"甘露润莲心"就是在开泡前先向杯中注入少许热水，起到润茶的作用。

第六道——冲水：凤凰三点头。

冲泡绿茶时也讲究高冲水，在冲水时水壶有节奏地三起三落，好比是凤凰向客人点头致意。

第七道——泡茶：碧玉沉清江。

冲入热水后，茶先是浮在水面上，而后慢慢沉入杯底，我们称之为"碧玉沉清江"。

第八道——奉茶：仙人捧玉瓶。

传说中仙人捧着一个瓶，瓶中的甘露可消灾祛病，救苦救难。茶艺小姐把泡好的茶敬奉给客人，意在祝福好人一生平安。

第九道——赏茶：春波展旗枪。

这道程序是绿茶茶艺的特色程序。杯中的热水如春波荡漾，在热水的浸泡下，茶芽慢慢地舒展开来，尖尖的叶芽如枪，展开的叶片如旗。一芽一叶的称为旗枪，一芽两叶的称为"雀舌"。在品绿茶之前，先观赏清碧澄净的茶水中，千姿百态的茶芽在玻璃杯中随波晃动，好像生命的绿精灵在舞蹈，十分生动有趣。

第十道——闻茶：慧心悟茶香。

品绿茶要一看、二闻、三品味，在欣赏"春波展旗枪"之后，要闻一闻茶香。绿茶与花茶、乌龙茶不同，它的茶香更加清幽淡雅，必须用心去感悟，才能闻到那春天的气息，以及清醇悠远、难以言传的生命之香。

第十一道——品茶：淡中品致味。

绿茶的茶汤清纯甘鲜，淡而有味，它虽然不像红茶那样浓艳醇厚，也不像乌龙茶那样酽韵醉人，但是只要用心去品，就一定能从淡淡的绿茶香中品出天地间至清、至醇、至真、至美的韵味来。

第十二道——谢茶：自斟乐无穷。

（三）注意事项

在使用烧水壶烧水的时候，注意用电安全。泡茶过程中注意人身安全。

七、评分标准

序号	项目	要求和评分标准	扣分标准	配分	扣分	得分
1	礼仪、仪表、仪容（20分）	发型、服饰与茶艺表演类型相协调	（1）发型散乱，扣0.5分； （2）服饰穿着不端正，扣0.5分； （3）发型、服饰与茶艺表演类型不协调，扣1分	5		
		动作自然、得体、高雅，表演中用语得当，表情自然，具有亲和力	（1）视线不集中，表情平淡，扣0.5分； （2）目低视，表情不自如，扣0.5分； （3）说话举止略显惊慌，扣1分； （4）不注重礼貌用语，扣1分	5		
		动作、手势、站立姿势端正大方	（1）站姿、走姿摇摆，扣1分； （2）坐姿不正，双腿张开，扣3分； （3）手势中有明显多余动作，扣1分	10		
2	茶席布置（10分）	茶器具之间功能协调，质地、形状、色彩调和	（1）茶具配套不齐全，或有多余的茶具，扣2分； （2）茶具色彩不够协调，扣1分； （3）茶具之间质地、形状、大小不一致，扣2分	5		
		茶器具布置与排列有序、合理	（1）茶席布置不协调，扣1分； （2）茶具配套齐全，茶具、茶席相协调，欠艺术感，扣0.5分	5		
3	茶艺展示（40分）	根据主题配置音乐，具有较强艺术感染力	（1）音乐与主题不协调，扣1分； （2）音乐与主题基本一致，欠艺术感染力，扣0.5分	5		
		操作动作适度，手法连贯、轻柔、顺畅，过程完整	（1）未能连续完成，中断或出错三次以上，扣2分； （2）能基本顺利完成，中断或出错两次以下，扣1分； （3）表演技艺平淡，缺乏表情及艺术品位，扣1分； （4）表演尚显艺术感，艺术品位平淡，扣1分	15		
		奉茶姿态、姿势自然，言辞恰当	（1）奉茶姿态不端正，扣1分； （2）奉茶次序混乱，扣1分； （3）脚步混乱，扣1分； （4）不注重礼貌用语，扣1分； （5）收回茶具次序混乱，扣1分	15		
		收具	（1）收具顺序混乱，茶具摆放不合理，扣1分； （2）离开表演台时，走姿不端正，扣1分	5		
4	茶汤质量（25分）	茶的色、香、味、形表达充分	（1）未能表达出茶的色、香、味、形，扣3分； （2）能表达出茶的色、香、味、形其一者，扣2分； （3）能表达出茶的色、香、味、形其二者，扣1分	15		
		奉客茶汤应温度适宜	（1）茶汤温度过高或过低，扣2分； （2）茶汤温度与较适宜饮用温度相差不大，扣1分	5		
		茶汤适量	（1）茶量过多，溢出茶杯杯沿，扣1分； （2）茶量偏少，扣0.5分	5		
5	时间（5分）	在20分钟内完成茶艺展示，超时扣分	（1）展示超过规定时间1~3分钟，扣1分； （2）展示超过规定时间3~5分钟，扣2分； （3）展示超过规定时间5~10分钟，扣3分； （4）展示超过规定时间10分钟，扣5分	5		
	合计					

实训二　茶艺实践——黄茶的行茶方法

一、实训目的

茶艺实践——黄茶的行茶方法是"茶文化与茶道"课程中的实践课程部分，旨在通过相关的实训，进一步巩固、强化学生对茶文化与茶道理论知识的掌握，同时训练学生的实际运用能力，全面提高学生的动手能力。

二、实训任务

通过瓷壶冲泡黄茶流程的演示表演，要求学生掌握黄茶的品质特点、冲泡要求和操作要领。

（1）黄茶鉴赏。

（2）冲泡流程和方法。

（3）茶艺解说词。

三、实训预备知识

了解黄茶、茶具、泡茶用水相关知识点。

四、主要仪器设备及操作安全注意事项

（一）主要仪器设备

电脑、投影仪、茶叶、茶台、茶具、烧水壶、插线板。

（二）操作安全注意事项

（1）学生必须按计划要求完成实训任务。实训前，应认真阅读本次实训的全部内容，明确实训目的和实训任务，做好必要的实训准备。

（2）严格遵守学校关于专业实训的有关规定，爱护实训室及机房的设备，保持实训室环境卫生。遵守实训纪律，不迟到，不早退，认真听课，仔细做好笔记。

（3）学生在实训期间注意安全，遵守实训制度，服从实训指导老师和实训室管理人员的指导和安排。

（4）在使用烧水壶烧水的时候，注意用电安全。泡茶过程中注意人身安全。

（5）严格考勤，出勤情况作为该课程平时成绩的重要依据之一。

五、实训的组织管理

（1）实训分组安排：每组 4～6 人。

（2）时间安排：2 课时。

教学时间		实训单项名称（或任务名称）	具体内容（知识点）	学时数	备注
星期	节次				
二	5~6	黄茶行茶方法	1. 教师讲授，示范； 2. 播放视频； 3. 学生练习	2	

六、实训项目简介、实训步骤指导与注意事项

（一）实训项目简介

让学生在了解黄茶茶叶特点的同时，掌握黄茶的冲泡方法，练习解说词。

（二）实训步骤指导

（1）选用瓷壶冲泡黄茶，准备冲泡器具。

（2）冲泡前先查看茶具数量、质量，并用开水烫洗茶杯，起到温杯洁具的作用。

（3）用85~90 ℃水温冲泡，滋味鲜爽。

（4）每杯投茶量3 g，冲泡时间应在3分钟，5分钟内饮用为好，时间过长或过短都不利于茶香散发、茶汤滋味辨别。

（5）注意在冲泡的时候，要提高水壶，让水由高处向下冲，并将水壶由上往下反复提举三四次，在黄茶叶浸泡一分钟左右后倒进另外一半水。

（6）冲泡黄茶注水量一般以七分满为宜。

（7）黄茶（君山银针）程序解说。

第一道：恭请上座。邀请各位茶友上座，耐心等待，准备欣赏君山银针的泡制茶艺。

第二道：美蓉出水。茶艺表演者在冲泡君山银针之前，一定要先将双手用清澈透明的泉水清洗干净，茶艺表演者的纤纤玉指在水中来回拨动时，恰似芙蓉出水。

第三道：生火煮泉。冲泡君山银针所用之水，水温和水质都是很讲究的，今天所烹之水是来自君山岛的泉水。水是生命之源，茶是灵魂之饮。茶中有道，水中亦有道，宜茶之水分为"五诀"，即清、活、轻、甘、冽。

第四道：银针出山。"湖光秋月两相和，潭面无风镜未磨。遥望洞庭山水翠，白银盘里一青螺。"每年清明节前后五天左右是君山银针的采摘期，君山银针需要采摘单一茶芽，经过8道工序，历72小时制作而成，大概5万个茶芽才能制成1公斤君山银针。

第五道：银盘献瑞。请仔细观看，君山银针芽身黄似金，茸毫如玉，芽头壮实，紧结挺直。看茶如观景，鉴茶如赏玉。

第六道：湘妃洒泪。"君妃二魄芳千古，山竹诸斑泪一人。"相传在四千多年之前，舜帝南巡，然而久去未归，其爱妃娥皇、女英寻至洞庭山，却得知舜帝在九嶷山驾崩，二人伤心欲绝，攀竹哭泣，泪染竹竿，遂成斑竹。不久之后，二妃抑郁成疾，不治而亡，葬于洞庭山之上，从此以后，洞庭山便改名为"君山"。毛泽东在《七律·答友人》一诗中写有，"斑竹一枝千滴泪"，这就是对二妃忠贞爱情的由衷赞颂。

第七道：金玉满堂。茶艺表演者将 4~5 克君山银针投入晶莹的水晶玻璃杯中，金黄闪亮的茶芽缓缓降落杯底，形成一道靓丽的风景，恰如洞庭湖中君山小岛的七十二座山峰，同时也象征着各位茶友幸福的家庭、美满的生活、辉煌的未来。

第八道：气蒸云梦。"八月湖水平，涵虚混太清，气蒸云梦泽，波撼岳阳城。"我们可以借助唐代著名诗人孟浩然这首绝美的诗歌来描述冲水的整个过程，茶艺表演者运用凤凰三点头的手法将水冲至七分满。认真观看玻璃杯上方升起的浓浓热气，是不是很像唐诗意象"气蒸云梦"。而杯中正在翻腾的沸水如洞庭湖水一般，惊涛拍起千重浪，恰似烟波撼动岳阳城。

第九道：风平浪静。在沸水冲入茶杯之后，用玻璃片轻轻盖住杯口，这样是为了保持水温，利于银针竖立起来。

第十道：雾锁洞庭。银针冲泡以后，便会呈现出八景奇观，这是一个逐时变幻的过程，需要耐心等待，静心欣赏。杯中的热气慢慢地形成一团白色云雾，如同君山岛上长年缭绕的云雾一样。正所谓杯中看茶舞，八景呈奇观。

第十一道：雀舌含珠。因为茶芽中含有空气，因此吸水之后便会产生很多气泡，微微张开的茶芽形状极似雀鸟之舌。

第十二道：列队迎宾。茶芽悬浮于水面上，排列整齐有序，昭示着热烈欢迎各位嘉宾的到来。

第十三道：仙女下凡。茶芽慢慢吸收水分，徐徐降落杯底，恰如天女散花般美艳绝伦。

第十四道：三起三落。茶芽沉入杯底之后，忽而升起，忽而降落，极具变化之能事。能起落的芽头数量并不是很多，一个芽头起落三次，更是实属罕见，"三起三落"，正是"未饮清香涎欲滴，三浮三落见奇葩"。

第十五道：春笋出土。这是君山银针最具观赏价值的一道风景，也是所有考验中的最后一个阶段，即茶芽如雨后春笋一样竖立于杯底。

第十六道：林海涛声。茶芽竖立于杯底，芽光与水色浑然一体，叠翠堆绿，妙趣横生，轻轻摇动茶杯，茶芽缓慢摆动，"林海涛声"隐约可闻。

第十七道：白鹤飞天。移去杯盖以后，杯中升起一股蒸汽，犹如一群白鹤飞上碧蓝的天空。

第十八道：敬奉佳茗。将冲好的君山银针敬献给茶友。

第十九道：玉液凝香。鼻品君山银针，积淀着厚重的茶文化书香，有联为证："杜少陵五言绝唱，范希文两字关情，滕子京百废俱兴，吕纯阳三过必醉。"

第二十道：三啜甘露。口品茶之甘甜醇美，回想茶芽"三起三落"的现象，回味茶汤"先苦后甜"的滋味，感受景观"上下浮动"的奥妙，逐渐领悟爱国诗人屈原"上下求索"的探求精神。

第二十一道：尽杯谢茶。"君山茶叶贡毛尖，配以洞庭白鹤泉。入口醇香神作意，杯中白鹤上青天。"醉翁之意不在于酒，而品茶之韵亦不在茶，茶中有道，品茶即是悟道。

（三）注意事项

在使用烧水壶烧水的时候，注意用电安全。泡茶过程中注意人身安全。

七、评分标准

序号	项目	要求和评分标准	扣分标准	配分	扣分	得分
1	礼仪、仪表、仪容（20分）	发型、服饰与茶艺表演类型相协调	（1）发型散乱，扣0.5分； （2）服饰穿着不端正，扣0.5分； （3）发型、服饰与茶艺表演类型不协调，扣1分	5		
		动作自然、得体、高雅，表演中用语得当，表情自然，具有亲和力	（1）视线不集中，表情平淡，扣0.5分； （2）目低视，表情不自如，扣0.5分； （3）说话举止略显惊慌，扣1分； （4）不注重礼貌用语，扣1分	5		
		动作、手势、站立姿势端正大方	（1）站姿、走姿摇摆，扣1分； （2）坐姿不正，双腿张开，扣3分； （3）手势中有明显多余动作，扣1分	10		
2	茶席布置（10分）	茶器具之间功能协调，质地、形状、色彩调和	（1）茶具配套不齐全，或有多余的茶具，扣2分； （2）茶具色彩不够协调，扣1分； （3）茶具之间质地、形状、大小不一致，扣2分	5		
		茶器具布置与排列有序、合理	（1）茶席布置不协调，扣1分； （2）茶具配套齐全，茶具、茶席相协调，欠艺术感，扣0.5分	5		
3	茶艺展示（40分）	根据主题配置音乐，具有较强艺术感染力	（1）音乐与主题不协调，扣1分； （2）音乐与主题基本一致，欠艺术感染力，扣0.5分	5		
		操作动作适度，手法连贯、轻柔、顺畅，过程完整	（1）未能连续完成，中断或出错三次以上，扣2分； （2）能基本顺利完成，中断或出错两次以下，扣1分； （3）表演技艺平淡，缺乏表情及艺术品位，扣1分； （4）表演尚显艺术感，艺术品位平淡，扣1分	15		
		奉茶姿态、姿势自然，言辞恰当	（1）奉茶姿态不端正，扣1分； （2）奉茶次序混乱，扣1分； （3）脚步混乱，扣1分； （4）不注重礼貌用语，扣1分； （5）收回茶具次序混乱，扣1分	15		
		收具	（1）收具顺序混乱，茶具摆放不合理，扣1分； （2）离开表演台时，走姿不端正，扣1分	5		
4	茶汤质量（25分）	茶的色、香、味、形表达充分	（1）未能表达出茶的色、香、味、形，扣3分； （2）只表达出茶的色、香、味、形其一者，扣2分； （3）只表达出茶的色、香、味、形其二者，扣1分	15		
		奉客茶汤应温度适宜	（1）茶汤温度过高或过低，扣2分； （2）茶汤温度与较适宜饮用的温度相差不大，扣1分	5		
		茶汤适量	（1）茶量过多，溢出茶杯杯沿，扣1分； （2）茶量偏少，扣0.5分	5		
5	时间（5分）	在20分钟内完成茶艺展示，超时扣分	（1）展示超过规定时间1~3分钟，扣1分； （2）展示超过规定时间3~5分钟，扣2分； （3）展示超过规定时间5~10分钟，扣3分； （4）展示超过规定时间10分钟，扣5分	5		
	合计					

实训三　茶艺实践——红茶的行茶方法

一、实训目的

茶艺实践——红茶的行茶方法是"茶文化与茶道"课程中的实践课程部分,旨在通过相关的实训,进一步巩固、强化学生对茶文化与茶道理论知识的掌握,同时训练学生的实际运用能力,全面提高学生的动手能力。

二、实训任务

通过瓷壶冲泡红茶流程的演示表演,要求学生掌握红茶的品质特点、冲泡要求和操作要领。

（1）红茶鉴赏。

（2）冲泡流程和方法。

（3）茶艺解说词。

三、实训预备知识

了解红茶、茶具、泡茶用水相关知识点。

四、主要仪器设备及操作安全注意事项

（一）主要仪器设备

电脑、投影仪、茶叶、茶台、茶具、烧水壶、插线板。

（二）操作安全注意事项

（1）学生必须按计划要求完成实训任务。实训前,应认真阅读本次实训的全部内容,明确实训目的和实训任务,做好必要的实训准备。

（2）严格遵守学校关于专业实训的有关规定,爱护实训室及机房的设备,保持实训室环境卫生。遵守实训纪律,不迟到,不早退,认真听课,仔细做好笔记。

（3）学生在实训期间注意安全,遵守实训制度,服从实训指导老师和实训室管理人员的指导和安排。

（4）在使用烧水壶烧水的时候,注意用电安全。泡茶过程中注意人身安全。

（5）严格考勤,出勤情况作为该课程平时成绩的重要依据之一。

五、实训的组织管理

（1）实训分组安排:每组 4~6 人。

（2）时间安排:2 课时。

教学时间		实训单项名称（或任务名称）	具体内容（知识点）	学时数	备注
星期	节次				
三	5～6	红茶行茶方法	1. 教师讲授，示范； 2. 播放视频； 3. 学生练习	2	

六、实训项目简介、实训步骤指导与注意事项

（一）实训项目简介

让学生在了解红茶茶叶特点的同时，掌握红茶的冲泡方法，练习解说词。

（二）实训步骤指导

（1）备器：准备好冲泡红茶使用的主泡器具和辅助用具。

（2）赏茶：用茶匙将茶叶罐中的红茶轻轻拨入茶荷供宾客观赏。

（3）温壶：品茗杯依次排列并向瓷壶内注入 1/2 容量的开水，轻轻摇晃瓷壶充分预热后将热水倒入水盂。

（4）置茶：用茶匙将茶荷中红茶轻轻拨入白瓷茶壶中，投茶量为 5 g 茶叶。

（5）温润泡：用内旋法将开水壶中开水沿壶内壁缓缓注入茶壶至壶口，再迅速将茶汤倒入玻璃公道杯中用于洗杯。

（6）冲泡：用凤凰三点头方法提壶高冲水，使茶叶上下翻滚，开水应注满茶壶至壶口，用春风拂面的手法轻轻刮去茶汤表面的泡沫，使茶汤清澈洁净。

（7）分茶：瓷壶中的茶汤泡好后倒入有滤网的玻璃公道杯中，再将公道杯中的茶汤依次巡回斟入品茗杯至七分满，双手端起品茗杯放入杯托。

（8）红茶程序解说。

第一道："宝光"初现。红茶条索紧秀，锋苗好，色泽并非人们常说的红色，而是乌黑润泽。国际通用的红茶名称为"Black tea"，即因红茶干茶的乌黑色泽而来。请来宾欣赏其色被称之为"宝光"的祁门工夫红茶。

第二道：清泉初沸。热水壶中用来冲泡的泉水经加热，微沸，壶中上浮的水泡仿佛"蟹眼"已生。

第三道：温热壶盏。用初沸之水，注入瓷壶及杯中，为壶、杯升温。

第四道："王子"入宫。用茶匙将茶荷或赏茶盘中的红茶轻轻拨入壶中。祁门工夫红茶也被誉为"王子茶"。

第五道：悬壶高冲。这是冲泡红茶的关键。冲泡红茶的水温要在 100 ℃，刚才初沸的水，此时已是"蟹眼已过鱼眼生"，正好用于冲泡。而高冲可以让茶叶在水的激荡下充分浸润，有利于色、香、味的充分发挥。

第六道：分杯敬客。用循环斟茶法，将壶中之茶均匀地分入每一杯中，使杯中之茶的色、味一致。

第七道：喜闻幽香。一杯茶到手，先要闻香。祁门工夫红茶是世界公认的三大高香茶之一，其香浓郁高长，又有"茶中英豪""群芳最"之誉。香气甜润中蕴藏着一股兰花之香。

第八道：观赏汤色。红茶的红色表现在冲泡好的茶汤中。祁门工夫红茶的汤色红艳，杯沿有一道明显的"金圈"。茶汤的明亮度和颜色，表明了红茶的发酵程度和茶汤的鲜爽度。再观叶底，嫩软红亮。

第九道：品味鲜爽。闻香观色后即可缓啜品饮。祁门工夫红茶以鲜爽、浓醇为主，与红碎茶浓强的刺激性口感有所不同。滋味醇厚，回味绵长。

第十道：再赏余韵。一泡之后，可再冲泡第二泡茶。

第十一道：三品得趣。红茶通常可冲泡三次，三次的口感各不相同，细饮慢品，徐徐体味茶之真味，方得茶之真趣。

第十二道：收杯谢客。红茶性温，收敛性差，易于交融，因此通常用之调饮。祁门工夫红茶同样适于调饮。清饮难领略祁门工夫红茶特殊的"祁门香"香气，领略其独特的内质、隽永的回味、明艳的汤色。感谢来宾的光临，愿所有爱茶的人都像这红茶一样，相互交融，相得益彰。

（三）注意事项

在使用烧水壶烧水的时候，注意用电安全。泡茶过程中注意人身安全。

七、评分标准

序号	项目	要求和评分标准	扣分标准	配分	扣分	得分
1	礼仪、仪表、仪容（20分）	发型、服饰与茶艺表演类型相协调	（1）发型散乱，扣0.5分； （2）服饰穿着不端正，扣0.5分； （3）发型、服饰与茶艺表演类型不协调，扣1分	5		
		动作自然、得体、高雅，表演中用语得当，表情自然，具有亲和力	（1）视线不集中，表情平淡，扣0.5分； （2）目低视，表情不自如，扣0.5分； （3）说话举止略显惊慌，扣1分； （4）不注重礼貌用语，扣1分	5		
		动作、手势、站立姿势端正大方	（1）站姿、走姿摇摆，扣1分； （2）坐姿不正，双腿张开，扣3分； （3）手势中有明显多余动作，扣1分	10		
2	茶席布置（10分）	茶器具之间功能协调，质地、形状、色彩调和	（1）茶具配套不齐全，或有多余的茶具，扣2分； （2）茶具色彩不够协调，扣1分； （3）茶具之间质地、形状、大小不一致，扣2分	5		
		茶器具布置与排列有序、合理	（1）茶席布置不协调，扣1分； （2）茶具配套齐全，茶具、茶席相协调，欠艺术感，扣0.5分	5		

序号	项目	要求和评分标准	扣分标准	配分	扣分	得分
3	茶艺展示（40分）	根据主题配置音乐，具有较强艺术感染力	（1）音乐与主题不协调，扣1分； （2）音乐与主题基本一致，欠艺术感染力，扣0.5分	5		
		操作动作适度，手法连贯、轻柔、顺畅，过程完整	（1）未能连续完成，中断或出错三次以上，扣2分； （2）能基本顺利完成，中断或出错两次以下，扣1分； （3）表演技艺平淡，缺乏表情及艺术品位，扣1分； （4）表演尚显艺术感，艺术品位平淡，扣1分	15		
		奉茶姿态、姿势自然，言辞恰当	（1）奉茶姿态不端正，扣1分； （2）奉茶次序混乱，扣1分； （3）脚步混乱，扣1分； （4）不注重礼貌用语，扣1分； （5）收回茶具次序混乱，扣1分	15		
		收具	（1）收具顺序混乱，茶具摆放不合理，扣1分； （2）离开表演台时，走姿不端正，扣1分	5		
4	茶汤质量（25分）	茶的色、香、味、形表达充分	（1）未能表达出茶的色、香、味、形，扣3分； （2）只表达出茶的色、香、味、形其一者，扣2分； （3）只表达出茶的色、香、味、形其二者，扣1分	15		
		奉客茶汤应温度适宜	（1）茶汤温度过高或过低，扣2分； （2）茶汤温度与较适宜饮用温度相差不大，扣1分	5		
		茶汤适量	（1）茶量过多，溢出茶杯杯沿，扣1分； （2）茶量偏少，扣0.5分	5		
5	时间（5分）	在20分钟内完成茶艺展示，超时扣分	（1）展示超过规定时间1~3分钟，扣1分； （2）展示超过规定时间3~5分钟，扣2分； （3）展示超过规定时间5~10分钟，扣3分； （4）展示超过规定时间10分钟，扣5分	5		
合计						

实训四　茶艺实践——白茶的行茶方法

一、实训目的

茶艺实践——白茶的行茶方法是"茶文化与茶道"课程中的实践课程部分，旨在通过相关的实训，进一步巩固、强化学生对茶文化与茶道理论知识的掌握，同时训练学生的实际运用能力，全面提高学生的动手能力。

二、实训任务

通过瓷壶冲泡或玻璃杯冲泡白茶流程的演示表演，要求学生掌握白茶的品质特点、冲泡要求和操作要领。

（1）白茶鉴赏。

（2）冲泡流程和方法。

（3）茶艺解说词。

三、实训预备知识

了解白茶、茶具、泡茶用水相关知识点。

四、主要仪器设备及操作安全注意事项

（一）主要仪器设备

电脑、投影仪、茶叶、茶台、茶具、烧水壶、插线板。

（二）操作安全注意事项

（1）学生必须按计划要求完成实训任务。实训前，应认真阅读本次实训的全部内容，明确实训目的和实训任务，做好必要的实训准备。

（2）严格遵守学校关于专业实训的有关规定，爱护实训室及机房的设备，保持实训室环境卫生。遵守实训纪律，不迟到，不早退，认真听课，仔细做好笔记。

（3）学生在实训期间注意安全，遵守实训制度，服从实训指导老师和实训室管理人员的指导和安排。

（4）在使用烧水壶烧水的时候，注意用电安全。泡茶过程中注意人身安全。

（5）严格考勤，出勤情况作为该课程平时成绩的重要依据之一。

五、实训的组织管理

（1）实训分组安排：每组 4~6 人。

（2）时间安排：2 课时。

教学时间		实训单项名称（或任务名称）	具体内容（知识点）	学时数	备注
星期	节次				
四	5~6	白茶行茶方法	1. 教师讲授，示范； 2. 播放视频； 3. 学生练习	2	

六、实训项目简介、实训步骤指导与注意事项

（一）实训项目简介

让学生在了解白茶茶叶特点的同时，掌握白茶的冲泡方法及解说词练习。

（二）实训步骤指导

（1）选用瓷壶或玻璃杯冲泡白茶，准备冲泡器具。

（2）冲泡前先查看茶具数量、质量，并用开水烫洗茶杯，起到温杯洁具的作用。

（3）用 90～95 ℃水温冲泡名优白茶，香气纯正，滋味鲜爽。

（4）每杯投茶 3 g，用 90 ℃开水温润闻香。

（5）注意在冲泡的时候，要提高水壶，让水由高处向下冲，并将水壶由上往下反复提举三四次，然后像工夫茶泡法一样，第一泡 45 秒，以后每泡延续 20 秒。

（6）冲泡白茶注水量一般以八分满为宜。

（7）白茶程序解说。

第一道：春江水暖鸭先知（烫杯）。"竹外桃花三两枝，春江水暖鸭先知"是苏东坡的一句名诗。苏东坡不仅是一个多才多艺的大文豪，而且是一个至情至性的茶人。借苏东坡的这句名诗来描述烫杯。

第二道：香花绿叶相扶持（赏茶）。赏茶的目的是鉴赏花茶茶胚的形状、颜色和茶叶的香气，闻之使人头脑清醒、心旷神怡。

第三道：落英缤纷玉杯里（投茶）。"落英缤纷"是晋代文学家陶渊明在《桃花源记》一文中描述的美景。当我们用茶匙把花茶从茶荷中拨进洁白如玉的茶杯时，一片片茶叶飘然而下，恰似"落英缤纷"。

第四道：春潮带雨晚来急（冲水）。冲泡花茶讲究高冲水。冲泡茉莉茶王时，要用 90 ℃左右的开水。杯中的花茶随水浪上下翻滚，恰似"春潮带雨晚来急"。

第五道：三才化育甘露美（闷茶）。冲泡花茶要用三才杯，茶杯的盖代表天，杯托代表地，中间的茶杯代表人。茶人们认为茶是"天涵之，地载之，人育之"的灵物。闷茶的过程象征天、地、人共同化育茶的精华。

第六道：一盏香茗奉知己（敬茶）。来宾敬茶是中华民族的传统美德，茶道面前，人人平等，敬茶从左至右。

第七道：杯里清香浮清趣（闻香）。"未尝甘露味，先闻圣妙香。"应用左手插起杯托，女士用食指和中指托着杯托，拇指扣住杯沿，称彩凤双飞翼，男士把三个指头并拢称桃园三结义。右手轻轻地将杯盖掀开一条缝，从缝隙中去闻香气。

第八道：舌端甘苦入心底（品茶）。品茶时，右手将杯盖的前沿下压，后沿翘起，从开缝中品茶。品茶时应小口喝入茶汤，使茶汤在舌尖稍事停留，这时轻轻用口吸气，让茶汤在舌面滚动，以便充分与味蕾接触，只有这样才能充分领略花茶所独有的"味轻醍醐，香薄兰芷"的花香与茶韵。

第九道：茶味人生皆品悟（回味）。茶人们认为一杯茶中有人生百味，有的人"啜苦可励志"，有的人"咽甘思报国"。无论是苦涩、甘鲜还是平和、醇厚，茶人们都会从一杯茶中生发出很多感悟和联想，所以品茶重在回味。

第十道：饮罢两腋清风声（谢茶）。

（三）注意事项

在使用烧水壶烧水的时候，注意用电安全。泡茶过程中注意人身安全。

七、评分标准

序号	项目	要求和评分标准	扣分标准	配分	扣分	得分
1	礼仪、仪表、仪容（20分）	发型、服饰与茶艺表演类型相协调	（1）发型散乱，扣0.5分； （2）服饰穿着不端正，扣0.5分； （3）发型、服饰与茶艺表演类型不协调，扣1分	5		
		动作自然、得体、高雅，表演中用语得当，表情自然，具有亲和力	（1）视线不集中，表情平淡，扣0.5分； （2）目低视，表情不自如，扣0.5分； （3）说话举止略显惊慌，扣1分； （4）不注重礼貌用语，扣1分	5		
		动作、手势、站立姿势端正大方	（1）站姿、走姿摇摆，扣1分； （2）坐姿不正，双腿张开，扣3分； （3）手势中有明显多余动作，扣1分	10		
2	茶席布置（10分）	茶器具之间功能协调，质地、形状、色彩调和	（1）茶具配套不齐全，或有多余的茶具，扣2分； （2）茶具色彩不够协调，扣1分； （3）茶具之间质地、形状、大小不一致，扣2分	5		
		茶器具布置与排列有序、合理	（1）茶席布置不协调，扣1分； （2）茶具配套齐全，茶具、茶席相协调，欠艺术感，扣0.5分	5		
3	茶艺展示（40分）	根据主题配置音乐，具有较强艺术感染力	（1）音乐与主题不协调，扣1分； （2）音乐与主题基本一致，欠艺术感染力，扣0.5分	5		
		操作动作适度，手法连贯、轻柔、顺畅，过程完整	（1）未能连续完成，中断或出错三次以上，扣2分； （2）能基本顺利完成，中断或出错两次以下，扣1分； （3）表演技艺平淡，缺乏表情及艺术品位，扣1分； （4）表演尚显艺术感，艺术品位平淡，扣1分	15		
		奉茶姿态、姿势自然，言辞恰当	（1）奉茶姿态不端正，扣1分； （2）奉茶次序混乱，扣1分； （3）脚步混乱，扣1分； （4）不注重礼貌用语，扣1分； （5）收回茶具次序混乱，扣1分	15		
		收具	（1）收具顺序混乱，茶具摆放不合理，扣1分； （2）离开表演台时，走姿不端正，扣1分	5		
4	茶汤质量（25分）	茶色、香、味、形表达充分	（1）未能表达出茶的色、香、味、形，扣3分； （2）只表达出茶的色、香、味、形其一者，扣2分； （3）只表达出茶的色、香、味、形其二者，扣1分	15		
		奉客茶汤应温度适宜	（1）茶汤温度过高或过低，扣2分； （2）茶汤温度与较适宜饮用温度相差不大，扣1分	5		
		茶汤适量	（1）茶量过多，溢出茶杯杯沿，扣1分； （2）茶量偏少，扣0.5分	5		
5	时间（5分）	在20分钟内完成茶艺展示，超时扣分	（1）展示超过规定时间1~3分钟，扣1分； （2）展示超过规定时间3~5分钟，扣2分； （3）展示超过规定时间5~10分钟，扣3分； （4）展示超过规定时间10分钟，扣5分	5		
	合计					

实训五 茶艺实践——乌龙茶的行茶方法

一、实训目的

茶艺实践——乌龙茶的行茶方法是"茶文化与茶道"课程中的实践课程部分，旨在通过相关的实训，进一步巩固、强化学生对茶文化与茶道理论知识的掌握，同时训练学生的实际运用能力，全面提高学生的动手能力。

二、实训任务

通过紫砂壶冲泡乌龙茶流程的演示表演，要求学生掌握乌龙茶品质特点、冲泡要求和操作要领。

（1）乌龙茶鉴赏。

（2）冲泡流程和方法。

（3）茶艺解说词。

三、实训预备知识

了解乌龙茶、茶具、泡茶用水相关知识点。

四、主要仪器设备及操作安全注意事项

（一）主要仪器设备

电脑、投影仪、茶叶、茶台、茶具、烧水壶、插线板。

（二）操作安全注意事项

（1）学生必须按计划要求完成实训任务。实训前，应认真阅读本次实训的全部内容，明确实训目的和实训任务，做好必要的实训准备。

（2）严格遵守学校关于专业实训的有关规定，爱护实训室及机房的设备，保持实训室环境卫生。遵守实训纪律，不迟到，不早退，认真听课，仔细做好笔记。

（3）学生在实训期间注意安全，遵守实训制度，服从实训指导老师和实训室管理人员的指导和安排。

（4）在使用烧水壶烧水的时候，注意用电安全。泡茶过程中注意人身安全。

（5）严格考勤，出勤情况作为该课程平时成绩的重要依据之一。

五、实训的组织管理

（1）实训分组安排：每组 4～6 人。

（2）时间安排：2 课时。

教学时间		实训单项名称（或任务名称）	具体内容（知识点）	学时数	备注
星期	节次				
五	5～6	乌龙茶行茶方法	1. 教师讲授，示范； 2. 播放视频； 3. 学生练习	2	

六、实训项目简介、实训步骤指导与注意事项

（一）实训项目简介

让学生在了解乌龙茶茶叶特点的同时，掌握乌龙茶的冲泡方法，练习解说词。

（二）实训步骤指导

（1）备器：准备好冲泡乌龙茶使用的茶具和辅助用具。

（2）赏茶：用茶匙将茶叶罐中乌龙茶轻轻拨入茶荷以供宾客观赏。

（3）温壶：品茗杯依次排列并向紫砂壶内注入 1/2 容量的开水，轻轻摇晃紫砂充分预热后将热水倒入水盂。

（4）置茶：用茶匙将茶荷中乌龙茶轻轻拨入紫砂壶中，投茶量为 6～8 g，茶叶约占茶壶容积的 1/3。

（5）润茶：在 15 秒内用内旋法将开水壶中开水沿茶壶内壁慢慢注入茶壶至壶口，迅速将茶汤倒入公道杯中（用于洗杯）。

（6）冲泡：用凤凰三点头方法提壶高冲水，使茶叶上下翻滚，开水应注满茶壶至壶口，用春风拂面的手法轻轻刮去茶汤表面的泡沫，使茶汤清澈洁净。

（7）淋壶：加盖后再用开水浇淋茶壶的外表，内外加温有利于茶香的散发。

（8）分茶、点茶：紫砂中的茶汤泡好后倒入有滤网的玻璃公道杯中，再将公道杯中的茶汤依次巡回斟入品茗杯，然后点斟。

（9）乌龙茶程序解说。

第一道：孔雀开屏。在泡茶之前，让我借"孔雀开屏"这道程序向大家展示我们这些典雅精美、工艺独特的工夫茶具。茶盘：用来陈设茶具及盛装不喝的余水。宜兴紫砂壶也称孟臣壶。茶海：也称茶盅，与茶滤合用起到过滤茶渣的作用，使茶汤更加清澈亮丽。闻香杯：因其杯身高，口径小，用于闻香，有留香持久的作用。品茗杯：用来品茗和观赏茶汤。茶道一组，内有五件：茶漏，放置壶口，扩大壶嘴，防止茶叶外漏；茶折，量取茶叶；茶夹，夹取品茗杯和闻香杯；茶匙，拨取茶叶；茶针，疏通壶口；茶托，托取闻香杯和品茗杯；茶巾，拈拭壶底及杯底的余水。随手泡：保证泡茶过程的水温。

第二道：活煮山泉。泡茶用水极为讲究，宋代大文豪苏东坡是一个精通茶道的茶人，他总结泡茶的经验说："活水还须活火烹。"活煮甘泉，即用旺火来煮沸壶中的山泉水，今天我们选用的是纯净水。

第三道："叶嘉酬宾"。叶嘉是苏东坡对茶叶的美称，叶嘉酬宾是请大家鉴赏茶叶，可看

其外形、色泽，以及嗅闻香气。这是铁观音，其颜色青中常翠，外形为包揉形，以匀称、紧结、完整为上品。

第四道：孟臣沐淋。孟臣是指明代的制壶名家惠孟臣，后人将孟臣代指各种名贵的紫砂壶，因为紫砂壶有保温、保味、聚香的特点，泡茶前我们用沸水淋浇壶身可起到保持壶温的作用。亦可借此为各位嘉宾接风洗臣，洗去一路风尘。

第五道：若琛出浴。茶是至清至洁的灵物，用开水烫洗一下本来就已经干净的品茗杯和闻香杯。做到使杯身杯底至清至洁，一尘不染，也是对各位嘉宾的尊敬。

第六道：乌龙入宫。茶似乌龙，壶似宫殿，取茶通常取壶的二分之一处，这主要取决于大家的浓淡口味，苏轼把乌龙入宫比做佳人入室，他言："细作小诗君勿笑，从来佳茗似佳人。"在诗句中把上好的乌龙茶比作让人一见倾心的绝代佳人，轻移莲步，使得满室生香，形容乌龙茶的美好。

第七道：高山流水。茶艺讲究高冲水，低斟茶。

第八道：春风拂面。用壶盖轻轻推掉壶口的茶沫。乌龙茶讲究"头泡汤，二泡茶，三泡四泡是精华"。工夫茶的第一遍茶汤，我们一般只用来洗茶，俗称温润泡，亦可用于养壶。

第九道：重洗仙颜。意喻着第二次冲水，淋浇壶身，保持壶温。让茶叶在壶中充分地释放香韵。

第十道：游山玩水。工夫茶的浸泡时间非常讲究，过长苦涩，过短则无味，因此要在最佳时间将茶汤倒出。

第十一道：祥龙行雨。取其"甘霖普降"的吉祥之意。"凤凰点头"象征着向各位嘉宾行礼致敬。

第十二道：珠联璧合。我们将品茗杯扣于闻香杯上，将香气保留在闻香杯内，称为"珠连璧合"。在此祝各位嘉宾家庭幸福美满。

第十三道：鲤鱼翻身。中国古代神话传说，鲤鱼翻身跃过龙门可化龙升天而去，我们借这道程序，祝在座的各位嘉宾跳跃一切阻碍，事业发达。

第十四道：敬奉香茗。坐酌泠泠水，看煎瑟瑟尘，无由持一碗，寄与爱茶人。我国为文明古国，礼仪之邦，在继承千年茶文化的基础上有自己新的见解：茶满成欺欲逐客，酒满为敬易迎宾，浅茶满酒礼之道，不满自满福茗优。广源馨为尊贵的客人敬奉上一杯香茗。

第十五道：喜闻幽香。请各位轻轻举起闻香杯 45 度，花好月圆，把高口的闻香杯放在鼻前轻轻转动，你便可喜闻幽香，高口的闻香杯里如同开满百花的幽谷，随着温度的逐渐降低，你可闻到不同的芬芳。

第十六道：三龙护鼎。即用大拇指和食指轻扶杯沿，中指紧托杯底，这样举杯既稳重又雅观。

第十七道：鉴赏汤色。现请嘉宾鉴赏铁观音金黄明亮的汤色。

第十八道：细品佳茗。一口玉露初品，茶汤入口后不要马上咽下，而应吸气，使茶汤与舌尖舌面的味蕾充分接触，您可小酌一下；第二口，好事成双，这口品下主要品茶汤过喉的滋味是鲜爽甘醇还是生涩平淡；第三口，三品石乳，您可一饮而下。

（三）注意事项

在使用烧水壶烧水的时候，注意用电安全。泡茶过程中注意人身安全。

七、评分标准

序号	项目	要求和评分标准	扣分标准	配分	扣分	得分
1	礼仪、仪表、仪容（20分）	发型、服饰与茶艺表演类型相协调	（1）发型散乱，扣0.5分； （2）服饰穿着不端正，扣0.5分； （3）发型、服饰与茶艺表演类型不协调，扣1分	5		
		动作自然、得体、高雅，表演中用语得当，表情自然，具有亲和力	（1）视线不集中，表情平淡，扣0.5分； （2）目低视，表情不自如，扣0.5分； （3）说话举止略显惊慌，扣1分； （4）不注重礼貌用语，扣1分	5		
		动作、手势、站立姿势端正大方	（1）站姿、走姿摇摆，扣1分； （2）坐姿不正，双腿张开，扣3分； （3）手势中有明显多余动作，扣1分	10		
2	茶席布置（10分）	茶器具之间功能协调，质地、形状、色彩调和	（1）茶具配套不齐全，或有多余的茶具，扣2分； （2）茶具色彩不够协调，扣1分； （3）茶具之间质地、形状、大小不一致，扣2分	5		
		茶器具布置与排列有序、合理	（1）茶席布置不协调，扣1分； （2）茶具配套齐全，茶具、茶席相协调，欠艺术感，扣0.5分	5		
3	茶艺展示（40分）	根据主题配置音乐，具有较强艺术感染力	（1）音乐与主题不协调，扣1分； （2）音乐与主题基本一致，欠艺术感染力，扣0.5分	5		
		操作动作适度，手法连贯、轻柔、顺畅，过程完整	（1）未能连续完成，中断或出错三次以上，扣2分； （2）能基本顺利完成，中断或出错二次以下，扣1分； （3）表演技艺平淡，缺乏表情及艺术品位，扣1分； （4）表演尚显艺术感，艺术品位平淡，扣1分	15		
		奉茶姿态、姿势自然，言辞恰当	（1）奉茶姿态不端正，扣1分； （2）奉茶次序混乱，扣1分； （3）脚步混乱，扣1分； （4）不注重礼貌用语，扣1分； （5）收回茶具次序混乱，扣1分	15		
		收具	（1）收具顺序混乱，茶具摆放不合理，扣1分； （2）离开表演台时，走姿不端正，扣1分	5		
4	茶汤质量（25分）	茶的色、香、味、形表达充分	（1）未能表达出茶的色、香、味、形，扣3分； （2）只表达出茶的色、香、味、形其一者，扣2分； （3）只表达出茶的色、香、味、形其二者，扣1分	15		
		奉客茶汤应温度适宜	（1）茶汤温度过高或过低，扣2分； （2）茶汤温度与较适宜饮用温度相差不大，扣1分	5		
		茶汤适量	（1）水量过多，溢出水面外沿，扣1分； （2）茶量偏少，扣0.5分	5		
5	时间（5分）	在20分钟内完成茶艺展示，超时扣分	（1）展示超过规定时间1~3分钟，扣1分； （2）展示超过规定时间3~5分钟，扣2分； （3）展示超过规定时间5~10分钟，扣3分； （4）展示超过规定时间10分钟，扣5分	5		
	合计					

实训六 茶艺实践——黑茶的行茶方法

一、实训目的

茶艺实践——黑茶的行茶方法是"茶文化与茶道"课程中的实践课程部分，旨在通过相关的实训，进一步巩固、强化学生对茶文化与茶道理论知识的掌握，同时训练学生的实际运用能力，全面提高学生的动手能力。

二、实训任务

通过用紫砂壶或瓷碗冲泡黑茶流程的演示表演，要求学生掌握黑茶品质特点、冲泡要求和操作要领。

（1）黑茶鉴赏。

（2）冲泡流程和方法。

（3）茶艺解说词。

三、实训预备知识

了解黑茶、茶具、泡茶用水相关知识点。

四、主要仪器设备及操作安全注意事项

（一）主要仪器设备

电脑、投影仪、茶叶、茶台、茶具、烧水壶、插线板。

（二）操作安全注意事项

（1）学生必须按计划要求完成实训任务。实训前，应认真阅读本次实训的全部内容，明确实训目的和实训任务，做好必要的实训准备。

（2）严格遵守学校关于专业实训的有关规定，爱护实训室及机房的设备，保持实训室环境卫生。遵守实训纪律，不迟到，不早退，认真听课，仔细做好笔记。

（3）学生在实训期间注意安全，遵守实训制度，服从实训指导老师和实训室管理人员的指导和安排。

（4）在使用烧水壶烧水的时候，注意用电安全。泡茶过程中注意人身安全。

（5）严格考勤，出勤情况作为该课程平时成绩的重要依据之一。

五、实训的组织管理

（1）实训分组安排：每组4～6人。

（2）时间安排：2课时。

教学时间		实训单项名称（或任务名称）	具体内容（知识点）	学时数	备注
星期	节次				
一	5～6	黑茶的行茶方法	1. 教师讲授，示范 2. 播放视频 3. 学生练习	2	

六、实训项目简介、实训步骤指导与注意事项

（一）项目简介

让学生在了解黑茶茶叶特点的同时，掌握黑茶的冲泡方法，练习解说词。

（二）实训步骤指导

（1）备具：准备好茶具及普洱茶。

（2）温壶涤具：先用滚水烫热茶具，主要起温壶温杯的作用，同时可以涤具，随后放入茶叶。

（3）投茶：将普洱茶小心置入壶中。

（4）润茶：冲入约茶具容量 1/4 的滚水，然后快速倒去，以此清洗茶叶中的杂质，并且唤醒茶叶。

（5）冲茶浸润：根据实际情况掌握冲泡时间。

（6）分茶：头道。倒沸水冲泡 10 秒左右，出茶水倒公道杯中，滤网放公道杯上，过滤碎茶，然后再分别均匀地分入小杯中，温了就可以喝了。

（7）黑茶程序解说。

第一道：喜闻陈香（赏茶）。普洱茶在冲泡前应先闻干茶香，以陈香明显者优，有霉味、异味者为下品。赏茶后将茶荷里的普洱茶倒进煮茶用的同心壶中。

第二道：活火煮泉（烧水）。冲泡普洱茶要用 100 ℃ 的开水，在烧水时应急火快攻。今天我们使用的是电随手泡烧煮纯净水。

第三道：洗净沧桑（洗茶）。陈年普洱茶是生茶在干仓经过多年陈化而成，在冲泡时，头一泡茶一般不喝，然后将开水冲入同心壶中，洗一遍茶，称之为"洗净沧桑"。

第四道：吊出陈韵（煮茶）。即向同心壶中冲入开水，同心壶下点燃小蜡烛（或酒精灯），开水入壶后茶汤颜色慢慢加深，头一泡到枣红色即止，在这里我们以加温的方法来烹出普洱茶独特的气韵。

第五道：平分秋色（斟茶）。茶道面前，人人平等。斟茶时每杯要浓淡一致，多少均等。若没有把握用煮茶的壶直接斟入各杯，可将茶汤先倒入公道杯，然后再用公道杯斟茶。

第六道：瞬间烟云（目品）。即观赏杯中普洱茶汤表面飘浮着的一层云雾，普洱茶茶汤艳丽亮红，表面一层淡淡的薄雾乳白朦胧，令人浮想联翩。

第七道：时光倒流（鼻品）。普洱茶的香气随着冲泡的次数在不断变化，细闻茶香的变化，茶香会把你带到逝去的岁月，让你感悟到人世间沧海桑田的变幻。

第八道：品味历史（口品）。让普洱茶的陈香、陈韵和茶气、茶味在你口中慢慢弥散，你一定能品出历史的厚重，感悟到逝者如斯。

第九道：神游古今（回味）。品茶后细细回味，仿佛听到历史老人在慢慢地诉说。

第十道：见好就收（谢茶）。优质陈年普洱只要冲泡、烹煮得法，可泡十几泡以上，并且每一道的茶香、滋味、水性均各有特点，让人品时爱不释手。

（三）注意事项

在使用烧水壶烧水的时候，注意用电安全。泡茶过程中注意人身安全。

七、评分标准

序号	项目	要求和评分标准	扣分标准	配分	扣分	得分
1	礼仪、仪表、仪容（20分）	发型、服饰与茶艺表演类型相协调	（1）发型散乱，扣0.5分； （2）服饰穿着不端正，扣0.5分； （3）发型、服饰与茶艺表演类型不协调，扣1分	5		
		动作自然、得体、高雅，表演中用语得当，表情自然，具有亲和力	（1）视线不集中，表情平淡，扣0.5分； （2）目低视，表情不自如，扣0.5分； （3）说话举止略显惊慌，扣1分； （4）不注重礼貌用语，扣1分	5		
		动作、手势、站立姿势端正大方	（1）站姿、走姿摇摆，扣1分； （2）坐姿不正，双腿张开，扣3分； （3）手势中有明显多余动作，扣1分	10		
2	茶席布置（10分）	茶器具之间功能协调，质地、形状、色彩调和	（1）茶具配套不齐全，或有多余的茶具，扣2分； （2）茶具色彩不够协调，扣1分； （3）茶具之间质地、形状大小不一致，扣2分	5		
		茶器具布置与排列有序、合理	（1）茶席布置不协调，扣1分； （2）茶具配套齐全，茶具、茶席相协调，欠艺术感，扣0.5分	5		
3	茶艺展示（40分）	根据主题配置音乐，具有较强艺术感染力	（1）音乐与主题不协调，扣1分； （2）音乐与主题基本一致，欠艺术感染力，扣0.5分	5		
		操作动作适度，手法连贯、轻柔、顺畅，过程完整	（1）未能连续完成，中断或出错三次以上，扣2分； （2）能基本顺利完成，中断或出错二次以下，扣1分； （3）表演技艺平淡，缺乏表情及艺术品位，扣1分； （4）表演尚显艺术感，艺术品位平淡，扣1分	15		
		奉茶姿态、姿势自然，言辞恰当	（1）奉茶姿态不端正，扣1分； （2）奉茶次序混乱，扣1分； （3）脚步混乱，扣1分； （4）不注重礼貌用语，扣1分； （5）收回茶具次序混乱，扣1分	15		
		收具	（1）收具顺序混乱，茶具摆放不合理，扣1分； （2）离开表演台时，走姿不端正，扣1分	5		
4	茶汤质量（25分）	茶的色、香、味、形表达充分	（1）未能表达出茶的色、香、味、形，扣3分； （2）只表达出茶的色、香、味、形其一者，扣2分； （3）只表达出茶的色、香、味、形其二者，扣1分	15		
		奉客人茶汤应温度适宜	（1）茶汤温度过高或过低，扣2分； （2）茶汤温度与较适宜饮用温度相差不大，扣1分	5		
		茶汤适量	（1）茶量过多，溢出茶杯杯沿，扣1分； （2）茶量偏少，扣0.5分	5		
5	时间（5分）	在20分钟内完成茶艺展示，超时扣分	（1）展示超过规定时间1~3分钟，扣1分； （2）展示超过规定时间3~5分钟，扣2分； （3）展示超过规定时间5~10分钟，扣3分； （4）展示超过规定时间10分钟，扣5分	5		
	合计					

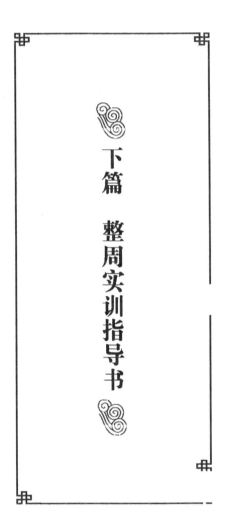

下篇　整周实训指导书

课程七　舞蹈与形体训练实训指导书

一、实训目的

"舞蹈与形体训练"课程的实训目的是：使学生理解仪表仪态在个人发展和服务中的重要作用、理解和掌握形体礼仪的基本操作及运用方法技巧，从而为今后从事服务工作塑造良好形象、提高服务艺术，奠定坚实的基础。本课程实训系统训练形体礼仪（包括站姿、坐姿、蹲姿、走姿、服务的手势等），旨在为学生将来的工作打好基础，提高学生综合素质。

二、实训任务

（一）礼仪的仪态与风貌

微笑与眼神、站姿、坐姿、蹲姿、走姿、服务的手势，举止应注意的问题。

（二）仪容仪表

仪容、仪表，着装与服饰，良好仪态的养成与训练。

三、实训预备知识

本门课程无先修课程，在实训前要求仔细阅读《舞蹈与形体训练》指导书。

四、主要仪器设备及操作安全注意事项

（一）主要仪器设备

（1）地毯、扶把、镜子。
（2）椅子、筷子、纸张或书本。
（3）VCD 机、录音机及音乐碟带。
（4）健身操和舞蹈所需服装与道具。

（二）操作安全注意事项

（1）学生必须按计划要求完成实训任务。实训前，应认真阅读本次实训的全部内容，明确实训目的和实训任务，做好必要的实训准备。
（2）严格遵守学校关于专业实训的有关规定，保持实训室环境卫生。
（3）遵守实训纪律，不得携带与学习无关的物品，尤其不允许携带食品入内，一经发现，严肃处理。

（4）根据老师的要求合理穿戴衣物，严禁穿拖鞋入场。

（5）实训动作开始之前，一定要跟着老师进行热身活动，防止关节扭伤或肌肉拉伤的意外发生。

（6）学生在实训期间注意安全，身体稍有不适要及时向老师提出，防止因动作相对较大而出现身体劳损现象。

（7）遵守实训制度，服从实训指导老师和实训室管理人员的指导和安排。

（8）严格考勤，不得迟到，出勤情况作为该课程平时成绩的重要依据之一。

（9）认真听课，积极练习动作，对自己的动作易错点要及时纠正。

五、实训的组织管理

（1）实训分组安排：每组 4~6 人。

（2）时间安排。

实训单项名称（或任务名称）	具体内容（知识点）	学时数	备注
仪容、仪表	着装、面妆	4	
站姿训练	表情、眼神	4	
走姿训练	走路的姿势	4	
蹲姿训练	交叉式、高低式	2	
坐姿训练	几种不同坐姿	6	
手、臂仪态与文明礼貌	服务时所用文明用语	4	
复习	复习所学	2	
考试	考核、填写实训报告	2	

六、实训项目简介、实训步骤指导与注意事项

（一）仪容与仪表

【实训目标】

（1）掌握正式场合的穿衣着装礼仪。

（2）掌握从业者仪表礼仪的具体规范及要求。

（3）能选择适合自己的颜色，并进行搭配。

【实训内容】

（1）仪容、仪表的概念。

（2）仪容、仪表的意义。

（3）仪容、仪表的基本要求。

【实训步骤】

1. 仪容

〖指导〗

化淡妆：自然、清淡、真实；美化，做到扬长避短；协调，不张扬，注意色系搭配。

注意事项

（1）发：整洁、无头屑，头发软者可用摩丝定型。男士侧发不过耳，后发不过领；女士前发不过眉，后发不过肩。不染彩发，不剃光头。

（2）眼睛：清洁、无分泌物，避免眼睛布满血丝。

（3）鼻子：别让鼻毛探头探脑，勿当众抠鼻子。

（4）嘴巴、牙齿：清洁、无食品残留物，无异味。

（5）指甲：清洁、定期修剪，忌红、紫（可美甲）。

（6）男士的胡子：每日一刮，干净。

（7）饰物：检查是否污损或被碰歪了。

（8）衣服干净，尤其衬衫的领与袖。

（9）勤洗澡，身体无异味。

2. 仪表（服饰礼仪）

〖指导〗

男士穿西装禁忌

（1）衬衫下摆放在西裤外。

（2）西服领围太大，衬衫领脖间空隙太大或太紧。

（3）领带太短与太长。

（4）衬衫领口扣不系就扎领带，衬衫袖扣不系。

（5）袖子太长。应比衬衫短 1 厘米。

（6）裤子短。应盖住皮鞋。

（7）上衣、裤子口袋鼓囊囊。

（8）穿运动鞋。

（9）皮鞋、袜子、西服、公文包颜色不协调。

商务职场着装六忌

（1）过于杂乱，与场合不协调。

（2）过于鲜艳。要保守不张扬。

（3）过于暴露，尤其胸、肩、大腿。

（4）过于透视。要庄重。

（5）过于短小与紧身。

（6）过于肥大与不和谐。

职业女士裙装禁忌

（1）着黑色皮裙（避嫌）。

（2）裙、鞋、袜不搭配。应半高跟黑皮鞋、袜子肉色或黑色、袜口入裙且无损坏。

（3）赤脚，不穿袜子。

（4）三节腿（恶性分割），半截裙、半截袜子、露腿一截。

（二）站姿训练

【实训目标】

了解从业者正确的站姿要求。

【实训内容】

掌握规范的站姿；得体地运用态势语言。

【实训步骤】

1. 学生分组

指导教师将班级学生进行分组，可以按照学号几至几号，也可以让学生自由组合，每组4~6人。

2. 实训指导

学生按照分好的位置面对面站好，开始练习。

（1）站正，双腿并拢立直，两脚跟相靠，脚分开成"V"型，开度一般为45°~60°，身体重心落在两脚中间。

（2）胸要微挺，腹部自然地收缩，臀部上提，挺直背脊。

（3）双肩舒展、齐平，双臂自然下垂（在背后交叉或体前交叉也可），虎口向前，手指自然弯曲，中指贴裤缝。

（4）头正，颈直，双眼平视前方，嘴微闭，面带微笑。站立太累时，可变换为调节式站立，即身体重心偏移到左脚或右脚上，另一条腿微向前屈，脚部放松。无论哪一种站姿都应注意：双手不可叉腰，不可抱在胸前，不可插入衣袋；眼睛不要东张西望；身体不要抖动或摇摆，更不应东倒西歪。

实践：按照规范的站立标准练习。站立时间为10分钟。

（三）坐姿训练

【实训目标】

了解从业者正确的坐姿要求。

【实训内容】

掌握规范的坐姿；得体地运用态势语言。

【实训步骤】

1. 学生分组

指导教师将班级学生进行分组，可以按照学号几至几号，也可以让学生自由组合，每组4~6人。

2. 实训指导

（1）要求。从椅子的左侧入座，女士入座时要理一下裙子，入座时右腿先后退一步，找到椅子的正确位置，然后缓缓入座。要坐椅子的三分之二处，入座后要注意上身挺直，面带微笑，双手可以放在大腿上，或者放在沙发的扶手上，手心要向下。

（2）入座时男生的下肢体位。

垂腿开膝式	双腿并拢，大腿、小腿、地面相互垂直，两膝之间的距离大概为3~5厘米，两脚内侧平行
大腿叠放式	支撑腿的大腿、小腿和地面相互垂直，脚尖朝向正前方。另外一条腿自然地放在支撑腿上

（3）入座时女生的下肢体位。

正襟危坐式	双腿并拢，大腿、小腿、地面相互垂直，两脚后跟、双膝并拢，双脚尖分开呈45度
双脚斜放式	双脚和两腿的内侧并拢，斜放在一侧，但是要注意，两膝盖要并拢并朝向正前方
双脚内收式	两腿内侧，双膝并拢，双脚内收，两脚尖分开约30度
双脚交叉式	双脚内收、交叉，但是要注意双膝并拢
前伸后屈式	两腿内侧，双膝并拢，两只脚一前一后，呈一条直线
大腿叠斜放式	两条腿叠斜放在一起，放在上面一条腿的脚尖要绷直

（四）蹲姿训练

【实训目标】

了解从业者正确的蹲姿要求。

【实训内容】

掌握规范的蹲姿；得体地运用态势语言。

【实训步骤】

1. 学生分组

指导教师将班级学生进行分组，可以按照学号几至几号，也可以让学生自由组合，每组4~6人。

2. 实训指导

（1）高低式蹲姿。下蹲时左脚在前，全脚着地，右脚稍后，脚掌着地，后跟提起；右膝低于左膝，臀部向下，身体基本上由右腿支撑；女子下蹲时两腿要靠紧，男子两腿间可有适当的距离。

（2）交叉式蹲姿。下蹲前右脚置于左脚的左前侧，使右腿从前面与左腿交叉。下蹲时，右小腿垂直于地面，右脚全脚着地。蹲下后左脚脚跟抬起，脚掌着地，两腿前后靠紧，合力支撑身体；臀部向下，上身稍前倾。女子较适用这种蹲姿。下蹲时，无论采取哪种蹲姿，都应掌握好身体重心，避免在客人面前滑倒的尴尬局面出现。

（五）走姿训练

【实训目标】

了解从业者正确的走姿要求。

【实训内容】

掌握规范的走姿；得体地运用态势语言。

【实训步骤】

1. 学生分组

指导教师将班级学生进行分组，可以按照学号几至几号，也可以让学生自由组合，每组4～6人。

2. 实训指导

（1）后退步。与人告别时，应当先后退两三步，再转身离去。退步时脚轻擦地面，步幅要小，先转身后转头。

（2）引导步。引导步是用于服务员走在前面给宾客带路的步态。引导时要尽可能走在宾客左侧，整个身体半转向宾客，保持两步的距离。遇到上下楼梯、拐弯、进门时，要伸出左手示意，并提示请客人上楼、进门等。

（六）服务的手势

【实训目标】

了解从业者服务时所用的文明用语和手势要求。

【实训内容】

掌握服务时所用的文明用语和手势。

【实训步骤】

1. 学生分组

指导教师将班级学生进行分组，可以按照学号几至几号，也可以让学生自由组合，每组4～6人。

2. 实训指导

（1）引导手势。引导，即为客人指示行进方向，也就是指路。引导客人时，首先轻声对客人说"您请"，然后采取"请"的手势指路。

（2）"请"的手势。"请"的手势是工作人员运用得最多的手势之一。"请"根据场景的不同，有着不同的语义："请进""这边请""里边请""请跟我来""请坐"，等等。

（3）横摆式。五指伸直并拢，掌心斜向上方，手掌与地面成45°，腕关节伸直，手与前臂成直线，整个手臂略弯曲，弯曲弧度以140°为宜。做动作时，应以肘关节为轴，上臂带动前臂，由体侧自下而上将手臂抬起，到腰部并与身体正面成45°时停止。头部和上身微向伸出手的一侧倾斜，另一手下垂或背在背后，面向客人，面带微笑，目视来宾，表示出对宾客的尊重、欢迎。

（4）前摆式。五指伸直并拢，掌心向上，手臂由体侧向体前方自上而下地抬起，当上臂抬至与身体45°夹角时，然后以肘关节为轴，手臂由体侧向体前摆动，摆动手与身体相距20厘米处停住，身体略微前倾，头略往手势所指方向倒，面向客人，面带微笑，目视来客。

（5）介绍的手势。介绍他人的手势，要求为：掌心向上，手背向下，四指伸直并拢，拇指张开，手腕与前臂成一直线，以肘关节为轴，整个手臂略弯曲，手掌基本上抬至肩的高度，并指向被介绍的一方，面带微笑，目视被介绍的一方，同时兼顾客人。介绍自己的手势，要求为：右手五指伸直并拢，用手掌轻按自己的左胸；介绍时，应目视对方或大家，表情要亲切坦然；切忌伸出食指来指点别人，或用大拇指指着自己，否则会被认为是一种傲慢、教训他人的不礼貌的行为。

（6）握手的手势。单手握。要求为：施礼者应距受礼者约一步的距离，两脚立正，或两脚展开成八字步站立，上体微前倾，目视对方，伸出右手，四指并拢，拇指张开，手掌与地面垂直，肘关节微屈抬至腰部，与对方右手相握，并上下抖动，以示亲热。双手握。要求为：同时伸出双手，握住对方右手，其他与单手握相同。

握手训练：握手时，面部要保持微笑，注视对方，身体前倾45°。

（7）递东西。在递给客人东西时，应用双手恭敬地奉上，绝不能漫不经心地一扔，并忌以手指或笔尖直接指向客人。

七、考核标准

序号	项目	优秀	良好	中等	及格	不及格
1	实训态度及考勤（20%）	（1）做好实训预习，认真听讲；（2）实训中不大声喧哗；（3）爱护实训设备，保持环境整洁；（4）无迟到、早退；（5）无旷课；（6）能与同伴相互协作，相互帮助	不符合"优等"标准的任意一项	不符合"优等"标准的任意二项	不符合"优等"标准的任意三项	不符合"优等"标准的任意四项
		有旷课现象的不能评为"优、良和中"，旷课超过2节以上的，评为"不及格"				
2	礼仪的仪态与风貌（50%）	（1）实训过程认真完成所学动作；（2）善于开动脑筋，能够完成规定动作；（3）按时完成各项实训内容且实训结论准确	不符合"优等"标准的任意一项	不符合"优等"标准的任意二项	不符合"优等"标准的任意三项	不符合"优等"标准的任意四项
		实训内容没有完成，评为"不及格"，实训期间做与实训无关的操作不能评为"优"				

序号	项目	优秀	良好	中等	及格	不及格
3	个人的仪容、仪表（15%）	独自完成对自身仪容、仪表的整理	能较准确、无误、独立完成	基本能准确、无误、独立完成	基本能准确、无误完成	不能完成规定的考核操作
4	实训报告（15%）	（1）按规定时间上交； （2）报告格式规范，内容详尽、完整； （3）实训分析总结正确； （4）能提出合理化建议或有创新的见解； （5）无抄袭现象	不符合"优等"标准的任意一项	不符合"优等"标准的任意二项	不符合"优等"标准的任意三项	不符合"优等"标准的任意四项
		实训报告抄袭内容达80%以上的评为"不及格"				

八、实训报告

（1）实训报告应于实训结束后按时独立完成，书面整洁，字迹清晰，分析认真，总结得当。

（2）实训报告能如实反映自己的实训过程，实训中遇到什么问题，自己如何去解决，取得什么收获，有什么体会；不得抄袭他人的实训报告。

课程八 导游实训指导书

一、实训目的

"导游实训"是旅游管理专业开设的一门专业主干课，实践性、应用性较强，以培养学生的实际操作能力为主要目标。通过本课程的实训，使学生掌握导游工作的程序及基本导游技能，了解导游工作中的各种事故及处理，提高导游讲解能力、丰富导游讲解方法与技巧，使学生掌握导游工作必备的业务知识和应变能力。本课程主要采用案例分析、任务驱动、情景模拟、角色扮演、分组演练等方式组织教学，旨在培养学生的导游技能。

二、实训任务

（1）通过实训，使学生认识、理解导游工作的特点、导游工作的主要内容及导游人员应具备的能力。

（2）通过实训，使学生能独立写作导游欢迎词、欢送词与景区景点讲解词等。

（3）通过实训，使学生掌握导游服务程序与规范，熟悉导游带团技能，提高导游讲解能力等。

（4）通过实训，培养学生在导游带团过程中对特殊问题的处理能力和应变能力。

具体任务如下：

序号	实训项目	实训单项	技能要求
1	欢迎词、欢送词、柳州城市概况讲解训练	欢迎词、欢送词、柳州城市概况讲解训练	能熟练地致欢迎词和欢送词，并能够进行柳州城市概况的导游讲解
2	自然景观讲解训练接团演练	柳州大龙潭公园概况介绍，龙潭、雷潭、镜湖、风雨桥、美女照镜等主要景点讲解训练	了解柳州大龙潭公园参观游览路线、主要景点及主要景点的导游讲解
		龙潭公园实地讲解训练	能够进行柳州大龙潭公园实地带团导游讲解
3	人文景观讲解训练接团演练	柳侯公园概况，古南门牌楼、柳侯祠、衣冠墓、罗池、柑香亭等景点模拟训练	了解柳侯公园的参观游览路线、主要景点及主要景点的导游讲解
		柳侯公园实地讲解训练	能够进行柳侯公园实地带团导游讲解
4	场馆类景点讲解训练接团演练	柳州城市规划馆模拟讲解训练	熟悉柳州城市规划馆的参观游览路线及导游讲解
		柳州城市规划馆参观	能进行柳州城市规划馆的导游讲解
5	导游服务规范、应变能力训练	导游服务规范、应变能力训练	掌握导游服务规范，具有一定的应变能力

三、实训预备知识

本门实训课程的先修课是"导游实务"。实训前认真复习导游服务工作程序、导游人员的带团技能、导游人员的语言与讲解技能、导游人员的应变应急能力等有关知识。

四、主要仪器设备及操作安全注意事项

（一）主要仪器设备

（1）电脑、投影系统1套；
（2）导游胸卡、导游旗、旗杆、扩音器、摄像机；
（3）高清录播系统1套；
（4）旅游大巴。

（二）操作安全注意事项

（1）学生必须按计划要求完成实训任务。实训前，应认真阅读本次实训的全部内容，明确实训目的和实训任务，做好必要的实训准备。
（2）学生在实训期间遵守实训制度，时刻注意安全，服从实训指导老师和实训室管理人员的指导和安排。
（3）严格考勤，不得迟到，出勤情况作为该课程平时成绩的重要依据之一。
（4）写实训报告书，字迹工整，条理清晰，语言流畅，结构规范，严禁抄袭。

五、实训的组织管理

（1）使用教材名称：《导游实训指导书》。
（2）导游实训分为校内实训和校外实训两部分。校内实训主要在实训室进行，校外实训在柳州大龙潭公园、柳侯公园、柳州城市规划馆开展。校外实训安排专门的车辆接送学生，要求学生遵守实训纪律，在规定的时间、地点集合统一出发。
（3）为保证训练效果，学生分组进行实训，6~7人一组，设组长1名，实行组长负责制，督促小组每一位成员按时完成实训任务，真正学有所成。
（4）实训进程安排。

实训进程安排表

实训项目（或任务）	具体内容（知识点）	学时	备注
欢迎词、欢送词及柳州城市概况讲解	柳州地接欢迎词、欢送词、城市概况讲解训练	4	校内实训
自然景观讲解训练； 接团演练	柳州大龙潭公园概况介绍，龙潭、雷潭、镜湖、风雨桥、美女照镜等主要景点校内模拟讲解训练	2	校内实训

实训项目（或任务）	具体内容（知识点）	学时	备注
自然景观讲解训练；接团演练	柳州大龙潭公园，学生按小组逐一模拟接团演练，并提交个人讲解视频作为成绩评定标准	6	校外实训柳州大龙潭公园
人文景观讲解训练；接团演练	柳侯公园概况介绍，古南门牌楼、柳侯祠、衣冠墓、罗池等景点校内模拟讲解训练	4	校内实训
场馆类景点讲解训练；接团演练	柳州城市规划馆的概况、主题、主要展厅校内模拟讲解训练	2	校内实训
人文景观讲解训练；接团演练	柳侯公园实地讲解，学生按小组逐一进行接团演练	4	校外实训柳侯公园
场馆类景点讲解训练；接团演练	柳州城市规划馆参观，学生按小组逐一进行接团演练	2	校外实训柳州城市规划馆
导游服务规范、应变能力训练	导游服务规范、应变能力训练	4	校内实训
合　计		28	

六、实训项目、步骤指导与注意事项

实训项目一　欢迎词、欢送词及柳州城市概况讲解

【实训形式】

（1）以小组为单位，先在实训室进行欢迎词、欢送词、城市概况讲解词写作，并进行模拟讲解训练；然后在旅游车上进行接团欢迎词和城市概况、欢送词演练。

（2）要求课前认真阅读本次实训项目的所有资料，实训过程中实行组长负责制，督促每一位组员按要求完成实训任务。

【实训重点】

欢迎词、欢送词及城市概况讲解词的创作；致欢迎词、欢送词及城市概况讲解。

【实训安排】

实训项目	欢迎词、欢送词及柳州城市概况讲解
实训要求	1. 掌握欢迎词、欢送词包含的要素，能熟练致欢迎词、欢送词。 2. 能够熟练地进行柳州城市概况的导游讲解
实训地点	C6-515
实训时间	4 学时
实训材料	实训指导书、导游旗、导游胸卡、话筒、旅游大巴

实训项目	欢迎词、欢送词及柳州城市概况讲解
实训内容 与步骤	一、实训准备 熟悉欢迎词、欢送词及柳州城市概况讲解词 二、实训过程 1. 致欢迎词 （1）代表所在接待社、本人及司机欢迎客人； （2）介绍自己的姓名、所属单位； （3）介绍司机； （4）表示提供服务的诚挚愿望； （5）预祝旅游愉快顺利。 2. 柳州城市概况介绍 （1）介绍柳州的概况、气候条件、人口、行政区划分、社会生活、文化传统、土特产品、历史沿革等；市容市貌介绍，发展概况及沿途重要建筑物和街道介绍。 （2）要求讲解内容简明扼要，语言节奏明快、清晰；景物取舍得当，随机应变，见人说人，见物说物，与旅游者的欣赏同步。 3. 致欢送词 （1）回顾旅游活动，感谢大家的合作； （2）表达友谊和惜别之情； （3）诚恳征求旅游者对接待工作的意见和建议； （4）若旅游活动中有不顺利或旅游服务有不尽如人意之处，导游人员可借此机会再次向旅游者赔礼道歉； （5）表达美好的祝愿。 4. 旅游车上分组致欢迎词、城市概况介绍、致欢送词 三、本实训项目结束
实训方法	任务驱动、情景模拟、教师示范、学生展示、分组演练、旅游车模拟训练
注意事项	1. 欢迎词、欢送词既要包含基本内容，又要有新意，能给游客留下深刻的第一印象，又符合个人的个性特征和家乡的特点。 2. 柳州城市概况介绍应包括气候条件、人口、历史沿革、行政区划分、社会经济发展情况、文化传统、土特产品等；要求讲解内容简明扼要，语言节奏明快、清晰。 3. 在旅游车中讲解时应注意交通状况，适当调整讲解内容的长短，让游客有休息和思考的时间；另外要使用明确的指示语，如"在你们（游客）的右边……你们左边棕黄色的建筑是……"做到导游讲解车外景物时，该景物正好在游客的视线之内

实训项目二　自然景观讲解

【实训形式】

（1）以小组为单位，先在实训室熟悉柳州大龙潭公园的参观游览路线、主要景点及景点讲解，分组模拟训练；然后到柳州大龙潭公园进行现场模拟带团演练。

（2）要求课前认真阅读本次实训项目的所有资料，熟读柳州大龙潭公园导游词文稿。

（3）每人均需拍摄讲解视频并上交，作为成绩评定重要依据。实训过程中实行组长负责制，督促每一位组员按要求完成实训任务。

【实训重点】

柳州大龙潭公园的参观游览路线；概况、龙潭、雷潭、雷龙胜迹区、雷山摩崖石刻、风雨桥、鼓楼、美女照镜等景点讲解。

【实训安排】

实训项目	自然景观讲解训练
实训要求	1. 掌握自然景观的讲解方法、技巧； 2. 能够进行柳州大龙潭公园实地带团导游讲解
实训地点	C6-515、柳州大龙潭公园
实训时间	8 学时
实训材料	实训指导书、导游旗、导游胸卡、话筒、旅游大巴
实训内容 与步骤	一、实训准备 熟悉自然景观的讲解方法、技巧；熟悉柳州大龙潭公园导游词。 二、实训过程 1. 实训室模拟训练 （1）自然景观的讲解注意事项及技巧； （2）柳州大龙潭公园参观游览路线介绍，正门—龙潭、雷潭—雷龙胜迹区（雷塘庙、祭台、祈雨文碑亭）—侗寨—风雨桥—鼓楼—美女照镜； （3）大龙潭公园分景点讲解训练。 2. 柳州大龙潭公园实地模拟带团导游讲解 （1）集中清点人数，登车； （2）分小组致欢迎词及城市概况介绍； （3）教师进行示范讲解，带学生参观游览大龙潭公园； （4）学生分组进行大龙潭公园导游讲解，并对带团过程进行拍摄录像； （5）实训期间可让承担游客角色的学生提出各类问题让"导游员"处理，考核其应变能力。 三、本实训项目结束
实训形式	任务驱动、情景模拟、教师示范、分组演练、实地模拟训练、旅游车模拟训练
注意事项	1. 实训前的准备工作要充分，通过景点讲解导游词的创作过程，掌握导游讲解技巧运用的基本要领。 2. 遵守时间，不迟到早退。 3. 景点讲解手法和技巧不是孤立的，而是相互渗透、相互依存、密不可分的。只有将其融会贯通，结合自己的特点形成自己的独特风格，才能创造出适合自己的导游景点讲解技巧和手法，取得令人满意的景点讲解效果。 4. 导游讲解的要求。 （1）口齿清楚、语言通俗、措辞恰当、层次分明、逻辑性强，有根有据； （2）文物古迹的历史背景和艺术价值、自然景观的成因及特征必须交代清楚； （3）在导游服务中，导游员的目光应正视游客，即视线与游客平行。在讲解中还需环视以观察游客的动向和反应。另外应注意，导游员的视线停留在某一游客的时间不宜过长，以免引起游客的误解和反感； （4）在讲解中可以适当增加一些娱乐性的细节，这样会使讲解更加生动。 5. 实训过程中，始终把安全放在首位，注意个人的人身、财物安全。 6. 文明出行，文明实训，体现柳铁学子风采

实训项目三　人文景观讲解

【实训形式】

（1）以小组为单位，先在实训室熟悉柳侯公园的参观游览路线、主要景点及景点讲解，分组模拟训练；然后到柳侯公园进行现场模拟带团演练。

（2）要求课前认真阅读本次实训项目的所有资料，熟读柳侯公园导游词文稿。

（3）实训过程中实行组长负责制，督促每一位组员按要求完成实训任务。

【实训重点】

柳侯公园的参观游览路线；古南门牌楼、柳宗元花岗岩雕像、柳侯祠、衣冠墓、罗池、鼓楼、柑香亭等景点讲解。

【实训安排】

实训项目	人文景观讲解训练
实训要求	1. 掌握人文景观的讲解方法、技巧 2. 能够进行柳侯公园实地带团导游讲解
实训地点	C6-515、柳侯公园
实训时间	8 学时
实训材料	实训指导书、导游旗、导游胸卡、话筒、旅游大巴
实训内容 与步骤	一、实训准备 熟悉人文景观的讲解方法、技巧；熟悉柳侯公园导游词。 二、实训过程 1. 实训室模拟训练 （1）人文景观的讲解注意事项及技巧； （2）柳侯公园参观游览路线介绍，古南门牌楼—柳宗元花岗岩雕像—柳侯祠（三绝碑、壁画、中厅古井、大殿、三彩塑像、剑铭碑）—柳宗元衣冠墓—罗池—甘香亭； （3）柳侯公园分景点讲解训练。 2. 柳侯公园实地模拟带团导游讲解 （1）集中清点人数，登车； （2）分小组致欢迎词及城市概况介绍； （3）教师进行示范讲解，带学生参观游览柳侯公园； （4）学生分组进行柳侯公园导游讲解，并对带团过程进行拍摄录像； （5）实训期间可让承担游客角色的学生提出各类问题让"导游员"处理，考核其应变能力。 三、本实训项目结束
实训形式	任务驱动、情景模拟、教师示范、分组训练、实地模拟训练、旅游车模拟训练
注意事项	1. 实训前的准备工作要充分，通过景点讲解导游词的创作过程，掌握导游讲解技巧运用的基本要领。 2. 遵守时间，不迟到早退。 3. 景点讲解手法和技巧不是孤立的，而是相互渗透、相互依存、密不可分的。只有将其融会贯通，结合自己的特点形成自己的独特风格，才能创造出适合自己的导游景点讲解技巧和手法，取得令人满意的景点讲解效果。

实训项目	人文景观讲解训练
注意事项	4. 导游讲解的要求 （1）口齿清楚、语言通俗、措辞恰当、层次分明、逻辑性强，有根有据； （2）文物古迹的历史背景和艺术价值、自然景观的成因及特征必须交代清楚； （3）在导游服务中，导游员的目光应正视游客，即视线与游客平行。在讲解中还需环视以观察游客的动向和反应。另外应注意，导游员的视线停留在某一游客的时间不宜过长，以免引起游客的误解和反感； （4）在讲解中可以适当增加一些娱乐性的细节，这样会使事实更加生动。 5. 实训过程中，始终把安全放在首位，注意个人的人身、财物安全。 6. 文明出行，文明实训，体现柳铁学子风采

实训项目四　场馆类景点讲解

【实训形式】

（1）以小组为单位，先在实训室熟悉柳州城市规划展览馆的参观游览路线、主要展厅及介绍，分组模拟训练；然后到柳州城市规划展览馆进行现场讲解训练。

（2）要求课前认真阅读本次实训项目的所有资料，熟悉柳州城市规划展览馆的导游词文稿。

（3）实训过程中实行组长负责制，督促每一位组员按要求完成实训任务。

【实训重点】

柳州城市规划展览馆的参观游览路线；规划馆的主题、历史沿革区、鸟瞰柳州、总体规划沙盘、规划成果展区、专项规划展区、重大工程展区等景点讲解。

【实训安排】

实训项目	场馆类景点讲解
实训要求	1. 掌握场馆类的讲解方法、技巧； 2. 能够进行柳州城市规划馆实地带团导游讲解
实训地点	C6-515、柳州城市规划馆
实训时间	4 学时
实训材料	实训指导书、导游旗、导游胸卡、话筒、旅游大巴
实训内容与步骤	一、实训准备 熟悉场馆类景点讲解方法及讲解注意事项；熟悉柳州城市规划馆导游词。 二、实训过程 1. 实训室模拟训练 （1）场馆类景点的讲解注意事项及技巧； （2）柳州城市规划馆参观游览路线介绍，历史沿革、不同时期柳州城市风貌、城市微缩沙盘、柳州交通规划、柳州旅游建设规划、船游柳江、柳州各县规划、柳州重点建设项目规划； （3）柳州城市规划馆分区讲解训练

实训项目	场馆类景点讲解
实训内容 与步骤	2. 柳州城市规划馆实地模拟带团导游讲解 （1）集中清点人数，登车； （2）分小组致欢迎词及城市概况介绍； （3）教师进行示范讲解，带学生参观柳州城市规划馆； （4）学生分组进行柳州城市规划馆导游讲解，并对带团过程进行拍摄录像； （5）实训期间可由承担游客角色的学生提出各类问题让"导游员"处理，考核其应变能力。 三、本实训项目结束
实训形式	任务驱动、情景模拟、教师示范、分组训练、实地模拟训练、旅游车模拟训练
注意事项	1. 实训前的准备工作要充分，通过景点讲解导游词的创作过程，掌握导游讲解技巧运用的基本要领。 2. 遵守时间，不迟到早退。 3. 景点讲解手法和技巧不是孤立的，而是相互渗透、相互依存、密不可分的。只有将其融会贯通，结合自己的特点形成自己的独特风格，才能创造出适合自己的导游景点讲解技巧和手法，取得令人满意的景点讲解效果。 4. 导游讲解的要求。 （1）口齿清楚、语言通俗、措辞恰当、层次分明、逻辑性强，有根有据； （2）在导游服务中，导游员的目光应正视游客，即视线与游客平行。在讲解中还需环视以观察游客的动向和反应。另外应注意，导游员的视线停留在某一游客的时间不宜过长，以免引起游客的误解和反感； （3）在讲解中，注意讲解的准确性。 5. 实训过程中，始终把安全放在首位，注意个人的人身、财物安全。 6. 文明出行，文明实训，体现柳铁学子风采

实训项目五 导游服务规范、应变能力

【实训形式】

（1）以小组为单位，以问答形式先进行导游服务规范的系统回顾；然后以分小组演练形式开展导游应变能力训练。

（2）要求课前熟悉全国导游人员资格考试广西考区现场面试的导游服务规范和应变能力题目。

【实训重点】

服务规范、应变能力训练。以全国导游人员资格考试广西考区现场面试的导游服务规范和应变能力题目为训练重点。

【实训安排】

实训项目	导游服务规范、应变能力训练
实训要求	1. 掌握全国导游人员资格考试现场面试服务规范题目； 2. 掌握全国导游人员资格考试现场面试应变能力题目
实训地点	C6-515
实训时间	4 学时
实训材料	实训指导书、导游旗、导游胸卡、话筒
实训内容与步骤	一、实训准备 全国导游人员资格考试广西考区现场面试的导游服务规范和应变能力题目。 二、实训过程 1. 导游服务规范能力强化训练 （1）地陪接团时应带好哪些物品？ （2）为了避免错接现象的发生，地陪在接团时一般应核对团队的哪些情况？ （3）客人抵达机场后，地陪在机场应做好哪几项工作？ （4）导游人员应如何礼貌地清点人数？ （5）在带领团队入住饭店前，地陪应向客人介绍哪些情况？ （6）在带领团队进入景点游览前，地陪应向客人交代哪些事项？ （7）在游览过程中，地陪、全陪、领队三者应如何分工合作？ （8）地陪要给客人增加计划外旅游景点时，必须满足哪些条件才能进行？ （9）地陪送走旅行团后，还应做好哪些后续工作？ （10）在给客人提供个性化服务时，导游人员要注意哪些事项？ 2. 导游应变能力强化训练 （1）游览过程中，如果有客人提出单独用餐，作为地陪该怎么做？ （2）游览过程中，如果有客人走失，作为地陪该怎么处理？ （3）如果有客人提出换房间，作为导游该如何处理？ （4）客人提出要参加冒险活动，如攀岩、蹦极，作为导游该如何处理？ （5）如果有客人中暑，作为导游该如何处理？ （6）有客人的亲戚随团活动的，作为导游该如何处理？ （7）旅游团所住的饭店发生火灾了，作为全陪该如何处理？ （8）去机场接机时，团队乘坐的飞机晚点了，作为地陪应该如何处理？ （9）出现错接时，地陪应该如何处理？ （10）接到团队后，发现实到人数与计划人数有变化时，地陪应该如何处理？ 三、本实训项目结束
实训形式	任务驱动、情景模拟、角色扮演、分组训练、问答形式、讨论分析
注意事项	1. 实训前的准备工作要充分，以全国导游人员资格考试广西考区现场面试的题目为参照，系统回顾导游服务规范。 2. 学生以学习小组为单位进行导游带团过程中突发事件的应急演练

七、考核标准

本门课程实训成绩包含三部分：上交柳州大龙潭公园现场讲解视频占30%，上交纸质版欢迎词、柳州城市概况介绍及欢送词一份占30%，实训报告成绩占30%，实训纪律占10%。具体标准如下：

序号	考核内容	考核标准	评分标准	考试形式
1	实训纪律（10%）	实训认真，态度端正，具有合作精神，严格遵守课堂及实训纪律，不旷课，不迟到、不早退，听从指导老师安排	旷课扣 5 分/节；迟到、早退扣 3 分/次；其他违反实训纪律扣 3～5 分/次，扣完为止	随堂考核
2	实训报告（30%）	字迹工整，填写完整，条理清晰，语言流畅，结构规范，实训体会深刻；不少于 1 500 字；按时上交，严禁抄袭	满分 100 分。 高质量填写，体会深刻，进度快（90～100 分）； 高质量填写，有一定见解，进度符合要求（80～89 分）； 完成填写，有一定见解，进度稍滞后（70～79 分）； 基本完成填写，有一定见解，进度慢（60～69 分）； 内容质量有欠缺，进度严重滞后（0～59 分）	提交书面实训报告
3	柳州大龙潭公园现场讲解视频（30%）	语音语调：普通话标准，语调自然，音量和语速适中，节奏合理，肢体语言得体。 讲解内容：景点完整，内容准确，重点突出。 讲解技巧：通俗易懂，生动幽默，富有感染力、亲和力	满分 100 分。 景点讲解全面，语言通俗有吸引力，讲解准确，普通话标准（90～100 分）； 景点讲解较全面，语言有一定吸引力，讲解准确度高，普通话较标准（80～89 分）； 能完成讲解，语言平淡，吸引力不足，普通话不大标准（70～79 分）； 能完成讲解、上交视频、讲解有错误，普通话不标准（60～69 分）； 不能完成讲解、未上交资料，上交资料不符合要求（0～59 分）	上交视频资料
4	欢迎词、柳州城市概况介绍及欢送词（30%）	格式规范，内容准确，结构合理，层次分明，逻辑性强，文化内涵深厚，语言通俗易懂，符合导游人员语言要求	满分 100 分。 欢迎词有自己风格，城市概况介绍全面准确，欢送词充满感情，资料上交及时（90～100 分）； 欢迎词比较有新意，城市概况介绍全面，欢送词有个人风格，资料上交及时（80～89 分）； 欢迎词较完整，城市概况介绍不大全面，欢送词包含应有要素，资料上交及时（70～79 分）； 欢迎词、欢送词简单，城市概况欠缺，资料上交稍滞后（60～69 分）； 欢迎词、欢送词要素不齐全，城市概况欠缺，资料上交滞后（0～59 分）	上交纸质文档
5	综合成绩	实训纪律、实训报告、大龙潭讲解视频、欢迎词、城市概况、欢送词文稿	根据实训纪律、实训报告、大龙潭讲解视频、欢迎词、城市概况、欢送词文稿所占的分值权重，计算出综合成绩。综合成绩分为：优秀（90～100）；良好（80～89）；中等（70～79）；及格（60～69）；不及格（0～59）	综合评定

八、实训报告

实训报告要统一选用《柳州铁道职业技术学院实训报告》标准印刷版，要求统一使用黑色钢笔或签字笔填写，字迹工整，填写完整，条理清晰，语言流畅，结构规范，实训体会深刻；字数不少于1 500字；按时上交，严禁抄袭。

九、附　件

附件一　欢迎词、欢送词写作知识和范本

1. 欢迎词知识

"欢迎词"——行的开始。艺术性地致好"欢迎词"太重要了，它好比一场戏的"序幕"，一篇乐章的"序曲"，一部作品的"序言"。中外游人都讲究"第一印象"，而致欢迎词是给客人留下好的"第一印象"的绝佳机会，我们应当努力展示自己的艺术风采，使"良好开端"成为"成功的一半"。

任何艺术、技巧都有一定的"规范"和"要素"，那么，"欢迎词"的"规范"和"要素"是什么呢?规范化的"欢迎词"应包括五大要素：表示欢迎，即代表接待社、组团社向客人表达欢迎之意；介绍人员，即介绍自己，介绍参加接待的领导、司机和所有人员；预告节目，即介绍一下城市的概况和在当地将游览的节目；表示态度，即愿意努力工作、为大家热情服务，确保大家满意；预祝成功，即希望得到游客支持与合作，努力使游览获得成功，祝大家愉快、健康。欢迎词切忌死板、沉闷，如能风趣、自然，会缩短与游客的距离，使大家很快成为朋友，熟悉起来。

另外，欢迎词若能注意汲取一些谚语、名言，充满文采，会收到很好的效果。下面一些谚语可参考使用："有朋自远方来，不亦乐乎""千年修得同船渡""有缘千里来相会""世界像部书，如果您没出外旅行，您可能缺少书中某些页，现在您在我们这里旅行，让我们共同读好这中国的一页"。常见五种欢迎词模式如下。

（1）规范式。

规范式欢迎词是一种中规中矩、浅显直白，既没有华丽的词汇修饰，也没有风趣幽默表现的欢迎词。这种方式只适用于旅游团规格较高、身份特殊的游客。对大多数游客不太适用，显得单调、枯燥、乏味，甚至会引起游客反感，起不到好的作用。

案例：尊敬的各位团友，欢迎来到山清水秀、干净的柳州，我是柳州市中国旅行社的导游员，负责您这次柳州之行的导游讲解服务，我是李××，大家叫我小李或李导就可以了。为我们开车的是司机刘师傅，他驾驶他的豪华金龙巴士为我们提供行车服务，请记住车号为桂B12345。刘师傅已经有二十多年的驾龄了，驾驶技术十分娴熟，坐他的车您尽管放心。在未来的几天里，如果您有什么需要，尽管提出来，我和刘师傅将竭诚为各位提供服务。我们衷心希望各位团友在柳州玩得开心，游得尽兴。

（2）聊天式。

聊天式欢迎词是一种感情真挚、亲切自然，声音高低适中，语气快慢恰当，像拉家常一样娓娓道来的闲谈式欢迎词。这种方式切入自然，游客易于接受，在不知不觉中导游与游客

已经像老朋友一样熟悉了，尤其适用于以休闲消遣为主要目的游客。

案例：来自北京的朋友们，大家好！我先了解一下，大家是一个单位的吗？（回答：是的）哦，这就好，那么大家早就认识了。下面，我们也来认识一下，我姓王，大名王军，是柳州市中国旅行社派出的专门为各位提供导游服务的导游员。再了解一下，在座的各位哪一位是领导？哦，您是领导，不过在柳州期间大家应该听我的，我暂时是老大。开个玩笑，下面为各位介绍一位真正的老大，就是这位司机张师傅，他可是掌管着我们全团人的方向，这位老大在柳州旅游圈中可谓德高望重，很有威信，有了张师傅，我们大家尽管放心，保证大家玩得开心、愉快。

（3）调侃式。

调侃式欢迎词是一种风趣幽默、亦庄亦谐，玩笑无伤大雅，自嘲不失小节，言者妙语连珠，听者心领神会的欢迎词。这种形式的欢迎词，可以使旅游生活气氛活跃融洽，使游客感到轻松愉悦，情绪高昂，能够有效地消除游客的陌生感及紧张感，但不适用身份较高、自持骄矜的游客。

案例：各位旅游界的同仁，大家好！欢迎各位来到柳州，我是您的导游李小小，说实话，面对各位我有些紧张，平时也不是这样，今天主要是面对这么多旅游界的前辈，心里有点儿发虚。在导游员中我不是最优秀的，但我是最勇敢的，在今后的几天里我将努力做好本职工作。我也会珍惜这次难得的机会，向各位老师、专家学习，在工作中不断充实自己。也请您把我当作您的学生，多批评指导。接下来学生就做一下自我介绍……

（4）抒情式。

抒情式欢迎词是一种语言凝练、感情饱满，既有哲理的启示，又有激情的感染，引用名言警句自如，使用修辞方式得当的欢迎词。这类欢迎词能够激发游客的兴趣，烘托现场的气氛，使游客尽快产生游览的欲望与冲动。这种方式不适用于文化水平较低的游客。

案例：各位朋友，欢迎您到山西来。山西这片土地，似乎很少有人用美丽富饶来描述它，但在这里您却可以嗅到中华大地五千年的芬芳。穿越山西南北，粗犷的黄土高坡向我们展示出一幅尘封的历史画卷。太行山的傲岸，吕梁山的纯朴，恒山、五台山的豪放都带给您满眼的绿和满腹的情。这是一个包含着历史沧桑、充满着浓郁乡情的地方，它独特的文化气息将令您度过一个远离喧嚣和烦躁的阳光假期……

（5）安慰式。

安慰式欢迎词是一种语气温和、入情入理，用一片善解人意的话语，拨开游客心中阴云的欢迎词。在旅途中常常会遇到一些不尽如人意的事情，使游客心情变坏甚至愤愤不平。如由于某些原因导致交通工具晚点、出站时为某些小事与他人发生争执、行李物品损坏或丢失及旅行团内部的矛盾等，都会造成游客一出站就不愉快。这种方式是在游客情绪低落、游兴锐减的情况下，有针对性地使用的欢迎词，目的是使游客尽快地消除心中不快，变消极为积极，为今后的导游行程奠定良好的基础。使用这种方式，需要导游人员在接站时，与客人见面后，即能通过对游客面部表情、言谈话语的敏锐观察发现苗头，并通过领队或全陪简单了解情况，做到心中有数，有的放矢。

案例：（导游小张前往机场接一旅游团，谁知旅游团刚刚登上旅游车就下起了大雨，这使许多游客感到十分扫兴，因此情绪低落。这时小张开始致欢迎词）

各位朋友，大家好，欢迎来到首都——北京，我是您的导游小张，在今后的数天里我将竭诚为您提供导游讲解服务。刚刚上车后我发现几位朋友情绪低落，是不是看到天上下雨感觉旅游不方便呢？其实在古代皇帝出游，沿途的百姓都要端着盆往路上洒水，以消旅尘，但现在我们不用麻烦别人，老天为我们泼了水，空气变得更加清新。刚刚来到北京，我们就受到了皇家礼遇，我们是多么幸运呀……（这时旅游者脸上露出了笑容）

欢迎词范本

女士们、先生们：

大家好！欢迎你们来到柳州，很荣幸认识大家，更荣幸成为大家此行的导游。首先，请允许我做一下自我介绍：我姓_____，叫_____，是柳州_____旅行社（旅游公司）的专职（兼职）导游员。这位驾车的司机先生姓_____，叫_____，是_____汽车公司的职员。他驾驶的汽车是_____产的_____牌大巴车，_____色，车牌号码为_____，请各位注意识别。真诚地希望我们今天的服务能够使大家满意。

中国有句古话："有朋自远方来，不亦乐乎。"特别是在今天，时值国家"一带一路"建设，柳州迎来了前所未有的发展机会，我们的车辆虽然不大，但却容纳了五湖四海的宾朋，有道是"有缘千里来相会"，既然我们能够从13亿多人口中，从960万平方公里的土地上，于同一时刻走到一起，相聚在柳州，相聚在这小小的车厢里，这就是缘分！所以，我建议大家相互认识一下，好不好？（游客每人做自我介绍，导游顺便夸赞游客的家乡，或小做调侃，以活跃气氛，增进与客人的感情）

好，从现在起，我们大家就算认识了，相信各位朋友都会十分珍惜人生旅程中这段同行的缘分，在今天的旅游活动中彼此关照，进一步地加深我们的友谊。想必在座大多数都是第一次来柳州，对柳州比较陌生，但不要紧，大家尽可能地放松身心，在柳州尽情享受旅游的乐趣，因为我和××是值得信赖的，一定会尽力为大家做好各种服务。柳州这座城市也是值得信赖的，一定会让您体会到"宾至如归，在家千日好，出门也不难"的感觉，希望柳州的好山、好水还有好人，能送您一份好心情，并希望这份好心情能伴您一生一世。

我们今天的路线是这样安排的……

我和司机先生将努力工作，使大家有个成功的旅行，祝大家旅游愉快！

2. 欢送词知识

"欢送词"——行的小结，终生难忘。送别是导游接待工作的尾声，这时导游与游客已熟悉，有的还成了朋友。如果说"欢迎词"给游客留下美好的第一印象是重要的，那么我们认为，在送别时致好"欢送词"，给游客留下的最后的印象将是深刻的、持久的、终生难忘的。经过几十年的总结归纳，我们中国导游认为，有水平、符合规范的"欢送词"应有五个要素，共20个字，这就是：表示惜别，感谢合作，小结旅游，征求意见，期盼重逢。

"表示惜别"，是指欢送词中应含有对分别的惋惜之情、留恋之意，讲此内容时，面部表情应深沉，不可嬉皮笑脸，要给客人留下"人走茶更热"之感。

"感谢合作"，是指感谢在旅游中游客给予的支持、合作、帮助、谅解，没有这一切，很难保证旅游的成功。

"小结旅游"，是指与游客一起回忆一下这段时间所游览的项目、参加的活动，给游客一种归纳、总结之感，将许多感官的认识上升到理性的认识，帮助游客提高。

"征求意见"，是告诉游客，我们知有不足，经大家帮助，下一次接待会更好！

"期盼重逢"，是指要表达对游客的情谊和自己的热情，希望游客成为回头客。"欢送词"除文采之外，更要讲"情深""意切"，让游客终生难忘。

我国一位有近 40 年导游经验的英文导游，在同游客告别时，为体现"期盼重逢"，他说："中国有句古语，叫作'两山不能相遇，两人总能相逢'，我期盼着不久的将来，我们还会在中国，也可能在贵国相会，我期盼着，再见，各位！"也许这位老导游的话和他的热诚太感人了，时至今日，每年圣诞节、新年，贺年卡从世界各地向他飞来，有不少贺年卡，甚至是他一二十年前接待的客人的贺年卡，上面工工整整地用英文手写着"Greetngs From Another Mountain"（来自另一座山的问候）。

由此可见，一篇讲艺术的欢送词，几句情深意切又有文采的话，会给游客留下多么深刻的印象。另外，还有一点要特别注意：有经验的导游在话别游客之后，他们都会等"飞机上天，轮船离岸，火车出站，挥手告别"才离现场，"仓促挥手，扭头就走"，会给游客留下"是职业导游，不是有感情的导游""人一走，茶就凉"的印象。我们千万莫当此种导游。

欢送词范本

各位游客朋友们：

时间过得真快。一天已经过去了，在此我不得不向大家说再见了，心中虽有许多眷恋、不舍，但天下没有不散的筵席，也没有永远在一起的朋友，但愿我们还有见面的机会。

各位朋友在柳州期间我们一起游览了××，参观了××，并品尝了柳州的小吃，有的朋友还购买了不少柳州的土特产，真可谓收获多多，相信在各位朋友的生命中，从此将增添一段新的记忆。

承蒙各位的支持，我和×先生感觉到此次接待工作非常顺利，心情也非常好。在此，我代表×先生向大家表示衷心的感谢！但不知道大家的心情如何？对我们的工作是否满意，如果我们的服务有不周到之处，一方面请大家多多包涵，另一方面也希望大家提出来，现在也好，回去写信也好，以便我们不断地提高服务质量。

有道是"有缘千里来相会"，既然我们能千里相会，那就是缘分，所以在即将分手之际，再次希望大家不要忘记，在柳州有你们一个永远的家——××旅行社，不要忘记在这个家里，有我和×先生，两个与你们有缘、又可以永远信赖的朋友。今后如果再来，或有亲友、同事到柳州来，请提前打声招呼，我们一定热情接待。

最后，预祝各位朋友在今后的人生中万事如意，前程无量。

附件二　柳州城市基本概况介绍

柳州又称龙城，位于广西壮族自治区中部，是中国南方一座古老而美丽的城市，早在 5 万年前就有"柳江人"生活在这里了，从建城至今已有 2100 多年的历史，柳州属典型的喀斯特地貌，具有良好的人文历史景观和丰富的旅游资源，是国家甲级旅游城市和历史文化名城，广西最大的工业基地和经济中心。市树是小叶榕，市花是月季。

民 族

柳州市是汉、壮、瑶、苗等多民族聚居的城市，具有浓郁的乡土文化和民族文化，几千年来一直是汉族和岭南土著民族经济和文化交流、融合的汇聚点，具有深厚的民族传统文化沉积。有2个少数民族自治县：三江侗族自治县和融水苗族自治县。壮族的歌、瑶族的舞、苗族的节、侗族的楼为风情柳州四绝。

地 理

柳州市位于广西壮族自治区的中北部，属于典型的喀斯特地貌，形成了"拔地奇峰画卷开"的山水特点。这里石山奇特秀美，岩洞瑰丽神奇，泉水幽深碧绿，江流弯曲明净。清澈的柳江穿越而过，像一条绿色的玉带，把市区环绕成一个"U"字形半岛。唐代著名文学家柳宗元在柳州任刺史时，曾用"越绝孤城千万峰""江流曲似九回肠"的诗句，来描绘这个美丽的城市。

气 候

柳州地处中亚热带向南亚热带过渡的季风气候带。夏季长而炎热，冬季短而不寒，雨量充沛，光温丰足，雨热同季。

历 史

柳州是南中国古人类"柳江人"的发祥地。古人类文化遗址有白莲洞遗址（距今约30000～7000年）、大龙潭鲤鱼嘴遗址（新石器早中期，距今约7000年）、蛮王城遗址（父系氏族公社时期，距今约4000年）以及柳江两岸台地、蓝家村台地、九头山、甘前岩等古人类文化遗址，此为柳州之原始地域。

西汉元鼎六年（公元前111年）设置潭中县，属郁林郡，此为柳州建城的开端。唐太宗贞观八年（公元634年）改称柳州，唐玄宗天宝元年（公元742年）在此设龙城郡。1994年元月，柳州市被国务院正式命名为历史文化名城。

工 业

柳州，是西部的工业重镇，是广西最大的工业基地。全市工业涵盖30多个行业，现有企业2 500多家，其中大型企业11家，4家进入全国500强，已形成以汽车、机械、冶金为支柱产业，制药、化工、造纸、制糖、建材、纺织等传统产业并存的现代工业体系，拥有一批在国内外市场上具有较强竞争力和较高市场占有率的优势企业和名牌产品。

商 业

柳州，是西部的重要商品集散地，是中国—东盟自由贸易区的物流中转站。柳州东临粤、港、澳，南接北部湾，西靠云、贵、川，北抵长江中下游，形成了背靠大西南、面向东南亚和东部沿海的经济区位。柳州商贸活动频繁，素有"桂中商埠"的美称，具备建设大市场、发展大商贸、搞活大流通、构建区域现代物流中心的良好地理和区位优势。

旅游资源

柳州，是中国优秀旅游城市。柳州的北部地区毗邻桂林市，它们共同构成享誉世界的大桂林旅游风景区。柳江绕着柳州市区回流，北岸城中心三面环水，形成一个巨大的"U"字，古籍称其为"三江四合，抱城如壶"，故又有"壶城"之称，也有人将它形容成一个"巨大的天然盆景"。柳州市区内外由石灰岩构成的奇山峻峰拔地而起，千姿百态，具有丰富的旅游资源和自然景观，而且柳州气候温和，一年四季都适合旅游。

市内大小景点十余个，有纪念唐代柳州刺史柳宗元的柳侯公园；具有浓郁少数民族风情的龙潭公园；传说歌仙刘三姐骑鱼上天的鱼峰公园；以岩溶洞景为主，瑰丽神奇的都乐公园；集游乐文化和科普文化为一体的雀山公园；有"柳州外滩"之称的江滨公园；具有宗教文化色彩的蟠龙山公园；中国第一座洞穴博物馆白莲洞等。

"柳州石玩天下奇。"柳州拥有目前全国唯一的奇石园——箭盘山奇石园，三个石玩专业精品馆——八桂奇石馆、鱼峰公园石玩精品馆和柳侯公园盆景园石玩馆。马鞍山下的石玩市场，让你充分领略大自然的神奇魅力。

柳州附近还有融水苗寨元宝山的原始森林和贝江风光、侗寨的古建筑风雨桥和鼓楼、融安大洲的民族度假村等让你惊叹不已的旅游风光，其少数民族的民俗如"山歌会""三月三""抢花炮""赛芦笙""斗马"等将会令您耳目一新！

土特产

沙田柚：素有"果中珍品""天然罐头"之美称。在柳州已有二百多年的历史。沙田柚形如梨或葫芦，果面橙黄色，果顶呈"金钱底"状。果实耐贮存，口味甘甜，在国内外享有盛名。

金　桔：是柳州传统特产水果，有"长寿果"的美称。金橘果皮橙黄色或金黄色，光滑有光泽，果皮甘香，果实甘甜，含有人体所需的糖、酸、维生素 C 等多种营养物质，可作水果，也可入药，有消气化痰、生津止渴、除臭消炎之功效。

云片糕：是广西的名特产品，清乾隆年间便有生产。优质的云片糕 25 片一扎，用手一甩，可成扇形张开。其制作选料讲究，精工制作，能保持细腻柔软，雪白芳香，撕下一片片似云彩一样，故而得名。云片糕以其雪白、软、香甜及传统独特风味，赢得海内外朋友的喜爱和欢迎。

双季玉藕：主要产于柳江区百朋镇，春秋两季均可栽培，表皮粉白色，肉厚节间短圆，熟食质粉易烂。

附件三　自然景观讲解——柳州大龙潭公园导游词

各位朋友、各位来宾，大家好！欢迎来到大龙潭公园参观游览。大龙潭风景区是国家ＡＡＡＡ级风景名胜区、广西首批民族风情旅游示范点，坐落在柳州市区南部，距市中心仅 3 公里，是一个融合喀斯特自然山水景观、南方少数民族风情文化、亚热带岩溶植物景观为一体的大型风景游览区。景区的总规划面积 1 084 公顷（1 公顷 = 10 000 平方米），由一湖二潭、四个带状谷地、二十四座山峰环绕而成。景区四周群山环抱，自成屏障，仅在北面和东面各有一山口与外界相通，仿佛世外桃源一般秀丽迷人。自 1986 年开发建设以来，其以"近、大、奇、美、古、特"的六大优势吸引了众多的中外游客。

大龙潭

朋友们，说话间我们已经可以看到整个大龙潭了。"问潭哪有清如许，为有龙源活水来。"大龙潭，古称"雷塘"，相传有"神龙"在此潜居，能兴风降雨，故而得名。它的源头是雷山绝壁下的一泓清泉，泉水从岩石间汩汩流出，经八龙喷雪坝流入镜湖，蜿蜒穿行两千余米，注入景区南部莲花山下的溶洞里消失得无影无踪。"碧水长流，来无影，去无踪，飘若游龙"说的就是大龙潭。最奇妙的是，潭水一年四季保持 18 ℃ ~ 22 ℃ 的温度。它的景致会随着季节、晴雨、早晚的变化而呈现不同的色彩。夏天，潭边凉气袭人；隆冬，潭中水汽蒸腾、烟雾缭绕，就好似一副中国的水墨画，虚实浓淡总相宜。它的神奇、朦胧和恬静形成了"双潭烟雨"的景观。明代兵部右侍郎张翀就曾在大龙潭边赏景垂钓，还在雷山绝壁上留下了这样的诗句："山下清泉出，林间百发来。寒云如可卧，不必问蓬莱。"把"双潭烟雨"与蓬莱的"海市蜃楼"相媲美。

牌　坊

朋友们，请随我沿着潭边的这条小路去游览围绕大龙潭历史和柳宗元的政绩形成的古汉文化区——雷龙胜迹区。在这个区域里，有新石器时代古人类贝丘遗址，有古人祈求风调雨顺的雷塘庙、祭台，还有为纪念柳宗元而修建的雷塘祷雨文碑亭等名胜古迹。

雷塘庙

沿着这条缓坡往上走，我们将游览的是胜迹区中的遗址——雷塘庙。雷塘庙始建于唐朝，庙里供奉着相传曾在此主管雷雨的雷、龙二神，已有千年历史，故又名"雷龙胜境"。 现在大家看到的雷塘庙是在清代乾隆年间"雷龙观"的遗址基础上重新修建的，庙里的香火因柳宗元在此祈雨而兴旺。正如柳州市原副市长郑久粲给雷塘庙的题联："雷崖吐清泉润物泽地，塘水铸明镜映人照天。"老百姓们为了祈求风调雨顺、国泰民安，到庙里祭拜雷龙二神，希望神灵可以显灵，实现他们的美好心愿。

祭　台

雷塘庙的左边有一个仿古代祈天旧制建造的祭台，这个祭台可大有来头。元和十年（815），唐代著名的政治家、文学家、思想家柳宗元，到柳州任刺史时，正遇天旱。忧国爱民的他便在大龙潭边设坛为民祈雨。现在您站在祭台的中心，不妨遥想当年祈雨时的盛况，大家唱起云旱歌，跳起黄龙舞，奏响圣乐，祭坛上供奉着祭品，柳宗元率领着柳州的官员和百姓虔诚地向天祈雨的情景。

雷　潭

朋友们，呈现在我们面前的这一泓碧绿的潭水是雷潭。雷潭与咫尺相隔的大龙潭经地下河相通，因四周相对封闭更显幽静和神秘。如果您从山顶或是飞机上往下望，这雷潭就是那遗落在人间的一颗龙珠！而依地势分隔为三的雷潭、龙潭、镜湖宛如一条碧水飘然东去，就像一条美丽的青龙。雷潭在民间传说中是龙女洗发沐浴的金盆，也是一个聚宝盆，每年老百姓都要拿一些活物来此放生，有鲤鱼、乌龟等，人们把自己美好的心愿寄托于这些生灵。但有个奇特的现象，生灵刚入水的时候并不会马上游走，而是在池中徘徊久久不愿离去，使人感觉到它们对自己的依恋之情，潭的灵气便在于此。

雷塘祷雨文碑亭

茂密的相思树与紫荆花簇拥着的双层重檐石亭就是雷塘祷雨文碑亭了。亭内碑中所刻的文章就是柳宗元当年写的脍炙人口的《雷塘祷雨文》。柳宗元在柳为官四年，兴办学堂，挖井修渠，释放奴婢，种柑栽柳，为柳州百姓做了很多好事。正如他在《雷塘祷雨文》中的自述："某自朝受命，临兹裔壤，莅政方初，庶无淫枉，廉洁自持，忠信是仗。"柳宗元在柳有德于民，祷雨文碑亭中的对联"呼炎吹冷雷伯无心谋世事，辅时及物柳侯刻意福州民"，道出了后人对柳宗元的敬仰和缅怀。

雷山摩崖石刻

游览了雷龙胜迹区，让我们原路返回，再一同到八龙坝上领略绚丽的风光吧。从古至今，历代不知有多少文人墨客为大龙潭的美景所陶醉。雷山摩崖石刻上不但有张翀的题诗，1988年，曾任国务院副总理的田纪云在游览公园时也题下了"山青、水秀、洞奇、石美、林茂"；柳州原市委书记黄云题有"江山如画"；"龙潭烟雨"是广西著名书法家陈政所书，他的书法模仿魏碑又自成一体；康有为先生的关门女弟子、已故著名书法家萧娴女士生前游览公园时已年届九旬，她为龙潭美景所倾倒，题下了苍劲的"龙"字；象形字"鹰"出自曾任柳州市委书记的王仁武之手，它生动有趣地为我们展现了一幅老鹰捕食的场景。您再往这边看，明代官员柳州人罗之鼎的书斋"侧山楼"，不禁令人羡慕古人寄情于山水间，在青山绿水之畔吟诗作画的闲情雅致。镜湖旁，惟妙惟肖的卧虎山好似一只仰天长啸的猛虎。龙潭中，不时跳起几尾想跃过龙门的红鲤鱼。置身于如此的旖旎风光间，您是否和我一样为之倾倒，浮想联翩呢？

龙潭风雨桥

欢迎大家与我一起步入龙潭民族风情村依山傍水的侗寨景区，侗族主要聚居于湘、桂、黔三省交界处。他们住的是干栏式木楼，喜欢喝糯米甜酒，爱吃酸食，优美动听的侗族大歌是多声部无指挥无伴奏的天籁之音。大家现在看到的"龙潭风雨桥"基本上是按1∶1的比例用钢筋混凝土仿造"三江程阳桥"而建。"程阳桥"始建于1912年，经受了100多年的风风雨雨，整座桥是全木结构，其中没用一颗铁钉，全是用榫头插接而成。侗族风雨桥集亭、廊、阁、桥为一体，整个建筑雄伟壮丽，桥上两侧设有长凳，供游人休息，置栏杆供行人凭栏远眺。"风雨桥"顾名思义是遮风挡雨的地方，也有"廊桥寻梦，风雨相思"的意境。在侗乡，每个村子的村头寨尾都有风雨桥，闲时，侗家小伙子和姑娘们就到这儿行歌坐月，对歌传情，别有一番情趣。

侗寨鼓楼

走过风雨桥，我们可以看到巍然屹立的鼓楼。鼓楼与风雨桥一样，都是侗家的特色建筑。鼓楼是侗家族姓的象征，每一个族姓拥有一座鼓楼，是大家聚会、议事和娱乐的场所。侗族人喜欢奇数，不信您数数，民族风情村里的鼓楼就是九层。在侗乡，每当遇到重大事件需要召集全寨村民时，就由寨老敲响鼓楼上的牛皮大鼓，全寨的人听到鼓声便会放下手中的农活，都聚集到鼓楼。因此，人们都说，鼓楼蕴藏着一股凝聚力，它象征着侗家人的团结和友爱。

茶香居

如果您闻到了阵阵油茶飘香，别忘了到茶香居去做客。侗家人招待上宾的方式就是请您喝上"苦、咸、甜"三道油茶，代表着生活的滋味先苦后甜、苦尽甘来。上油茶时，侗家人喜欢献上一根筷子表示对您一心一意。

侗乡深处

当我们进入"侗乡深处"，一股浓郁的生活气息扑面而来。大家听，侗家的阿哥阿妹们唱起了侗族大歌，歌声嘹亮悦耳，那一唱众和，纯出天然，天衣无缝的多声部和声，真是"绕梁三日、不绝于耳"。让我们与侗家姑娘小伙一道跳起"多耶"团结舞，去感受"诗的家乡，歌的海洋"的风情魅力，以及侗家人那豪爽好客的热情吧！甜蜜芬芳的自酿米酒，裙角飞扬的芦笙踩堂，是否令您印象深刻呢？希望侗家人淳朴热情的款待会让大家一步一回头，心中盼望着尽快再来一趟！

美女照镜

大龙潭景区内卧虎山、美女峰、孔雀山等形态各异的二十四峰，形成了"虎卧龙潭""美女照镜""牧童横笛""青狮戏珠""孔雀迎宾"等奇趣妙境。大家看，这座拔地而起的小山峰玲珑娇巧，形似一位梳着发髻、背着茶篓的亭亭玉立的少女，故得名美女峰，与远处的牧童山遥遥相望。它的对面有一座山，半山腰有个直径约十七八米的天然圆形石孔，仿佛一面通天圆镜。两山遥相呼应，形成大龙潭风景区在自然景观中最具代表性的景点"美女照镜"。关于这处美景还流传着一个美丽动人的爱情故事：相传很久以前，龙潭曾是南海龙王的行宫，宫里住着龙王和他的八个俊俏的女儿。有一天，小龙女被牧羊青年美妙的笛声吸引住了，情不自禁地走出了深幽的龙宫，她看到人间一片欢声笑语，山花烂漫，鸟语花香，久久不愿离去，于是不顾老龙王的劝阻，与牧羊青年相亲相爱。恼羞成怒的龙王为了惩罚他们，将他俩变成了今天的"美女峰"和"牧童山"。

龙潭民族餐厅

龙潭民族餐厅是集广西少数民族特色菜肴、少数民族精品歌舞表演、民族风情服务于一体的柳州市涉外定点餐厅，荣获"广西名菜馆"称号。多年来，餐厅努力营造出一种规范细心周到的就餐氛围，更以独特的民族文化为依托，发掘整理出壮、侗、苗、瑶、仫佬、毛南等十多个民族的近百种菜肴和风味小吃，赢得了中外宾客的一致好评。民族餐厅还在餐饮和风情特色服务上不断推陈出新，推选的菜肴先后荣获了"广西第三届烹饪大赛"金奖、中国—东盟博览会广西烹饪技术大赛"银奖"，树立了大龙潭饮食品牌。另外，餐厅的粤菜、川菜大厨，还能制做出各式的美味佳肴，来满足大家的不同口味。在装修一新的民族歌舞厅临窗而坐，一边品尝美味的民族菜肴，一边欣赏民族歌舞以及镜湖的美景，绝对是你在都市中无法获得的感受。

各位朋友，今天的大龙潭风景区游览就要结束了，我衷心地希望这里的每一处景色、每一道风情都能在您的记忆中留下美好的印象。中国有句古语："两山不能相遇，两人总能相逢。"我衷心地期待着与大家再次相逢。希望各位朋友带着您的亲朋好友，再次来到大龙潭体验我们柳州的别样风情！

附件四 人文景观讲解——柳侯公园导游词

各位游客：欢迎大家参观柳侯公园。柳侯公园就坐落在市中心，始建于1906年，为纪念唐宋八大家之一柳宗元而修。柳宗元是山西人，曾官至礼部员外郎，相当于现在的部级干部，后来主张革新，失败后被贬官到永州，后来又被贬到柳州。在柳州虽然只有短短四年的时间，但却为柳州百姓做了许多好事，死后，人们为了纪念他，建柳侯祠。古南门牌楼：1984年按原建筑重建的，门楼是典型的清代建筑，上面柳侯公园四字是由郭沫若老先生亲笔题写的。现在大家就随我一起来参观游览。一进门映入大家眼帘的就是柳宗元的雕像，高5.6米，花岗岩雕像。基座有仿"荔子碑"和"剑铭碑"片段石刻。

柳侯祠导游词

现在我们就到了柳侯祠了，柳侯祠是清代建筑。看，大门高悬的匾额"柳侯祠"同样也是出自当代大文豪、大书法家郭沫若之手。门柱的对联"山水来归黄蕉丹荔；春秋报事福我寿民"，是清代文人杨翰所书。对联的含义，大家参观完毕就会明白。

现在在大家面前的就是我们柳侯祠的镇祠之宝——荔子碑。碑文摘自韩愈为罗池庙的建成而写的一篇文章。里面有一首《迎享送神诗》是专门供柳州百姓祭祀柳宗元时歌唱的。两百多年后，北宋的大文豪苏轼写了这篇诗文，后又刻石立碑，这块碑至今已有七百年的历史，全国仅此一块。取首字命名。这块碑集韩愈文章、苏轼书法、柳宗元的事迹于一碑，又称三绝碑。另外，我们大家仔细看，荔子碑的刻功、刀法也堪称一绝。每个字都刚健又圆润，凹进去的，但是仔细看又好像突出来的。有人又称它为四绝碑。

了解了荔子碑后，大家向左右看，两边墙壁上各有一副壁画。东边这幅壁画呢记载了柳宗元到柳州四年间主要的功绩。

释放奴婢。穷苦农民交不起地租，向富豪之家借了高利贷，把自己的子女送到债主家作抵押。若无力及时还债赎回，被抵押的穷家子女就要终身沦为奴婢，没有了自由。这一方面造成了家庭妻离子散，一方面严重影响了生产。朝廷法律——不许良人男女作奴婢驱使，到债主家服役的穷家子女按时间计算工钱，还完债，就被释放回家。柳宗元还"出私钱"帮助一些穷人赎回了被典当的子女，一年的时间，许多人重新获得了自由。周边郡县也争相效仿，为数百名穷家子女解除了痛苦。

打井取水。柳宗元到柳州后，看到城内居民都是用瓦罐下到柳江取水，江岸很高，上下艰难，遇到多雨天气，道路很滑，下河取水的人往往摔跤跌倒。他到任后的第二年三月，便动用一笔罚款，组织人力，在城北挖了一口水井，用砖砌好。这口井泉眼很多，水源充足，居民们不仅可以随时取来供日常生活使用，还可以用来灌溉菜地，给生活和生产带来很大便利。饮水思源，这正是柳侯"有德于民"的见证。

办学兴教。柳宗元到任后就修复了文宣王庙（孔庙），积极传播孔子创立的儒家思想。柳州"古为南夷"，经济文化比较落后，人们有攻打劫掠、争斗行暴的陋习，治理起来有较大的难度。

当时，柳州一带还有迷信巫神、滥杀牲畜的习俗。人生了病，不是求医问药，而是请巫师来占卜吉凶。开始时宰杀鸡鸭一类的"小牲"祭神；若病情没有好转，就杀猪羊一类的"中牲"；再不行，就杀牛马一类的"大牲"；还是不行，病人就认为是鬼神不肯放过，于是和亲人诀别，用布遮面，不吃不喝等死。这给生产生活带来很大破坏。柳宗元大力宣扬儒家的思想，从教育入手，改变地方百姓的愚昧落后观念。

注重绿化，种柑植柳。为了改善百姓的生活，确保国家的税收，柳宗元鼓励百姓发展生产。他还亲自"种柳柳江边"，在州城西北角的荒地上"手种黄甘（柑）二百株"，做了示范。

碑刻长廊，历代文人参观完柳侯祠后所留下的碑刻。仿荔子碑雕刻；柳宗元的三位替身的护将，柳宗元对待下属和蔼可亲，下属对他也是忠心耿耿，柳宗元死后曾托梦给欧阳，"馆我于罗池"；郭沫若1961年过柳州到柳侯祠写下的"地以人传人以地"，记载了柳宗元在柳州的事迹。

大家请看，后厅正殿这几尊仿铜塑像，是柳宗元和他的部将。中间端坐的这位就是柳宗元。他手持狼毫，凝神思索。他或是在思索治国利民的方略，或是在构思文章。柳宗元一生坎坷，但他仍不忘百姓之疾苦。在他许多优秀的作品中，我们都能读出他的政治抱负，他关怀民间疾苦，要求变革以利民。"才气文章百代宗"，柳宗元不愧为一代文宗。他在柳州写下的一篇篇文章，也使柳州的山川为之生色。

大殿，"魂归河东"。柳宗元是河东人，人称柳河东。剑铭碑：据说这是世间仅存的柳侯手迹——柳侯祠里著名的"龙城石刻"，明天启三年（1623）出土，当时和一把短剑同时被挖出，又名"剑铭碑"，文曰："龙城柳，神所守；驱厉鬼，出比首；福四民，制九丑。"据传闻，"龙城石刻"是件法物，百姓把它当作人间的保护神，有镇魔驱邪的作用。于是，龙城石刻拓片被民间视为消灾祛难的镇宅之宝，随身携带还可护身。所以，当时无论是出门在外的柳州人还是赴京赶考的学子，都随身带上一张龙城石刻拓片，以保一路平安。今天，柳州人把龙城石刻（剑铭碑）的原文拓印放大，镌刻在柳宗元雕像的基座上，供游人怀古凭吊。传说是柳宗元的字，大家都知道柳宗元为后世留下了许多诗歌，也很有政治抱负，但是他的字却一个都没有找到，现在许多文学家、史学家都在找他的字，有人猜测剑铭碑是柳宗元的字，不过无凭无据。

下面我们就去参观柳宗元的衣冠墓。这座圆形的古冢就是柳宗元的衣冠墓。公元819年，46岁柳宗元病死在柳州，他的灵柩就停留在这里。生不能回长安，死也要回长安。但柳宗元做官又非常清廉，穷得没钱回长安。第二年，筹够了钱才被运回长安。人们为了纪念他，就在灵柩停放地建立了衣冢墓。现在这座墓冢是仿清代式样重建的，以青石包砌，周围青松翠柏，人民常在这里凭吊柳侯。墓的后方有个洞，可以看到棺木，寓意升官发财。

罗池，原来只是柳州城北的一泓野水，柳宗元生前常常流连于池畔美景。柳公死后三年，托梦给生前属下欧阳翼，嘱咐柳人把自己的庙建在罗池旁，让他能在此守望千年。每当中秋月夜，银光池影，两相辉照，景色特别迷人。人们来到这里，思柳抒情，倍加亲切。罗池夜月，是柳州著名风景之一。

经过近百年来扩展，建成这座柳侯公园。柳侯公园犹如闹市中的一块绿洲，是人们游览休闲的好去处。

附件五　场馆类景点讲解——柳州城市规划馆导游词

各位游客：欢迎大家参观柳州城市规划展览馆。柳州城市规划展览馆是一座展示柳州城市规划建设成就的专业展馆，是目前广西最大、展示手段最新的城市规划展览馆。它以"规划让柳州更美好"为展示主题，分别展示了柳州的过去、现在和未来，2012 年 1 月被评为国家 AAAA 级旅游景区。下面请跟随我进入精彩的规划展示之旅。

历史沿革区

现在我们来到了历史沿革展区。柳州又称龙城，位于广西壮族自治区中部，是中国南方一座古老而美丽的城市。柳州历史源远流长，史前文化积淀深厚。1958 年发现于柳江县（现柳江区）的"柳江人"化石，是中国乃至整个东亚迄今所发现的最早的晚期智人化石，距今 4 万多年，因此也可以说，咱们柳州是中国人类的发祥地之一。

墙面上印刻的内容都是历史上柳州辖地的各种名称。柳州是西汉元鼎六年（公元前 111 年）设置潭中县，属郁林郡，此为柳州建城的开端。唐太宗贞观八年（634）改称柳州，唐玄宗天宝元年（742）在此设龙城郡。1994 年元月，柳州市被国务院正式命名为历史文化名城。

2100 多年的悠久岁月，美丽的柳江孕育了一代又一代勤劳智慧的柳州人。接下来大家看到的是展示柳州历史名人的多媒体展示墙，左侧是以浮雕展示柳州历史名人，右侧是通过触摸屏来查询柳州历史名人的相关资料。我们熟知的有柳宗元，唐朝人，是我国著名的文学家、思想家、政治家。因参加政治革新失败被贬官至柳州做刺史，在柳州为官四年，最后死在柳州。大家请看，左侧就是柳宗元在柳期间写下的"越绝孤城千万峰""江流曲似九回肠"，他为柳州百姓做了很多好事，如释放奴婢、打井取水、办学兴教、种柑植柳。

鸟瞰柳州

让我们一起登上"马鞍山"的山顶，去直观地感受柳州不同历史时期的城市发展变迁。

1934 年的柳州，柳江上的货船连成一片，"桂中商埠"已成形。

1945 年的柳州，投降撤退的日军几乎烧掉了大半个柳州城。

1970 年的柳州，宽阔笔直的鱼峰路，柳江大桥贯通两岸，柳州初具城市风貌。

1989 年的柳州，号称"八桂第一楼"的工贸大厦拔地而起。

2000 年的柳州，大规模的城市建设开始。

2005 年的柳州，城乡面貌大变化，高楼大厦鳞次栉比，桥多了，路宽了，河清了。

2008 年的柳州，江面上倒映着文昌大桥的身影，红光桥上车辆穿梭。

2020 年的柳州，未来柳州的全新版图，一个开放型现代化特大城市让人遐想。

总体规划沙盘

柳州到底是什么样子的呢？通过展厅内占据面积最大的沙盘，你就可以一览无余。这里是一座按 1∶750 比例建造的、反映了柳州 300 平方公里左右地区的规划与现状的主体模型，占地面积约为 550 平方米。

这是一个沙盘模型与多通道弧幕电影互动播放相结合的综合展项。整个总体沙盘展区创造了两项全国第一：第一个运用动态投影等技术与多媒体结合物理模型的城市总体规划沙盘；沙盘上方屏幕是全国规划展览馆中最大的多通道投影屏幕，宽 25 米，也是目前国内所有规划展览馆中最大、软硬件技术运用最多、综合视听效果较多的宽屏影音系统。多媒体影片利用三维动画，影视拍摄等多种手段，全面介绍了柳州的总体规划。

透过沙盘，我们可以看到柳州市区山环水抱的奇妙景观，柳江由西向东蜿蜒回绕，像一条绿色的玉带，将整个城市环绕成一个 U 字形半岛，使整个柳州市呈现壶状。

沙盘上，美丽的柳江把柳州划分成"一心两城"，以三门江国家森林公园为绿心，以柳州主城区和柳东新区为"两城"。整个城市由五大片区组成，它们是柳东片、柳西片、柳南片、柳北片、柳中片，片区间以高速环路连接。"环"在城区，"射"达城郊，一环五射，十横七纵，座座跨江大桥各舒身手，现代化的道路系统将城市的各大空间有机联动，全面奏响了柳州跨越未来的宏伟乐章。

规划成果展区

各位来宾，这边是城市规划的专业展区，主要展示了柳州最新的城市总体规划、详细规划以及城市设计。步入这条走廊，走在柳州的航拍图上，犹如步入了时空隧道。走廊两边六块多媒体触摸屏，显示了柳州的六项规划，各位来宾可以通过触摸屏了解更多关于各项规划的信息。

专项规划展区

在"城市景观走廊展区"，六块触摸屏集中展示了城市景观密切联系的专项规划，分别是"城市道路景观""城市景观环境改造""城市绿地规划""城市生态及旅游规划""柳州市户外广告规划""城市夜景灯光规划"。

在文物古迹区域我们可以了解到柳州的文物情况。大家可以看到柳侯祠、胡志明故居、大韩民国临时政府等。

接下来我们进入城市综合交通规划展区。在这个展区展示了关于柳州市公路、铁路以及航运的规划信息。随着各项规划的实施与建设，将重塑柳州在中国西南交通枢纽的地位。

柳州桥梁展区

走出专项规划展区，让我们轻松一下，乘坐这艘游艇去纵览未来柳江两岸的美景。柳州地处柳江中游，江水穿城而过，将市区分为南北两岸。古代靠舟楫横渡，民国时期曾架设浮桥。

1941年，柳州有了第一座真正意义上的跨江桥——铁路桥。1968年柳州第一座公路大桥——柳江大桥建造完成，使柳州告别了靠摆渡和浮桥过江的历史。随着时代的发展，柳州又相继建造了河东大桥、壶东大桥、壶西大桥等，现在柳江上共有17座跨江大桥。它们既缓解了交通压力，又为柳州市增添了新的景观，同时将龙城的经济发展推向了新高潮。

重点实施工程展区

现在我们来到了柳州市重点工程展区，这里展示的是柳州近年来12个在建或规划建设的重点工程项目。包括大家所熟悉的柳州城市快速环道、柳州风情港、沙角观瀑广场、柳州体育馆、柳州游泳馆、滨江景观大道、柳州职业教育园、窑埠古镇等工程。

走出市区我们来到六县展区。墙面上依次排列着柳州市六个县的图画，墙边排列着这六个县的小沙盘，每个沙盘边上有一个触摸屏，上面有这个县的资料，用手一摸屏幕还可以变换画面。六县展区全方位地展示了城镇建设成就、文化旅游及民族风情等。

来宾朋友们，到此，我们今天的城市规划馆参观游览即将结束，让我们共同祝福柳州的明天更美好，期待与您下次相逢。

附件六 导游人员资格考试现场面试服务规范

1. 地陪接团前应做好哪些物质准备？

参考答案：

接团前，按照该团旅游者人数在旅行社领取门票结算单、餐单、车单，带好旅游接待计划（即接团通知单）、导游证、导游旗、接站牌、钱等必要物品。

2. 为了避免错接现象的发生，地陪在接团时一般应核对团队的哪些信息？

参考答案：

核实团名（编号）、境外组团社或国内组团社名称、旅游团人数、领队或全陪姓名等。

3. 全陪在服务准备阶段主要应做好哪些工作？

参考答案：

（1）熟悉接待计划；

（2）物质准备；

（3）与地接社联系。

4. 全陪在各站服务中应做好哪些工作？

参考答案：

（1）与地陪积极配合；

（2）监督各地接待计划的实施和服务质量；

（3）留意旅游者的动向；

（4）做好提醒工作，处理突发问题和事件；

（5）当好旅游者的购物顾问；

（6）联络、协调工作。

5. 地陪在接团前应做好哪些准备工作？

参考答案：

地陪的准备工作主要是业务准备、知识准备、物质准备、形象准备和心理准备。

6. 地陪在接团前应落实哪些接待事宜？

参考答案：

（1）落实旅行车辆；

（2）落实住房；

（3）落实用餐；

（4）落实返程票；

（5）与全陪联系。

7. 客人抵达机场后，地陪在机场应做好哪几项工作？

参考答案：

（1）辨认旅游团；

（2）核实人数；

（3）集中清点行李；

（4）询问团队情况；

（5）集合登车。

8. 若为散客提供送站服务，地陪应做好哪些服务准备工作？

参考答案：

（1）详细阅读送站计划；

（2）在送站前24小时与散客或散客旅游团确认送站的时间和地点；

（3）掌握好送站时间。国内航班提前一小时到达机场，国际航班提前两小时到达机场，火车或轮船应提前40分钟到达火车站或码头。

9. 地陪提供接站服务时，在旅游团到达前，应做好哪些方面的工作？

参考答案：

（1）确认旅游团所乘交通工具的准确抵达时间，以免漏接；

（2）与旅行车司机联络；

（3）提前抵达接站地点；

（4）再次核实班次抵达的准确时间；

（5）持接站标志迎候旅游团。

10. 在接站地点，旅游团抵达后，地陪应如何辨认团队？

参考答案：

地陪举接站牌站在显眼的位置上，让全陪或者领队（或客人）前来联系，同时地陪应根据旅游者的民族特性、衣着、组团社的徽记等做出判断，或主动询问，问清该团队领队和全陪姓名、国别（或地区）、团名、客源地组团社名称等。若该团无领队和全陪，应与该团成员逐一核对团名、国别（或地区）及团员姓名等，一切相符后才能确定是否是自己所要接待的旅游团队。

11. 接到团队并带领团队上车后，地陪应向客人致欢迎词，请问欢迎词应该包括哪些内容？

参考答案：

（1）问候语；

（2）代表所在接待社、本人及司机欢迎旅游者来本地参观游览；

（3）介绍自己姓名和所属旅行社名称，介绍司机；

（4）表明自己提供服务的工作态度和希望得到合作的愿望；

（5）预祝旅游愉快、顺利。

12. 在旅游团抵达饭店后，地陪应做哪些主要工作？

参考答案：

（1）协助领队办理住房登记手续；

（2）介绍饭店设施和服务项目；

（3）带领旅游团用好第一餐；

（4）重申当天或第二天的活动安排；

（5）照顾旅游者和行李进房；

（6）商定并安排叫醒及早餐时间；

（7）核对、商定日程。

13. 团队有会见活动时，地陪应提前做好哪些准备工作？

参考答案：

（1）事先了解会见时双方是否要互赠礼品；

（2）承担翻译任务；

（3）旅游者若会见在华亲友，地陪应协助安排，一般没有充当翻译的义务。

14. 带团抵达景点后，在开始游览前，地陪应向游客交代好哪些注意事项？

参考答案：

（1）提醒旅游者记住旅游车的型号、颜色、标志、车牌号、停车地点和开车时间；

（2）在景点示意图前，地陪应向旅游者讲明游览线路、游览时间、集合地点、集合时间和提醒游览注意事项。

15. 游客在用餐过程中，地陪应做好哪些服务工作？

参考答案：

（1）至少要到旅游者那里巡视 1~2 次；

（2）注意饭菜质量和上菜速度，旅游者饭菜上齐后，地陪方可去就餐；

（3）地陪应该在旅游者餐位附近就餐，以便随时解决旅游者就餐中遇到的问题。

16. 地陪在送团前往机场途中，应向客人致欢送词，请问欢送词应包括哪些内容？

参考答案：

（1）回顾旅游活动、感谢合作；

（2）表达友情和惜别之情；

（3）征求旅游者对工作的意见和建议；

（4）旅游活动如有不尽如人意的地方，地陪可借此机会向旅游者表示歉意；

（5）期待重逢；

（5）美好祝愿。

17. 导游人员如何与司机协调以便更好地为旅游团服务？

参考答案：

（1）用外语向海外旅游者宣布集合时间、地点时，要记住用中文告诉司机；

（2）旅游线路有变化时，应提前通知司机；

（3）与司机研究日程安排，征求司机对日程的建议；

（4）合理、合乎常规地处理好与司机的利益关系。

18. 提供送团服务时，在旅游团离开酒店前，地陪应做好哪些工作？

参考答案：

（1）集中交运行李；

（2）办理退房手续；

（3）集合登车。

19. 若旅游团乘坐飞机离开，地陪在机场应做好哪些服务工作？

参考答案：

（1）收齐所有旅游者及全陪的证件，将证件和机票交给登机牌办理柜台，办理行李托运；

（2）帮助办理超规格行李托运手续，领取登机牌；

（3）领回全部证件；

（4）清点贴在登机牌上的行李票据，将全部证件、登机牌交给领队发给每位旅游者和全陪；

（5）乘坐国际航班，地陪应领取相关出境表格并指导旅游者填写。

20. 地陪在接团前应做好哪些心理准备？

参考答案：

（1）准备面临艰苦复杂的工作；

（2）准备承受抱怨和投诉。

21. 领队在出团前应做好哪些物质准备？

参考答案：

（1）领队证、身份证、护照或通行证、机票及"名单表"；

（2）团队行程表、境外旅行社确认行程表的传真复印件、自费项目表；

（3）社旗、名片、行李标签、客人胸牌；

（4）多份团队名单表和团队分房表；

（5）目的地国家（或地区）出入境卡、海关申报单；

（6）旅行包；

（7）境外旅行社及本社有关部门或人员的联系电话号码、名片；

（8）领队日志本、征求意见表、航班时刻表；

（9）常备药品、随身行李物品和手机；

（10）出国手续和各国度量、钱币转换表；

（11）必要的费用；

（12）目的地国家的报警电话号码和旅游帮助电话。

22. 地陪在进行首次沿途导游时，应主要介绍哪些内容？

参考答案：

（1）城市概况；

（2）沿途风光；

（3）饭店概况；

（4）在当地活动日程的安排。

23. 地陪在组织晚间文娱活动时应做好哪些服务工作？

参考答案：

（1）预先了解剧情，向旅游者简要介绍节目内容和特点；

（2）引导客人入座；

（3）在观看节目的过程中，地陪要向旅游者做剧情介绍，解答旅游者的提问，并始终不离旅游者；

（4）与领队、全陪配合，提醒旅游者不要走散，并注意旅游者动向和周边环境，以防不测。

24. 中国出境旅游领队在带团出境前要召开一次说明会，说明会应包括哪些内容？

参考答案：

（1）代表旅行社致欢迎词；

（2）详细说明行程安排；

（3）提出旅行要求；

（4）说明《中国公民出国（境）文明行为指南》；

（5）做好提醒工作；

（6）分发行前通知；

（7）介绍目的地；

（8）落实分房、交款、特殊要求事项；

（9）通知防疫注射；

（10）次日出发的说明；

（11）介绍出境旅游的注意事项。

25. 地陪建议游客增加计划外旅游景点时，必须满足哪些条件才能进行？

参考答案：

（1）保质保量地完成旅游接待计划；

（2）要有充裕的实施加点计划的时间；

（3）经报地接社许可和得到领队、全陪的同意；

（4）客人自愿参加；

（5）不耽误本团的送机（车、船）。

附件七 导游人员资格考试现场面试应变能力

1. 地陪按计划和预定时间到机场接一旅游团，航班正点到达，但没有接到这个团。作为地陪，你应如何处理？

参考答案：

地陪应立即与本社有关部门联系并查明原因。如推迟时间不长，地陪可留在接站地点继续等候，迎接旅游团的到来；如推迟时间较长，要按本社有关部门的安排，重新落实接团事宜。

2. 去机场接机时，团队乘坐的飞机晚点了。作为地陪，你应该如何处理？

参考答案：

地陪应立即与本社有关部门联系。如推迟时间不长，地陪可通知司机留在接站地点继续等候，迎接旅游团的到来；如推迟时间较长，要按本社有关部门的安排，重新落实接团事宜。当途中滞留的游客终于来到时，导游人员应热情欢迎并对游客道声辛苦。

3. 在游览过程中，如果团队中有客人被蛇咬伤，导游人员应该如何处理？

参考答案：

先判断是否为毒蛇咬伤：如果是无毒蛇咬伤只需前往附近医疗机构做简单的处理；如果无法判断则按照毒蛇咬伤处理；如果是毒蛇咬伤或无法判断是否为毒蛇咬伤，请遵循下面处理方式：

（1）拨打120或110急救，如有可能，告知营救人员伤口形状和毒蛇形态；

（2）停止剧烈运动以减缓毒素扩展；

（3）如果把蛇打死，则带上死蛇以便医护人员正确治疗；

（4）在医护人员赶到之前，采用压迫近心端血管的方式减缓毒素扩散，但不要切断局部血液循环。用消毒过的刀片在与肢体纵向平行的方向上切一道或若干道平行的切口，让没有牙龈出血或口腔溃疡的人将毒液吸出吐掉并及时漱口。

4. 出现错接时，地陪应如何处理？

参考答案：

若错接发生在同一家旅行社接待的两个旅游团时，导游人员应立即向领导汇报。经领导同意，地陪可不再交换旅游团，全陪应交换旅游团并向旅游者道歉。

若错接的是另外一家旅行社的旅游团时，导游人员应立即向旅行社领导汇报，设法尽快交换旅游团，并向旅游者实事求是地说明情况并诚恳地道歉。

5. 接到团队后，发现实到人数与计划人数有变化时，地陪应该如何处理？

参考答案：

（1）及时报告旅行社；

（2）通知旅行社相关人员调整订房；

（3）通知餐厅实际用餐人数。

6. 有游客提出要从事某些冒险活动（如攀岩、游泳等），地陪应如何处理？

参考答案：

导游要竭力劝阻，并请领队、全陪或者其他客人帮助劝说。

7. 外国旅游团成员丢失护照，地陪如何处理？

参考答案：

（1）由旅行社出具证明；

（2）请失主准备照片；

（3）失主本人持证明去当地公安局（外国人出入境管理处）报失，由公安局出具证明；

（4）持公安局的证明去所在国驻华使、领馆申请补办新护照；

（5）领到新护照后，再去公安局办理签证手续。

8. 入境游客在我国旅游期间所带的财物被盗，导游人员应如何处理？

参考答案：

（1）确认被盗后，应立即报告旅行社、公安机关和保险公司，协助查找线索，力争破案。

（2）若找不回被盗物品，导游应协助失主持旅行社出具的证明到当地公安机关开具失窃证明书，以便回国出关查验或向保险公司索赔；

（3）安慰失主，缓解他的不快情绪。

9. 在景区游览中，突然发现少了一位游客，作为地陪，你应如何处理？

参考答案：

（1）了解情况，迅速查找。一般情况下由全陪和领队带人分道去找，地陪带领其他游客继续游览；

（2）向风景区和当地公安派出所报告，请求援助；

（3）向旅行社报告，必要时向公安机关报案；

（4）与饭店联系，询问走失者是否已回到下榻饭店；

（5）若未找到游客，旅游团可按计划时间返回住地，导游可与领队、全陪商量，留下两个人继续寻找，待找到后可搭乘其他车辆返回宾馆；

（6）做好善后工作，找到走失者后，导游要问清走失原因，如属于导游责任，地陪应向走失者道歉，责任在走失者，应对其安慰，提醒以后注意。

10. 外国旅游团的游客在我国旅游期间散发宗教宣传品，作为地陪，你应如何处理此事？

参考答案：

（1）一定要予以劝阻，并向他们宣传、介绍我国的宗教政策；

（2）对不听劝阻并有明显破坏活动者，应报告司法机关处理。

11. 旅游团在旅游途中遭遇车祸，作为地陪，你应如何处理？

参考答案：

（1）立即抢救伤员，由全陪或领队陪同送往就近医院；

（2）及时报警，严格保护现场；

（3）报告旅行社，并通知有关单位（上级主管部门）负责人和保险公司赶赴现场处理；

（4）做好团内其他游客的安抚工作，组织他们继续参观游览；

（5）写出事故书面报告。

12. 预定用餐前2小时，有游客向你提出将中餐换成西餐，地陪应如何处理？

参考答案：

在用餐前3小时提出换餐要求，地陪要尽量与餐厅联系，按有关规定办理。临近用餐时游客提出换餐要求，一般不予受理，但导游人员要做好解释工作。

13. 团队中有客人要求单独用餐，地陪应该如何处理？

参考答案：

导游人员要耐心解释，并告诉领队请其调解解决。如游客坚持单独用餐，导游人员可协助其与餐厅联系，但餐费自理，并告知综合服务费不退。

14. 有游客的亲人要随团活动，地陪应如何处理？

参考答案：

在条件允许（如车上有空位）情况下，导游员应先征得领队和旅游团成员的同意，并上报旅行社批准后，再请游客办理入团手续，交纳旅行费用，其亲友即可随团旅行。

15. 部分游客提出不想随团去景点参观，想去购物，遇到这种情况，地陪应如何处理？

参考答案：

（1）应尽量动员他们随团去参观，并介绍景点的新变化；

（2）若游客仍坚持自己意见，可征得领队、全陪意见先送他们去商业街或者其他购物点，并告之集合时间、地点，以便到时接他们回宾馆，并把自己的联系方式告诉他们以便随时联系；

（3）告知客人景点费用不予退还，并要求客人签好离团协议书；

（4）最好能留全陪带队，随他们去购物，以确保安全。

16. 团队中有一游客以生活习惯不同为由，提出要住单间，地陪应如何处理？

参考答案：

住双人间的游客要求住单人间，如饭店有空房可予以满足，但房费自理。同屋游客因闹矛盾或生活习惯不同而要求住单人间时，导游人员应请领队调解或在内部调配；若调解、调配不成，饭店有空房可以满足其要求，但导游人员须事先说明房费由游客自理（一般是谁提出住单人间谁付房费）。

17. 团队中有游客提出要会见自治区领导，地陪应如何处理？

参考答案：

游客提出想会见党政部门领导人或社会知名人士，在了解游客会见目的后，导游人员应上报旅行社，由旅行社报请有关部门决定是否同意会见。

18. 外国团队中有客人因急事要求退团返回，地陪应该如何处理？

参考答案：

（1）在报经接待社、组团社同意后，可以满足，未享受的综合服务费根据合同处理，可以部分退还或不予退还。

（2）导游应热情有礼地报请旅行社为客人安排返程事宜；对于持团体签证入境的游客，还应为其办理分签手续；返程费用包括订票、办证费用均由客人自理，而且由于不享受团队价，费用肯定比团队价高。同时，导游应继续做好其他游客的服务工作，争取圆满地完成旅游计划。

19. 游客突发心脏病，地陪应如何处理？

参考答案：

（1）立即与附近医院或急救中心联系；

（2）在医护人员到来之前，轻轻帮患者仰卧休息，切忌变动体位或挪动；

（3）如果脉搏消失，呼吸停止，应该立即实施胸外按压或人工呼吸；

（4）医护人员到达后，在医生的指导和心电监护下将其送往医院抢救。

20. 入境游客要求购买古玩，地陪应如何处理？

参考答案：

（1）导游员可以带他们到涉外指定的文物、工艺品商店去购买；

（2）买妥物品后要提醒他们保存好发货票，不要把物品上的火漆印弄掉，以便出关时海关查验。

21. 团队中有游客中暑，地陪应该如何处理？

参考答案：

导游员应尽量减少旅游者被曝晒，让他们带好遮阳伞，注意多休息，喝一些清凉饮料，以防中暑。如发现中暑者，团队中若有医务人员，应就地抢救。如无医生，应在游客的协助下把患者抬到阴凉处，做些力所能及的抢救工作，让患者平卧。解开衣裤、全身放松，在领队或家属的陪同下服用十滴水、仁丹或其他防暑药物。如患者处于昏迷不醒状态，则应立即送往就近医院抢救。

22. 如果出现误机，地陪应该如何处理？

参考答案：

（1）立即向旅行社领导及有关部门报告，请求协助；

（2）尽快与机场联系，让游客尽快改乘后续班次离站，或改乘包机或其他交通工具前往下一站；

（3）稳定游客情绪，安排好游客滞留期间的食宿、游览事宜；

（4）及时将情况通知下一站，以便对日程做相应调整。

23. 某外国旅游者在旅游团的活动结束后要求继续在中国旅行游览，地陪应如何处理？

参考答案：

如果对方签证有效期还长，不需要办理签证延期手续，导游人员可以同意，否则予以婉拒。

24. 团队所住的饭店遭遇火灾，全陪应该如何处理？

参考答案：

（1）导游人员要镇定地判断火情，引导游客自救；

（2）若身上着火，可就地打滚或用厚重衣物压灭火苗；

（3）必须穿过浓烟时，用浸湿的衣物披裹身体，捂住口鼻，贴近地面顺墙爬行；

（4）大火封门无法逃出时，用浸湿的衣物、被褥堵塞门缝或泼水降温，等待救援。

25. 团队中有客人要求帮他购买物品并办理托运，地陪应该如何处理？

参考答案：

导游人员一般应该予以婉拒。实在推托不掉时，导游人员要向有关领导请示。一旦接受了游客的委托，导游人员应该在领导指示下认真办理受托事宜，收取足够的钱款（余额在事后由旅行社退还委托者），事后将发票、托运单及托运费收据寄给委托人，旅行社保存复印件以备查验。

课程九　导游考证专项训练实训指导书

一、实训目的

"导游考证专项训练"是旅游专业的必修课,旨在通过培训,进一步巩固、强化学生对基础理论知识的掌握,同时训练学生现场讲解能力,全面提高学生的综合素质,为接下来学生参加广西全国导游资格证考试打下坚实的基础,增强学生考取全国导游人员资格证的信心。

(1)通过集中实训,牢牢记住广西导游基础知识、全国导游基础知识、旅游政策与法律法规和导游业务相关知识。

(2)理论联系实际,通过案例和习题,巩固所学知识,并主动将知识运用到导游实践中。

(3)通过模拟习题的训练,增强应试能力,争取顺利通过导游资格证考试。

二、实训任务

(1)掌握广西的自然地理概况、历史名人、主要的历史事件、风物特产及各地主要的旅游景区、景点。

(2)掌握中国旅游业发展概况,中国历史文化,中国共产党历史,中国旅游景观,中国民族民俗,中国四大宗教,中国古代建筑,中国古典园林,中国饮食文化,中国风物特产,部分旅游诗词、楹联、游记,中国31个省、自治区、直辖市的概况以及中国港澳台地区和主要旅游客源国概况等内容。

(3)掌握导游职业道德规范、素质要求和行为规范、导游服务规范,导游的语言、讲解、带团和应变能力以及在导游服务中的相关知识等;

(4)深入理解党和国家的基本国策、根本制度、根本任务、重大方针政策以及与旅游业发展相关的法律、法规、方针政策;《导游人员管理条例》《旅行社管理条例》及其他与旅游相关的基本法律法规等。

(5)能够熟练讲解广西及柳州市知名景点。

三、实训预备知识

在进行课堂实训前,应事先重点复习本次实训所涉及的专业理论知识,并参阅《广西导游基础知识》《全国导游基础知识》《旅游政策法规》《导游实务》《中国旅游地理》《旅行社经营管理》等旅游专业相关教材,及时关注当年中国旅游局和广西旅游发展委员会公布的导游资格证考试的最新文件,大致了解考试的流程和考试的方式,做到心中有数,在进行集中实训时有针对性地学习重点内容。

四、主要仪器设备及操作安全注意事项

（一）主要仪器设备

（1）最新版本的《广西导游基础知识》《全国导游基础知识》《旅游政策法规》《导游实务》和《全国导游人员资格统一考试模拟习题集》这 5 本书；

（2）电脑机房，电脑主机处理器主频在 3.0 赫兹以上，内存在 4G 以上，安装有 Office 办公软件、极域教室控制软件和汉字输入软件等；

（3）草稿纸，A4 大小，便于学生在上面书写知识框架结构图；

（4）录播设备一套，便于学生展示导游讲解能力和职业行为规范，课后通过音像文件来查漏补缺，综合提升导游技能。

（二）操作安全注意事项

（1）学生必须按计划要求完成实训任务。实训前，应认真阅读本次实训的全部内容，明确实训目的和实训任务，做好必要的实训准备。

（2）严格遵守学校关于专业实训的有关规定，爱护实训室及机房的设备，保持实训室环境卫生。

（3）遵守实训纪律，不得携带与学习无关的物品，尤其不允许携带食品入内，一经发现，严肃处理。

（4）学生在实训期间注意安全，遵守实训制度，服从实训指导老师和实训室管理人员的指导和安排，未经允许，不能在实训室内随意走动。

（5）严格考勤，不得迟到，出勤情况作为该课程平时成绩的重要依据之一。

（6）认真听课，做好实训笔记，学会自己书写知识逻辑框架图。

（7）写实训报告书，字迹工整，条理清晰，语言流畅，结构规范。严禁抄袭。

五、实训的组织管理

（1）根据实训总人数的规模，每组 5~7 人。

（2）时间安排。

实训进程安排表

教学时间		实训单项名称（或任务名称）	具体内容（知识点）	学时数	备注
星期	节次				
周二	1~4	广西导游	广西地理知识、历史知识	4	
周二	5~6	广西导游	广西经济区位	2	
周四	1~4	广西导游	广西特产、著名景区	4	
周四	5~6	广西导游	广西著名景区	2	
周五	3~4	广西导游	广西各县市著名景区	2	
周一	1~4	导游实务	导游人员职业道德与行为规范	4	

教学时间		实训单项名称（或任务名称）	具体内容（知识点）	学时数	备注
星期	节次				
周一	5～6	导游实务	旅游团队导游服务程序	2	
周三	1～4	导游实务	散客导游服务	4	
周三	5～6	导游实务	导游服务技能	2	
周五	1～2	导游实务	旅游突发事件应急处理	2	
周二	1～4	导游基础	中国历史文化、民族民俗	4	
周二	5～6	导游基础	中国旅游景观	2	
周四	1～4	导游基础	中国四大宗教、古代建筑、园林	4	
周四	5～6	导游基础	中国饮食文化、风物特产	2	
周五	3～4	导游基础	诗词与主要客源国概况	2	
周一	1～4	政策与法律法规	政治建设、宪法、旅游政策	4	
周一	5～6	政策与法律法规	旅游法、旅游合同	2	
周三	1～4	政策与法律法规	旅行社、导游、安全与保险法律	4	
周三	5～6	政策与法律法规	交通、视频、旅游资源、旅游纠纷	2	
周五	1～2	政策与法律法规	集中习题训练	2	
合　计				56	

六、实训项目简介、实训步骤指导与注意事项

（一）全国导游基础知识

1. 实训项目简介

《全国导游基础知识》结合导游讲解工作实际，较为系统地介绍全国导游知识概况，强调应用性和可操作性，对导游工作具有实际指导意义。主要内容如下：

第一章：旅游与旅游业基础知识

第二章：中国历史文化

第三章：中国民族民俗

第四章：中国旅游景观

第五章：中国四大宗教

第六章：中国古代建筑

第七章：中国古代园林

第八章：中国饮食文化

第九章：中国风物特产

第十章：中国旅游诗词、楹联、游记选读

第十一章：中国港澳台地区和主要客源国概况

2. 实训步骤指导

（1）针对每章的主要知识点进行串讲。

（2）画出每章节的知识框架图。

（3）通过课堂提问的方式，巩固所学知识点。

（4）以章节为单位进行习题训练，查漏补缺。

（5）分发科目综合测试题，在规定时间内做完。

（6）上机进行模拟考试，综合测评实训成果。

3. 注意事项

（1）在复习中国历史文化和古代建筑时，建议以年份的先后顺序进行梳理。

（2）在复习中国民族民俗、饮食文化、风物特产时，建议以地域作为思路梳理知识点。

（3）以景观的分类作为思路，识记景观的特色。

（4）在学习中国四大宗教时，建议运用对比记忆法。

（5）对旅游诗词、楹联和主要客源国概况的学习，建议日常生活中多总结，同时回顾礼仪、主要客源国概况和中国古代文化等相关知识。

（二）广西导游基础知识

1. 实训项目简介

本项目按照国家旅游局对全国导游人员资格考试的要求，以广西概况和景区基础知识作为重点考核内容，帮助考生重点掌握导游职业应具备的广西导游基础知识，进一步提高导游人员的综合素质。整体分为两大部分进行实训，第一部分是广西导游基础知识，第二部分是广西景区概览。具体内容如下：

上篇　广西导游基础知识

第一章：广西地理

第二章：广西历史

第三章：广西经济

第四章：广西文化

第五章：广西特产

第六章：广西旅游

下篇　广西景区概览

第七章：广西著名景区

第八章：广西各设区市主要景区

2. 实训步骤指导

（1）针对每章的主要知识点进行串讲。

（2）画出每章节的知识框架图。

（3）通过课堂提问的方式，巩固所学知识点。

（4）以章节为单位进行习题训练，查漏补缺。

（5）分发科目综合测试题，在规定时间内做完。

（6）上机进行模拟考试，综合测评实训成果。

3. 注意事项

（1）对于广西政治、经济、文化、历史和地理等内容的实训，要结合本地区的特色来学习，多上网、多看报，了解本地区的历史沿革和风俗文化。

（2）针对广西的景区，在课堂学习之余，多与来自广西各地的同学交流，获取第一手的调研资料，对于本部分内容的理解和掌握帮助很大。

（3）将学习的重点放在第七章，它也是导游资格考证面试环节的重点内容。

（三）导游业务

1. 实训项目简介

本项目按照国家旅游局对全国导游人员资格考试的要求，从提高导游人员从业素质、注重培训导游人员实际工作能力的目标出发，帮助考生重点掌握导游职业应具备的基本要求和服务规范，进一步提高导游人员的综合素质。具体内容如下：

第一章：导游服务

第二章：导游人员

第三章：导游人员的职业道德与服务质量

第四章：地方导游服务规程与服务质量

第五章：全程导游服务规程与服务质量

第六章：景区导游服务规程与服务质量

第七章：散客旅游服务规程与服务质量

第八章：导游人员的语言技能

第九章：导游人员的带团技能

第十章：导游人员的讲解技能

第十一章：导游人员的应变技能

第十二章：旅行社知识

第十三章：入出境知识

第十四章：交通知识

第十五章：货币与保险知识

第十六章：其他常识

2. 实训步骤指导

（1）针对每章的主要知识点进行串讲。

（2）画出每章节的知识框架图。

（3）通过课堂提问的方式，巩固所学知识点。

（4）以章节为单位进行习题训练，查漏补缺。

（5）分发科目综合测试题，在规定时间内做完。

（6）上机进行模拟考试，综合测评实训成果。

3．注意事项

（1）把与导游服务和基本道德修养相关内容的学习重点放在定义和性质方面。

（2）重点识记各个层面的服务规程和服务技能。

（3）对于最后五章的相关知识要结合生活常识和其他相关课程的内容来类比学习。

（四）旅游政策法规

1．实训项目简介

《旅游政策法规》是全国导游人员资格考试辅导教材之一。全书分三篇：第一篇基本政策，第二篇法律法规，第三篇旅游职业道德，分别对我国的社会主义理论体系、外交政策、旅游相关法律法规及旅游职业道德等内容作了具体的介绍和分析。该书在编写中运用最新的理论政策和旅游相关法律，具有科学性、时代性、实用性。

2．实训步骤指导

（1）针对每章的主要知识点进行串讲。

（2）画出每章节的知识框架图。

（3）通过课堂提问的方式，巩固所学知识点。

（4）以章节为单位进行习题训练，查漏补缺。

（5）分发科目综合测试题，在规定时间内做完。

（6）上机进行模拟考试，综合测评实训成果。

3．注意事项

本项目的复习内容特别琐碎，而且相对于其他三个项目来说略显枯燥，学习的策略是以做题为主，以出题人的思路和方法来指导我们科学地学习本章内容。

对于单选题，学习的主要策略如下：

（1）加大对数字的敏感度，例如哪一年、第几条等。

（2）针对书中的文件，要记住名称、发布日期、针对内容和生效日期。

（3）对于书中的关键词要引起注意，例如：基本、核心、特质、首要、前提、关键、支配、主题、总、首次、唯一、主线、主题等，这部分内容是单选题出题的高频次考点。

（4）记清楚书中列举的所有法律法规的处罚日期和罚金。

对于多选题，学习的主要策略如下：

（1）记清每章节的大标题。

（2）对于书中的小标题，一定要小心出题人会将知识点用"一分为二""二合一"和"内容替换"的方式来考。

（3）时间充裕的话，对书中有"顿号"的内容多加记忆。

七、考核标准

按表填写考试的主要内容，要求达到的标准、评分标准、采取哪种考核方式。

序号	考核内容	考核标准	评分标准	考试形式
1	实训报告（30%）	内容充实，文理通顺，书面整洁，字迹清晰，如实反映自己的实训过程、实训内容、实训方法和体会等	90～100分：无抄袭，能如实反映实训过程，能列举出实训中遇到的困难和问题，并能提出具体的解决方法，最后能详细陈述自己的心得体会； 80～90分：无抄袭，能如实反映实训过程，能列举出实训中遇到的困难和问题，并能提出具体的解决方法； 70～80分：无抄袭，能如实反映实训过程，能列举出实训中遇到的困难和问题； 60～70分：无抄袭，能如实反映实训过程； 60分以下：严重抄袭，反映实训过程不详	提交纸质版实训报告
2	笔试考核（70%）	统一考试，按照卷面成绩统计分数	单选题60题，每题1分； 多选题20题，每题2分	闭卷
3	综合成绩（100%）	按总评成绩分数分为：优秀（90～100分）、良好（80～89分）、中等（70～79分）、及格（60～69分）、不及格（0～59分）5级		综合评定

八、实训报告

实训报告应于实训结束后按时独立完成，书面整洁，字迹清晰，分析认真，总结得当。实训报告能如实反映自己的实训过程，实训中遇到什么问题，自己如何去解决，取得什么收获，有什么体会，不得抄袭他人的实训报告。

课程十 旅行社综合实训指导书

一、实训目的

（1）通过实训，增进学生对旅行社的了解，从而促进学生今后从事旅行社工作的意愿。

（2）通过实训，使学生了解旅行社接待服务的基本程序，了解导游带团的基本要求和技能。

（3）通过实训，使学生在浓厚的职业氛围中不断地锻炼和培养自己从事和胜任旅行社各个岗位的能力，为旅行社的发展提供应有支持，同时提高专业知名度。

（4）通过实训，培养学生团结协作的能力和吃苦耐劳的品质。

二、实训任务

旅行社综合实训主要包括旅行社门市部实训、销售部实训、计调部实训、导游部实训四大块内容。通过实训，学生需要达到的能力如下：

（1）通过旅行社门市部实训，使学生掌握门市对客服务的礼仪、礼节、对客服务的技巧、旅游合同的签订及出团通知书的开出；

（2）通过旅行社销售部实训，使学生掌握旅行社产品销售的渠道、销售的方案；

（3）通过计调部实训，使学生掌握各种单项产品预定单的处理（酒店预定单、机票预定单、景点门票预定单、其他交通预定单、其他服务预定单），能对各种结算项目进行操作处理（地接团安排、订房、订票、订餐、订车、签证、保险等）；

（4）通过旅行社导游部实训，使学生掌握导游接团、带团、送团流程，现场导游的方法和技巧。

三、实训预备知识

"旅行社经营管理实务"是本门课程的先修课程，实训前认真复习教材项目4《旅行社的价格策略》、项目5《旅行社的销售策略》、项目6《旅行社的促销策略》、项目7《旅行社的采购业务》、项目8《旅行社的接待管理工作》等5个章节。

四、主要仪器设备及操作安全注意事项

（一）主要仪器设备

主要实训室为模拟旅行社实训室，具体包括前台接待、销售部、计调部、导游部、电商部、办公室、会议室等。设备包括电话、电脑、传真机、打印机、复印件、旅行社行程单、办公桌椅等。

（二）操作安全注意事项

（1）学生必须按计划要求完成实训任务。实训前，应认真阅读本次实训的全部内容，明确实训目的和实训任务，做好必要的实训准备。

（2）严格遵守学校关于专业实训的有关规定，爱护实训室及机房的设备，保持实训室环境卫生。遵守实训纪律，认真听课，仔细做好笔记。

（3）学生在实训期间注意安全，服从实训指导老师和实训室管理人员的指导和安排。

（4）严格考勤，不得迟到早退，出勤情况作为该课程平时成绩的重要依据之一。

（5）撰写实训报告书，字迹工整，条理清晰，语言流畅，结构规范，严禁抄袭。

五、实训的组织管理

（1）本门课程实训分为两个阶段，第一阶段在校内实训，以模拟演练为主；第二阶段在校外旅行社实训，以跟岗学习为主。

（2）成立旅行社综合实训领导小组，由旅游教研室的老师组成，负责联系旅行社及加强学生安全管理。

（3）学生实训分组安排：根据学生人数选择3~4家旅行社，学生分成3~4组，6~8人一组。

（4）时间安排。

实训进程安排表

教学时间		实训项目（或任务）	具体内容（知识点）	学时	备注
星期	节次				
周一	1-4	旅行社线路设计及报价	旅行社线路设计	4	
周一	5-6	旅行社线路设计及报价	旅行社线路报价	2	
周二	1-8	旅行社门市销售	旅行社门市销售模拟（学生分组进行）	8	
周三	1-8	旅行社计调操作	旅行社预订单处理、各项旅游服务采购	8	
周四	1-4	导游接团训练	校内模拟接团	4	
周五	1-2	导游接团训练	带团游戏互动	2	
周一	1-6	熟悉旅行社工作实际情况	了解旅行社的工作环境	6	
周二	1-6	熟悉旅行社工作实际情况	熟悉旅行社具体的部门设置及工作职责	6	
周三	1-6	旅行社门市部实训	熟悉旅行社门市接待流程	6	
周四	1-6	旅行社门市部实训	门市对客服务	6	
周五	1-4	旅行社门市部实训	门市对客服务	6	
周一	1-6	旅行社计调部实训	熟悉旅行社计调工作	6	
周二	1-6	旅行社计调部实训	旅行社计调工作经验交流	6	
周三	1-4	旅行社导游部实训	熟悉旅行社导游工作	6	
周四	1-4	旅行社导游部实训	旅行社出团会	6	
周五	1-4	旅行社导游部实训	优秀导游经验交流	4	
合　计				86	

六、实训项目简介与注意事项

（一）校内模拟实习

项目一　旅行社线路设计及报价

1. 目的

理解旅行社线路设计在旅行社业务中的重要作用；掌握旅行社线路设计的原则、具体方法和操作技巧；掌握产品的定价策略和方法。

2. 内容及要求

（1）内容：设计一条柳州市范围内的旅游线路并为该线路进行相应报价。

（2）要求：① 充分收集拟将设计线路所包含的各种要素资料（如景点、食宿、交通、购物等）；② 科学合理地进行线路设计：线路设计突出主题，体现线路设计原则；线路完整，吃、住、行、游、购、娱等要素配套，并阐明各要素的主要内容及标准；阐述线路的特色和设计依据。线路设计要具有可行性，格式规范；③ 根据各要素的基本价格，运用产品价格策略，为该线路制定价格。要求说出所报价格的依据和所采取的策略。

3. 学时安排：6学时。

项目二　旅行社门市销售

1. 目的

理解旅行社门市销售在旅行社销售业务中的重要作用，掌握旅行社人员推销的技巧，培养旅行社销售人员应具备的良好素质。

2. 内容及要求。

（1）内容：模拟旅行社门市人员进行线路销售。

（2）要求：① 熟悉旅行社的主要线路及当月价格总表，掌握旅游合同的填写方式；② 学生分组模拟旅行社门市销售人员及来访旅游者,进行旅游线路的有效推销；③ 注意推销过程,推销人员应有礼节,注意说话的技巧,争取能得到对方的认可；④ 销售成功,进行旅游合同的填写,并就旅游合同的具体条款向旅游者做说明；⑤ 能够流畅填写出团通知书给旅游者,并合理交代注意事项；⑥ 礼貌送客。

3. 学时安排：8学时。

4. 实训材料：价格总表、行程单。

（1）价格总表。

2016年6月国内线路总表

序号	线路	排期	价格
1	湛江特呈岛（海盐温泉）度假村一日游	6月天天发团	600元/人
2	华东鼋头渚、水乡周庄、鼋头渚双卧七日游	6月每周三发团	1 380元/人
3	华东—北京四飞品质八日游	6月11日、18日、25日发团	2 880元/人
4	昆明、丽江、束河古镇双卧六日游	6月每周三发团	660元/人
5	柳州、成都、九寨、黄龙双飞六日游	6月8日发团	成：2 050元/人
6	北京—天津双卧七日游	6月天天发团	成：1 580元/人
7	柳州—北京—天津单飞单卧六日游	6月天天发团	成：1 980元/人

序号	线路	排期	价格
8	柳州—北京—天津双飞六日游	6月天天发团	成：2 480 元/人
9	阳光休闲双座五日游	6月1日—10日发团	成：800 元/人
10	阳光蜈支洲双卧五日游	6月1日—10日发团	成：1 280 元/人
11	阳光休闲双飞五日游（柳州直飞三亚）	6月1日—10日发团	成：1 450 元/人
12	海南"逍遥浪漫"双飞五日（柳州直飞三亚）	6月1日—10日发团	成：3 130 元/人
13	山东、青岛、威海双飞六日游	6月6日、10日、13日发团	成：2 180 元/人
14	华东五市、灵山大佛、乌镇西栅双卧七日游	6月每周日发团	成：1 720 元/人
15	昆明、大理、丽江、香格里拉双飞七日游	6月13日、20日、27日发团	成：1 980 元/人
16	西藏、拉萨、林芝双飞六日游	6月4日、17日发团	成：3 280 元/人
17	黄山、古徽州双卧五日游；	6月13日、20日、27日发团	成：1 970 元/人
18	凤凰九景双卧四日游	6月天天发团	成：750 元/人
19	长沙、韶山双卧四日游	6月天天发团	成：730 元/人
20	张家界双卧四日游	6月天天发团	成：750 元/人
21	张家界、凤凰双卧五日游	6月天天发团	成：880 元/人
22	厦门、鼓浪屿、曾厝垵休闲双飞五日游	6月2、4、9、11、13、16、18、20、23、25、27日发团	成：2 160 元/人
23	厦门、鼓浪屿、永定土楼、曾厝垵双飞五日游	6月2、4、9、11、13、16、18、20、23、25、27日发团	成：2 280 元/人
24	荔波大小七孔二日游	6月每周六、日发团	成：458 元/人

（2）旅游行程单。

厦门、鼓浪屿、武夷山双飞五日游

D1　　餐：无　　　　宿：厦门

从柳州乘 EU2721 次航班（11：45/13：10）抵达海滨城市厦门，入住酒店休息。晚上您可自行到最繁华的商业老街——中山路逛逛，这里美食众多，八婆婆的烧仙草、黄则和的花生汤、1980 的烧肉粽、莲欢的海蛎煎、巷口的鱼丸等应有尽有，让你尽情感受舌尖上的厦门！

D2　　餐：早中晚　　　宿：火车上

游山和海相拥、自然造化和人工雕凿相映成趣的海上花园——鼓浪屿（3～3.5 小时，含景点游览时间）：乘船过厦鼓海峡、远眺日光岩外景、漫步港仔后海滨浴场的海滨沙滩、游集世界园林艺术于一体的菽庄花园（游览时间 1 小时左右），内有钢琴博物馆（世界一流、中国唯一），中华路旅游商业街自由购物（30～60 分钟）。游鼓浪屿优秀女儿、著名人民医学家林巧稚大夫纪念馆——毓园（15 分钟）。

下午游览惠和石文化园，欣赏惠安女风情表演，观赏大型石雕，亲身体验影雕技艺的情趣；乘车送至全国最文艺的村子——曾厝垵自由活动。曾厝垵位于环岛路上，被驴友誉为全国最文艺小村，现代城市中的一抹田园风光。在这里您可以感受到宁静、惬意，放松疲惫焦躁的身心，流连在特色旅馆和酒吧餐馆（如曾阿驴三年二班饭堂、渡口书店、黑店、"晴天见"、轻尘别院等）。乘火车空调硬卧赴武夷山或邵武。

D3　餐：中晚　宿：武夷山

抵达后（早餐火车上自理），乘车赴有"碧水丹山""奇秀甲东南"之美誉的世界双遗产地——武夷山主景区，游览虎啸岩景区及全国最窄、最高、最长的一线天景区：观伏羲洞、风洞、灵岩洞、神仙楼阁等景色（约3小时）。

注：为了响应政府节能减排的环保要求，武夷山标准酒店均不配备易耗品（如牙膏、牙刷、洗发精、沐浴乳、拖鞋、面巾等），请谅解并支持环保。

D4　餐：早中　宿：火车上

早餐后，游览天游峰景区（3.5小时）：天游峰、云窝、茶洞、隐屏峰、晒布岩、仙浴潭。游武夷宫、三清殿、仿宋古街。在武夷山或邵武乘火车空调硬卧返厦门。（车次以实际出票为准）

D5　餐：中　宿：无

（早餐火车上自理）抵达后游览闽南千年古刹——南普陀寺（约40分钟），它是中国最早的佛教高等教育基地，全国唯一的佛教学院，是闽南首屈一指的重点寺院；与其毗邻的就是全国最美的校园——厦门大学（您可携身份证自行进入校内参观）。乘车游国际马拉松跑道、东方夏威夷环岛路（全国唯一一条七彩环岛公路）、厦门国际会展中心。赴机场乘EU2722次航班（14：15/15：55）返柳州，结束愉快行程。

【价格说明】

报价　成人：2600元/人（散客拼团）　2～12岁儿童：1750元/人

排期 6月2日、4日、9日、11日、13日、16日、18日、20日、23日、25日、27日（周一、三、五发团），请提前报名。

注：此行程为散客拼团行程，我社不派全程导游陪同，导游服务及行程接待均由当地旅行社负责。以上行程顺序及内容仅供参考，最终行程以出团前（合同）确认为准！

【费用已含】

酒店　4晚厦门旅游酒店标间或三人间（若产生单男单女，请现补房差：130元/人）。

用餐　2早6正；10人一桌，8菜一汤（根据人数适量调整），酒水自理；正餐20元/人/餐；若团队成人不足7人，餐费现退20元/人/餐，儿童退10元/人/餐；儿童不含往返火车票。

交通　柳州—厦门往返机票、机燃费；厦门—武夷山/邵武往返火车硬卧；当地旅游车（1人1座，厦门用车为套车，会出现游客等车、换车现象）。

门票　景点第一道大门票。

导服　当地导游讲解服务。

保险　已含旅行社责任险（为了您的个人安全，建议您自愿购买旅游意外人身保险）。

【12岁以下儿童报价】

含往返机票、机燃费、当地旅游车位、正餐餐费及综合导游服务费，不含火车票、当地床位费（住宿）、景点门票，产生的其他费用自理。

★此行程为厦门观光国际旅行社有限公司接待。

【费用未含】

航空保险，飞机上、自由活动用餐及属于私人消费的费用（长话费、洗衣、娱乐等及超出行程以外的费用）；12岁以下儿童未含火车票、床位、门票及私人消费；产生其他费用自理。

【注意事项】

报团须知

1）本行程以20人为成团基准，如达不到约定人数，我社提前7天通知游客，游客可选择更改出行日期或者经游客同意，更改线路出行或取消出行计划。

2）航班、列车、客船的抵离时刻以相关交通部门最后公布确认为准。

3）由于第三方（包括并不限于航空、邮轮、火车航班取消、变更，使领馆签证颁发等）以及不可抗力因素，造成本次出游行程变更或取消，属不能预见、不能避免和不能克服的客观事件，产生费用由游客自行承担，我社将协助游客安排、变更行程或其他善后事宜。

4）如遇不可抗力因素或景点政策性关闭，经全团游客同意，我社不减少旅游景点的情况下可适当调整行程。

5）报价为综合价，因游客个人原因临时自愿放弃游览、用餐、住宿等，根据实际未产生费用退还。

6）在旅游过程中，游客所参加的旅游活动应选择自身身体状况允许并且自己能够控制风险的旅游项目。

7）由于行程原因，很难兼顾某些个体需求，请游客自行解决回民用餐等问题，敬请谅解，谢谢合作。

8）特别提醒：因是散客拼团，在接送站时可能会出现短时等候，敬请游客谅解。

9）报团时请认真填写并核对个人信息，因名字、身份证号码错误造成的损失请自行承担；团队购票为折扣机票，一经售出，不得转签、改期、退票。

10）请游客认真填写《游客接待意见单》，以便更好地提高我们的服务质量，谢谢。

自由活动注意事项

1）注意自身安全，尽量结伴而游，未成年人或长者及自身不方便自由活动的，必须由成年人陪伴。保管好自己的贵重物品及随身携带物品。

2）出行时，带上酒店名片、导游联系方式；必须携带好有效身份证及相关证件。

3）安排景点中自由活动，注意再次集合时间和地点。

4）尊重当地的民俗风情及文化；自由用餐时，请务必选择干净、卫生的环境。

5）购买物品时请慎重，以免发生不必要的争端，特别是在少数民族风情比较浓郁的地方。

6）自由活动期间考虑到财产及人身安全等问题，晚上尽量减少外出。如果外出，一定要注意人身安全，尽量在22：00之前返回酒店，自由活动期间发生任何问题与旅行社无关。

观神奇黄山云海，品魅力徽州文化双卧五日游

D1　　餐：无　　　宿：火车上

柳州—上饶/衢州

下午约 14：16 乘 K538 次列车硬卧赴上饶（或 K182 到衢州，视实际情况而定）。

D2　　餐：中　　　宿：山下

上饶/衢州—黄山

早约 8：24 抵上饶（K182 早 6：08 抵衢州）。乘车赴中国最美乡村婺源（约 2.5 小时），中餐后乘车赴江岭，感受中国的水墨之乡，移步换景，俯仰皆画。三月中旬至四月中旬，漫山遍野的油菜花呈梯田状，从山顶铺散到山谷下，层层叠叠，中间围拢着几个小小的村落，黑瓦白墙的徽派民居夹杂在一片金黄之间，在婺源再没有比这更壮观更令人惊喜的了。每当油菜花季节，这里总会引来无数摄影师和游客。乘车赴黄山市（约 1.5 小时）。游览新安江延伸段滨江旅游区（约 1 小时）：林廊清影、照壁怀古、湖边古村落、尤溪古渡、屯浦归帆等。（4 月中下旬，如婺源花季已过，改游黄山棠樾牌坊群景区。）

D3　　餐：早　　　宿：山下

早餐后乘车赴黄山风景区（约 1 小时），换乘景区环保车赴慈光阁（约 25 分钟），步行（4 小时）或乘缆车（15 分钟，80 元/人自理）上山。经好汉坡抵玉屏楼景区（观黄山睡佛、迎客松、立雪台、陪客松等）、黄山第一高峰莲花峰（1 864 米）（量力而行），（经莲花新道）抵百步云梯、一线天、鳌鱼峰、天海、黄山第二高峰光明顶（1 860 米）、北海景区（狮子峰、石猴观海、梦笔生花等）、始信峰（黄山奇松汇聚处、连理松、探海松、黑虎松等）。步行下山。黄山全山奇秀风光一览无余。乘车赴黄山市区（约 1 小时）。晚自行游览"活动着的清明上河图"——屯溪宋代老街（自由活动）。

D4　　餐：早中　　宿：火车上

黄山—上饶/衢州—柳州

早餐后乘车赴"桃花源里人家"黟县（约 1 小时），游览（约 1.5 小时）"中国明清徽派建筑博物馆"、世界文化遗产西递（胡文光刺史坊、西园、桃李园、跑马楼、绣楼、胡氏宗祠等，观赏民俗表演抛绣球活动。中餐后乘车（约 40 分钟）赴中国画里乡村、影视大片《卧虎藏龙》外景基地、世界文化遗产地宏村参观（约 1.5 小时），游南湖、月沼、承志堂等，下午乘车返黄山市区（约 1.5 小时），自由活动。乘车赴衢州火车站（约 2 小时），晚 22：15 乘 K537 次（或 K181）列车返柳。

D5　　餐：无　　　宿：无

衢州—柳州

抵柳州，结束愉快的行程。

【价格说明】

报价　成人：1970 元/人（散客拼团）2～12 岁儿童：750 元/人

60～70 岁老人、未成年人、全国道德模范、英雄模范、省部级以上劳动模范、四级以上残疾人、现役军人及军队离退休干部、学生（全日制大学生及以下）、省级摄影家协会会员等持有效证件者黄山门票优惠 115 元/人，70 岁以上老人免门票。以上人员不重复享受其他门票优惠政策。

注：此行程为散客拼团行程，不派全程导游陪同，导游服务及行程接待均由当地旅行社负责。

以上行程顺序及内容仅供参考，最终行程以出团前（合同）确认为准！

【费用已含】

酒店 旅游酒店标间或三人间（若产生单男单女，请现补房差 60 元/人/晚）；黄山山下若改住：三星双标加 50 元/人/晚，四星双标加 100 元/人/晚。单男单女，另补房差。山上若改住：三星双标加 240 元/人，四星双标加 300 元/人。

用餐 2 早 2 正；10 人一桌，8 菜一汤（根据人数适量调整），酒水自理。

交通 柳州—衢州往返硬卧火车票；当地旅游车（1 人 1 座，省内旅游用车均为分段用车，即全程不固定使用同一辆车）。

门票 景点第一道大门票。

导服 当地导游讲解服务。

保险 已含旅行社责任险。（为了您的个人安全，建议您自愿购买旅游意外人身保险）

【儿童报价】

含当地旅游车位、半餐餐费及综合导游服务费，不含往返火车票、床位费、景点门票，产生其他费用自理。

★此行程为黄山中青国际旅行社接待。

【费用未含】

火车上、自由活动用餐及属于私人消费的费用（长话费、洗衣、娱乐等及超出行程以外的费用）。

【注意事项】

1）因政治性调价、人力不可抗拒的自然因素以及飞机、火车、轮船本身延误或取消，因交通堵塞、交通事故及其他各种以外事件等一切非旅行社所能控制的原因造成的团体滞留及所产生的费用由游客自理。

2）我社在不减少旅游景点的情况下有权调整行程，报价为综合价，中间离团门票优惠恕不退款。

3）航班、列车、船只的抵离时刻以相关交通部门最后公布确认为准。

4）客人在旅游期间如意见单中未提出异议，我公司将备案为客人满意。返程后再提出异议，请谅解我公司不予处理。

【备 注】

黄山游览注意事项：

1）黄山山高路陡，宜穿运动鞋；走路不看景，看景不走路，大景不放过，小景不留连，拍照不用慌，先向身后望。

2）黄山山顶所有的生活用品都是靠人力挑上去的，因此食宿条件相对山下要差，物价也贵一倍以上。

3）黄山山顶海拔较高，气温较山下低 5 ~ 10 ℃，上山应带好防寒衣物，以免受凉生病。

4）黄山景区严格执行室外禁烟制度，景区内只有在指定地点才能吸烟。

5）因黄山景区内爬山时间较长，上山时应尽量少带行李，大件行李可寄存山下，以免爬山时受累。

华东五市—双水乡乌镇双飞六日

D1　餐：无　　宿：上海

于指定时间在柳州机场集合，乘航班赴上海，入住酒店。

D2　餐：早中　　宿：无锡或苏州

早餐后车赴苏州（约 1.5 小时），游览江南精致私家园林——定园（约 1 小时），它位于"吴中第一名胜"虎丘山南麓的茶花古村，占地一百多亩。纵观全局，定园像一个玉如意。相传明代开国重臣刘伯温为远避政敌，退隐后曾在此定居，故称为定园。游览苏州城市标志——盘门景区（约 1 小时），看久负盛名的瑞光古塔、绝无仅有的春秋时期水陆两用城门，观享誉海内外苏州最高的吴门古运河桥。桥下水网交织，舟船往来，城楼巍峨，古塔生辉，远山近水尽收眼底。游太湖珍珠馆（约 45 分钟）。闲逛苏州著名步行街——观前街，全街历经数年修茸完善，业已成为集娱乐、餐饮、观光、购物于一体的现代化商业街，晚餐可自由品尝苏城美食。"得月楼"和"松鹤楼"是老字号的苏式餐馆，如今是海内外游客苏州之行的必游之地。

乘车赴无锡（视具体情况）（约 1 小时），入住宾馆。

D3　餐：早中　　宿：南京

早餐后参观紫砂博物馆，紫砂艺术是中国陶艺中的一朵奇葩，历史可追溯至北宋年间，自明正德以来，中国文人墨客与宜兴历代陶器制作高手合作，将雕刻、镶嵌、书画等多种工艺美术手段用于砂壶，制作出典雅精美的沏茶名壶，使紫砂陶器有"人间珠玉安足取，岂如阳羡溪头一丸土"之说，紫砂作品更为世界各大博物馆所收藏，成为中华一大瑰宝。游览"太湖佳绝处，毕竟在鼋头"——鼋头渚（约 1.5 小时），因巨石突入湖中形状酷似神龟昂首而得名。浩瀚壮阔的太湖展现眼前，令你心旷神怡。乘船前往三山仙岛，探太湖仙岛灵秀、神幻之妙。

乘车赴南京（约 2.5 小时），游览中国伟大的民主革命先行者孙中山先生的长眠地——中山陵（周一闭馆），游览博爱坊、紫金宝鼎、碑亭、陵墓等，整个墓区平面如大钟，取义"唤起民众，以建民国"之意，寓意显示孙中山先生为国为民的博大胸怀。景区气势磅礴，号称"近代史上第一陵"。游国家 4A 级旅游区——夫子庙秦淮风光带，观秦淮河风光（约 1.5 小时）：乌衣巷、文德桥、天下第一照壁等。晚餐自由品尝特色风味小吃。晚餐后入住宾馆。

D4　餐：早中晚　　宿：杭州

早餐后乘车赴杭州（约 4 小时），参观杭州丝绸博物馆，它是第一座全国性的丝绸专业博物馆，也是世界上最大的丝绸博物馆。江泽民同志曾为该馆题词："弘扬古蚕绢文化，开拓新丝绸之路。"了解中国丝绸的起源和发展、丝绸的主要种类、丝绸之路及丝绸在古代社会生活中占据的地位。漫步于阴晴雨雪、风韵万千、四季皆美景的西湖风景区，您将观赏到白堤、断桥、孤山、雷峰塔等众多美景。感受"未能抛得杭州去，一半勾留是此湖"的西湖美景和意境。游览西湖十景之一的花港观鱼公园，欣赏红鱼池、牡丹亭。游览著名的婚庆公园与郁金香展地——太子湾公园（花期视天气情况有可能提前或推迟，游览约 50 分钟），公园始建于1988年，原为西湖疏浚淤泥的堆积场。建园时，因山就势，巧妙地挖池筑坡使其地形高低起伏，错落有致，追求"自然拙朴"的个性特点。园中以西湖引水工程的一条明渠作为主线，积水成潭，截流成瀑，环水成洲，跨水筑桥，形成了诸如琵琶洲、翡翠园、逍遥坡、玉鹭池、颐乐苑、太极坪等空间开合收放相宜、清新可人的景点。使中国传统的造园艺术和现代的园林美学达到了和谐统一。入住宾馆。

D5 餐：早中晚　宿：上海

早餐后车赴水乡乌镇东栅景区（游览时间约1.5小时）：乌镇是江南水乡六大古镇之一，古风犹存的东、西、南、北四条老街呈"十"字交叉，构成双棋盘式河街平行、水陆相邻的古镇格局。这里的民居宅屋傍河而筑，街道两旁保存有大量明清建筑，辅以河上石桥，体现了小桥、流水、古宅的江南古镇风韵。游览"城市中的江南水乡，高楼中的明清古巷"——月河，游客走在青瓦白墙围合的青石小道中，步入名誉江南的百年老店——邹大鲜，食客云：邹家美酒浓无敌，大鲜佳肴美可知。双龙杭白菊（约45分钟）。

乘车赴上海（约2小时），参观中华艺术宫（原世博中国馆，此景点为免费景点，周一闭馆，如果当天能预约进馆参观，则安排客人进去参观，如不能预约则请各位团友见谅）。以收藏保管、学术研究、陈列展示、普及教育和对外交流为基本职能的艺术博物馆，反映中国近现代美术的起源与发展脉络的艺术珍品（不含观清明上河图门票费用）。后乘车赴浦东新区的陆家嘴中心绿地，可欣赏到东方明珠塔、上海环球金融中心、金贸大厦、上海中心等地标建筑，感受日益繁华的大上海，入住酒店。

D6 餐：早　宿：无

早餐后，游览万国建筑群——外滩，漫步南京路（约1.5小时），于城隍庙商城自由活动（时间约1.5小时），这里有上海名优小食，可自由品尝正宗的上海小笼包，还可以体验老上海的文化生活。晚餐自费品尝上海特色小吃。下午乘航班返回柳州，行程圆满结束！

【价格说明】

成人：2080元/人　　2～12岁儿童：1740元/人

往返航班时间为参考航班，具体以实际出票为准。

注：此行程为散客拼团行程，不派全程导游陪同，导游服务及行程接待均由当地旅行社负责。

【费用已含】

酒店　旅游酒店标间或三人间（若产生单男单女，请现补房差250元/人）。

用餐　5早6正；10人一桌，8菜一汤（根据人数适量调整），酒水自理；正餐15元/人。

交通　柳州——上海往返机票、机燃费；当地旅游车（1人1座，省内旅游用车均为分段用车，即全程不固定使用同一辆车）；散客班为指定时间接团，会遇等候现象，敬请谅解；华东进出港口较多，在不减少景点的前提下，进出港口及各城市酒店顺序以我社安排为准，以最终通知为准。

门票　景点第一道大门票。

导服　当地导游讲解服务。

保险　已含旅行社责任险（为了您的个人安全，建议您自愿购买旅游意外人身保险）

【儿童报价】

含往返机票（机燃费）、当地旅游车位、半餐餐费及综合导游服务费，不含床位费、景点门票，产生其他费用自理；

★此行程为杭州假日中旅行社接待。

【费用未含】

柳州至机场费用、自由活动用餐及属于私人消费的费用（长话费、洗衣、娱乐等及超出行程以外的费用）；12岁以下儿童未含床位、门票及私人消费；产生其他费用自理。

【注意事项】

报团须知

1）本行程以20人为成团基准，如达不到约定人数，我社提前7天通知游客，游客可选择更改出行日期或者经游客同意，更改线路出行或取消出行计划。

2）航班、列车、客船的抵离时刻以相关交通部门最后公布确认为准。

3）由于第三方（包括并不限于航空、邮轮、火车航班取消、变更，使领馆签证颁发等）以及不可抗力因素，造成本次出游行程变更或取消，属不能预见、不能避免和不能克服的客观事件，产生费用由游客自行承担，我社将协助游客安排、变更行程或其他善后事宜。

4）如遇不可抗力因素或景点政策性关闭，经全团游客同意，我社不减少旅游景点的情况下可适当调整行程。

5）报价为综合价，因游客个人原因临时自愿放弃游览、用餐、住宿等，根据实际未产生费用退还。

6）在旅游过程中，游客所参加的旅游活动应选择自身身体状况允许并且自己能够控制风险的旅游项目。

7）由于行程安排，不能满足特殊用餐需求，请游客自行解决回民用餐等问题，敬请谅解，谢谢合作。

8）特别提醒：因是散客拼团，在接送站时可能会出现短时等候，敬请游客谅解。

9）报团时请认真填写并核对个人信息，因名字、身份证号码错误造成的损失请自行承担；团队所购票属折扣机票，一经售出，不得转签、改期、退票。

10）请游客认真填写《游客接待意见单》，以便更好地提高我们的服务质量，谢谢。

自由活动注意事项

1）注意自身安全，尽量结伴而游，未成年人或长者及自身不方便自由活动的，必须由成年人陪伴。保管好自己的贵重物品及随身携带物品。

2）出行时，带上酒店名片、导游联系方式，必须携带好有效身份证及相关证件。

3）安排景点中自由活动，注意再次集合时间和地点。

4）尊重当地的民俗风情及文化；自由用餐时，请务必选择干净、卫生的环境。

5）购买物品时请慎重，以免发生不必要的争端，特别是在少数民族风情比较浓郁的地方。

6）自由活动期间考虑到财产及人身安全等问题，晚上尽量减少外出，如果外出一定要注意人身安全，尽量在22：00之前返回酒店，自由活动期间发生任何问题与旅行社无关。

旅游注意事项

1）行程紧凑，步行游览，请穿运动鞋或休闲鞋，每晚更换酒店不便清洗衣物，请带好换洗衣物。

2）请带防晒霜、雨伞、常用药物以及墨镜，并带风油精以防蚊虫侵袭造成困扰。

3）江南菜品以清淡为主，如个人口味较重，可酌情携带爽口小菜。

4）华东地区游览，以水为主，请务必注意脚下安全。另当地游客众多，请注意保护个人财产安全。

项目三　旅行社计调操作

1. 目的

理解计调操作在旅行社业务中的重要作用；掌握计调操作的具体程序，掌握旅行社旅游服务采购中与相关旅游企业合作的要素。

2. 内容及要求

（1）内容：旅行社预定单处理、各项旅游服务采购。

（2）要求：① 掌握各种单项产品预定单的处理（酒店预定单、机票预定单、景点门票预定单、其他交通预定单、其他服务预定单）；② 对各种结算项目进行操作处理（地接团安排订房、订票、订餐、订车、签证、保险等）。

3. 学时安排

8 学时。

4. 实训材料

询价单、订房计划单、订车计划单、订餐计划单、入住酒店更改单、用车更改单、用餐更改单、运行计划表、导游计划单。

旅行社行程询价单

TO：　　　　　　　　　　TEL：　　　　　　　　　FAX：

FROM：　　　　　　　　　TEL：　　　　　　　　　FAX：

＿＿＿＿＿＿＿＿：

您好！现将我社＿＿＿＿＿＿＿＿＿＿团情况和您确认如下，请贵社予以协助！

行程：

标准：

人数：

日期：

请分项报价，回传我社。谢谢！

公司名称（盖章）：　　　　联系人：

年　　月　　日

旅行社订房计划单

TO：　　　　　　　　　　　　TEL：　　　　　　　　　　　FAX：

FROM：　　　　　　　　　　　TEL：　　　　　　　　　　　FAX：

团队（客人）名称：　　　　　　　　　　　　　　　人数：

入住时间：＿＿＿ 年＿＿＿月＿＿＿日＿＿＿时至 ＿＿＿ 年＿＿＿月＿＿＿日＿＿＿时，共＿＿＿＿＿＿天

住宿要求：＿＿＿＿＿房＿＿＿＿＿间，全陪房＿＿＿＿＿＿＿床，陪同免房＿＿＿＿＿＿床

房费标准：＿＿＿＿＿房＿＿＿＿元/天，全陪床＿＿＿＿＿＿元/天，住宿费累计＿＿＿＿＿＿元

膳食标准：早餐＿＿＿＿＿＿元/人（含早，不含早），中餐＿＿＿＿＿元/人，晚餐＿＿＿＿元/人，餐费累计＿＿＿＿＿元

付款方式：按付款协议约定执行（导游前台凭此单登记入住）

备注：

1. 代订费、房费结算账单，请寄到我社财务部。

2. 其他费用均由客人自理，本社不予承担。

3. 收到订房委托后，请速将订房回执传回我社。

　　　　　　　　　　　公司名称（盖章）：　　　　联系人：

　　　　　　　　　　　　　　　　年　　　　月　　　　日

旅行社订车计划单

TO：　　　　　　　　　　　　TEL：　　　　　　　　　　　FAX：

FROM：　　　　　　　　　　　TEL：　　　　　　　　　　　FAX：

现将我公司已落实的用车计划传真给您，望尽快确认回传，谢谢！

团号	人数	客源地	导游：	证号：	手机：
用车时间：　　月　　　日接团至　　　月　　　日送团 接团：　　月　　　日　　　时在　　　接　　　航班/车次 送团：　　月　　　日　　　时在　　　送　　　航班/车次					
天数	主要游览行程、景点				车价（元/天）
1					
2					
3					
4					
包车价：　　　元（其中，接团　　　元，送团　　　元，正常游览　　　元/天） 车型：　　　车牌：　　　司机：　　手机：					

旅行社订餐计划单

TO：　　　　　　　　　　　TEL：　　　　　　　　　　　FAX：

FROM：　　　　　　　　　　TEL：　　　　　　　　　　　FAX：

团队（客人）名称：

人数：＿＿＿成人＿＿＿小孩　　　　　用餐时间：＿＿年＿＿月＿＿日＿＿餐

用餐要求：＿＿＿菜＿＿＿汤（10人一桌，＿＿荤＿＿素）

餐标：早餐 成人＿＿＿元/人，小孩＿＿＿元/人

中餐 成人＿＿＿元/人，小孩＿＿＿元/人

晚餐 成人＿＿＿元/人，小孩＿＿＿元/人　　　　餐费累计＿＿＿元

付款方式：按付款协议约定执行（导游前台凭此单登记用餐）特殊要求：

备注：

1. 其他费用均由客人自理，本社不予承担。

2. 收到订餐委托后，请速将订餐回执传回我社。

公司名称（盖章）：　　　　联系人：

年　　月　　日

旅行社入住酒店更改单

TO：　　　　　　　　　　　TEL：　　　　　　　　　　　FAX：

FROM：　　　　　　　　　　TEL：　　　　　　　　　　　FAX：

您好！感谢贵酒店的信任与支持，由于团号＿＿＿＿＿＿入住计划变动，现将更改单传真给您，请尽快确认、回传！谢谢！

事项	原订情况	变更后情况
人数		
日期		
用房类型		
用房数目		
房费		

公司名称（盖章）：　　　　联系人：

年　　月　　日

旅行社用车更改单

TO：   TEL：   FAX：

FROM：   TEL：   FAX：

您好！感谢贵酒店的信任与支持，由于团号_____行程计划变动，现将更改单传真给您，请尽快确认、回传！谢谢！

事项	原订情况	变更后情况
人数（需座位数）		
日期		
用车类型		
车费		

公司名称（盖章）：   联系人：

年   月   日

旅行社用餐更改单

TO：   TEL：   FAX：

FROM：   TEL：   FAX：

您好！感谢贵酒店的信任与支持，由于团号_____用餐计划变动，现将更改单传真给您，请尽快确认、回传！谢谢！

事项	原订情况	变更后情况
人数		
日期		
餐标		
总餐费		

公司名称（盖章）：   联系人：

年   月   日

旅行社运行计划表

团号		地陪		团队人数		组团社		全陪
抵离时间		月　　日乘　　抵达						司机
		月　　日乘　　离开						车号
时间	早餐	上午		中餐	下午	晚餐	购物点	住宿
旅行社电话				旅游局投诉电话				

旅行社导游计划单

团号		地陪		团队人数		组团社		
车号		司机		手机		全陪		手机
时间	早餐地点	餐标	中餐地点	餐标	晚餐地点	餐标	住宿地点	房费标准
游览景点门票：								
合计：　　　　元（房　　　　元，餐　　　　元，门票　　　　元）								
借款：								

计调：

年　　月　　日

项目四　导游接团训练

1. 目的

掌握导游接团在旅行社业务中的重要作用；掌握导游接团的具体程序。

2. 内容及要求

内容：导游接团的流程

要求：

（1）掌握导游接团、带团、送团流程；

（2）能流畅致欢迎辞、欢送辞；

（3）掌握现场导游的方法和技巧，能够以综合导游角色做好导游员的讲解及服务工作；

（4）掌握带团过程中的游戏互动。

3. 学时安排

6学时。

项目五　熟悉旅行社工作实际情况

1. 实训目的

了解旅行社的工作环境、岗位设置及具体岗位职责。

2. 实训内容

观察旅行社内部环境：

（1）旅行社的营业面积。

（2）室内装潢。

（3）室内空间分布格局：门市接待处、经理办公室、导游部、计调部、会议室等部门的分布。

（4）办公用品：电话、传真机、电脑、打印机的数量及品牌。

（5）宣传品的陈列：宣传彩页、光盘的放置，宣传海报的放置。

（6）部门设置。旅行社部门组成：每个部门员工数量、构成及特点；各部门的业务和职责。

3. 学时安排

12学时。

项目六　旅行社门市部顶岗实训

1. 实训目的

了解门市部工作流程，掌握对客服务技巧。

2. 实训内容

（1）咨询接待。

1）现场咨询：为前来咨询的顾客提供服务，注意与顾客的沟通和交流，根据顾客的需求对旅游产品进行说明，并提供宣传资料等，努力达成旅游合同的签订。

2）电话咨询：接听办公电话，提供咨询服务，注意接电话的细节和要求，并做好相关的记录。

3）信函咨询：学会传真机的应用。

4）网络咨询：向顾客发电子邮件；利用即时工具如 QQ、MSN 等提供在线咨询。

（2）推介旅游产品。

在接受顾客的旅游咨询时，应时刻关注顾客的需求，注意旅游产品的推介，注意"AIDA"法则的运用。

（3）手续办理。

1）与顾客签订旅游合同的手续办理。

2）代订机票、火车票等相关票据的手续办理。

3）护照、签证的手续办理。

（4）售后服务。

1）通过电话对已参团的顾客进行客户回访，听取该顾客的意见和建议，注意发掘顾客的旅游需求。

2）建立和利用旅行社的客户档案，对客户进行维护，如通过发信息、寄贺卡等方式巩固与客户的合作关系。

3. 学时安排

16 学时。

项目七　旅行社计调部实训

1. 实训目的

掌握计调岗位的工作流程。

2. 实训内容

（1）编制旅游行程。

1）编制柳州市及周边一日游旅游线路，并请资深计调人员进行评点和指导；

2）编制广西区内两日游或多日游旅游线路，并请资深计调人员进行评点和指导；

3）向资深计调人员请教国内经典线路的编制特点。

（2）旅游车调度。

1）了解旅游大巴的车型、座位数，旅游大巴使用一天产生的费用额度等；

2）了解该旅行社的用车情况，是自有车辆或是租赁车辆，合作情况如何；

3）在旅游团队需要用车的情况下，调度合适的旅游大巴。

（3）导游人员调度。

1）假设不同的旅游团队，如教师类的旅游团队、老年类的旅游团队、家庭类的旅游团，向旅行社资深计调人员请教，这些团队各有什么特点，需派遣何种类型的导游合适，导游在带这些团队时，需要注意什么情况；

2）若有具体的旅游团队时，尝试根据旅游团的特点，结合旅行社的导游队伍情况，选择合适的导游带队，并向资深计调人员请教。

（4）机票预订。

1）询问旅行社的机票预订途径：电话订票或者网络订票；

2）在旅行社工作人员的指导下，模拟机票预订。

（5）酒店预订。

1）询问旅行社的酒店预订途径：电话预订或者网络预订；

2）在旅行社工作人员的指导下，模拟酒店预订。

3. 学时安排

12学时。

项目八　旅行社导游部实训

1. 实训目的

熟悉导游带团的流程及注意事项。

2. 实训内容

（1）了解上团准备。

物质准备：熟悉带团计划书，掌握小喇叭等的使用方法；

知识准备：熟悉柳州市主要旅游景点的导游词等。

（2）模拟现场导游，包括欢迎词、沿途讲解、景区讲解、欢送词等，请旅行社资深导游进行评审和指导，积极谦虚地向资深导游请教学习。

（3）了解该旅行社游客的主要旅游目的地，并对该目的地及景点进行了解和学习。

（4）熟悉市内及主要旅游目的地的酒店情况。

（5）熟悉市内交通及餐饮情况。

3. 学时安排

16学时。

4. 具体要求

（1）学生在实训期间必须服从学校和旅行社的双重领导，遵纪守法，按时上下班，不允许有迟到、早退、旷工现象，有事必须向旅行社办理正式请假手续，并向实训指导老师请假。超过两天还必须向学院领导请假，得到批准后方可离开，要严格保证实训的时间。

（2）注意人身和财物的安全，遵守旅行社规章制度。

（3）同学之间互相关心，团结友爱，正确处理好各种人际关系。

（4）要体现出大学生的精神文明风貌，自尊、自爱、自强，关心集体，爱护公物，不要做有损学校荣誉的事。

（5）学生应按实训内容进行实训，服从实训企业管理人员的安排，做到一切行动听指挥。

（6）认真记录实训心得体会，定期对实训工作情况进行总结、交流，及时与指导教师沟通，汇报实训中的问题和困难。

（7）实训结束，学生应按时向指导老师提交实训报告，作为实训考核的重要依据。

七、考核标准

（1）实训按一门独立课程考核记学分，共4.5学分。

（2）实训成绩的考核，根据实训期间的表现，按优（90分以上）、良（80～89分）、中等（70～79分）、及格（60～69分）、不及格（60分以下）5级划分。

序号	考核内容	考核标准	评分标准	考试形式	备注
1	实训纪律、实训态度、出勤率（10%）	遵守实训室的规定及操作规程，无损坏实训设备的现象	按时上课，不迟到、不早退、不旷课。（10分）	现场考核	凡有下列情形之一者实训成绩为不及格：① 凡实训结束后不按要求提交实训材料的，或者没有交齐全的；② 未达到实训计划的基本要求；③ 实训期间因故请假的时间超过全部实训时间的三分之一者，实训中无故旷课超过四分之一者；④ 实训期间严重违纪，造成恶劣影响或给实训单位、学校造成重大损失者
2	实训表现实训收获（70%）	实训表现好，达到实训计划中规定的全部要求，实训收获大，受旅行社各部门领导认可	（1）熟悉旅行社部门设置及岗位职责。（10分）（2）旅行社门市部能独立对客服务。（15分）（3）能独立设计柳州市1～2日旅游线路，线路设计及报价合理。（20分）（4）熟悉计调工作流程，能填写各类报表，收发传真。（15分）（5）了解导游带团的流程，能致欢迎词、欢送辞、城市概况介绍及景点导游讲解，了解出团说明会流程及突发事件的处理。（10分）	现场考核	
3	实训报告（20%）	实训报告必须包括三个部分：一是实训概述；二是实训过程或具体步骤；三是收获与体会，包括存在的主要问题及解决方法。不少于800字	实训报告按时上交，5分；符合考核标准，5分；字迹工整，5分；有合理化建议，5分	撰写实训报告	

八、实训报告

（1）实训报告应于实训结束后按时独立完成，书面整洁，字迹清晰，分析认真，总结得当。

（2）实训报告能如实反映自己的实训过程，实训中遇到什么问题，自己如何去解决，取得什么收获，有什么体会；不得抄袭他人的实训报告。

课程十一　前厅服务综合实训指导书

一、实训目的

使学生掌握酒店前厅部一线的服务程序及操作技能。

二、实训任务

（1）熟悉前厅的工作环境与人员职业素养要求，并能逐步以此职业规范来要求自身的言行。
（2）懂得客房预订的相关程序，能独立完成散客电话订房的要求。
（3）掌握前台办理登记的各项手续，能熟练运用前台预订接待系统软件进行房态控制。
（4）了解基本的财务收银知识，掌握几种常见外币现钞的真伪辨别方法。
（5）掌握熟练快速清点人民币现钞的技能。
（6）熟悉大堂迎宾服务的程序及注意事项，掌握大堂迎宾的站姿标准和动作规范。
（7）了解引领宾客至客房的步骤，并掌握在不同情况下向客人介绍房间设施设备的方法。
（8）熟悉星级酒店总机对客服务用语的基本要求。
（9）能熟练使用商务中心的各种设备。
（10）掌握处理宾客投诉的程序和与原则，学会与客人沟通的技巧和方法。

三、实训预备知识

实训前要了解酒店前厅的基本知识。

四、主要仪器设备及操作安全注意事项

（一）主要仪器设备

（1）硬件：前台接待台、电话、电脑、扫描仪、打印机笔。
（2）软件：前台预订接待系统、客房电话预订教学片等。

（二）操作安全注意事项

（1）学生必须按计划要求完成实训任务。实训前，应认真阅读本次实训的全部内容，明确实训目的和实训任务，做好必要的实训准备。注意老师示范，掌握各实训环节标准要求与要领。
（2）严格遵守学校关于专业实训的有关规定，爱护实训室及机房的设备，保持实训室环境卫生。

（3）参观酒店不要在现场大声喧哗，防止碰落物品。

（4）学生在实训期间注意安全，遵守实训制度，服从实训指导老师和实训室管理人员的指导和安排，未经允许，不能在实训室内随意走动。

（5）严格考勤，不得迟到，出勤情况作为该课程平时成绩的重要依据之一。

（6）认真听课，做好实训笔记，学会自己书写知识逻辑框架图。

（7）写实训报告书，字迹工整，条理清晰，语言流畅，结构规范。严禁抄袭。

五、实训的组织管理

（1）实训分组安排：每组5~7人。

（2）时间安排。

实训进程安排表

教学时间 星期	教学时间 节次	实训单项名称（或任务名称）	具体内容（知识点）	学时数	备注
一	1~2	实训相关内容安排	实训相关内容安排	2	
一	5~6	客房预订程序演练（1）	电话预定程序	2	
一	7~8	客房预订程序演练（2）	前台预定程序	2	
二	1~2	礼宾大堂迎宾训练	迎宾服务的程序	2	
二	3~4	礼宾大堂迎宾训练	迎宾服务的程序	2	
二	5~6	收银点钞练习	熟练清点人民币现钞	2	
三	1~2	前台登记程序演练（1）	前台登记程序	2	
三	3~4	前台登记程序演练（2）	前台登记程序	2	
三	7~8	收银点钞练习	熟练清点人民币现钞	2	
四	1~2	校外酒店参观（1）	参观酒店前厅部工作	2	
四	3~4	校外酒店参观（2）	参观酒店前厅部工作	2	
四	5~6	宾客投诉处理（1）	处理投诉的步骤	2	
五	1~2	宾客投诉处理（2）	处理投诉的步骤	2	
五	3~4	完成实训报告	完成实训报告	2	

六、实训项目简介、实训步骤指导与注意事项

（一）实训项目名称：客房电话预订（1）

1. 实训项目简介

掌握散客电话预订客房的要素及基本程序。

2. 学时

2学时。

3. 实训条件

硬件：前台接待台、电话、电脑、散客预订单、笔。

软件：前台预订接待系统、客房电话预订教学片。

地点：实训教室。

4. 实训内容与步骤

【实训内容】

（1）模拟散客电话预订客房场景，教师现场示范；

（2）将学生每 4 ~ 6 人划分成一个团队，每队中两人形成一个训练小组；

（3）每小组自行设计出模拟散客电话预订的情景对话；

（4）每小组组员分别模拟客人和电话预订员进行客房预订对话练习，练习完一次后模拟角色进行互换。

【操作步骤】

（1）主动与前来预订的宾客打招呼、问候。

（2）明确客源类型，听取客人预订要求。

（3）明确客人订房要求。根据客人预期抵达日期、所需客房种类、所需客房数量、所住天数等因素，受理预订，向客人做产品介绍和推销，注意掌握客人心理，采取适当的报价方式。

（4）接受或婉拒预订。

婉拒预订：主动提出若干可供客人参考或选择的建议，或征得客人同意将其列入"等候名单"，并致歉或致谢。熟悉致歉函。

接受预订：复述客人订房要求，填写客房预订单，致谢。（以下以接受预订继续）

（5）重复宾客预订信息，确认预订。内容：预订房间、预住期限、房价、付款方式、有关政策（如订房截止日期等）；形式：口头及书面。

（6）记录存档订房资料。

（7）客人抵达前准备工作、客人取消预订、客人变更预订要求处理。

5. 操作要点及要求

（1）了解客人需求；

（2）因为是面对面与宾客交谈，应该特别注意热情礼貌的言谈举止；

（3）熟知订房程序；

（4）能区分不同类型的预订形式，并知道如何分别处理；

（5）掌握客房预订单填写技巧和要求；

（6）主动向客人介绍房间，适时、适情地运用不同销售方法、技巧推销客房；

（7）正确填写散客预订表，熟悉表中的中英文对照；

（8）时间不得超过 3 分钟。

（二）实训项目名称：客房前台预订（2）

1. 实训项目简介

掌握散客前台预订客房的要素及基本程序。

2. 学时

2 学时。

3. 实训条件

硬件：前台接待台、电话、电脑、散客预订单、笔。

软件：前台预订接待系统。

地点：实训教室。

4. 实训内容与步骤

（1）复习上次练习的预订内容；

（2）各小组将自己模拟的客房电话预订情景对话在团队中进行展示；

（3）队内各小组之间进行本次实训练习的心得、经验交流；

（4）各队推选出本队的最佳小组进行全班演示；

（5）教师总结点评。

5. 考核方式、成绩评定标准：采取实操考核

散客电话预订客房测试与考核

项　　目	要求细则	分值	扣分	得分
接听电话（10分）	礼貌问候，自报部门规范	10		
询问客人预定要求（10分）	询问客人的预订日期及房型要求，查看电脑房态	5		
	为客人详细介绍房型	5		
受理预订（50分）	询问客人姓名，冠姓称呼	10		
	推销客房	15		
	确认预订客房的类型、价格、数量、抵离时间等	15		
	询问有无特殊要求	10		
复述预订内容（20分）	复述预订内容	10		
	告之预订客房最晚保留时间	10		
完成预订（10）	向客人致谢	5		
	填写散客预订单	5		
实际得分				

（三）实训项目名称：礼宾大堂迎宾训练

1. 实训项目简介

了解大堂迎送宾客的服务程序，掌握迎宾时的站姿标准及动作要领。

2. 学时

4 学时。

3. 实训条件

硬件：模拟酒店大堂手拉玻璃大门。

软件：礼宾服务教学片。

地点：实训教室。

4. 实训内容与步骤

（1）观看礼宾服务有关大堂迎宾的教学片；

（2）教师现场演示，分解示范动作要领；

（3）将学生每6~8人分成一组，分组先进行站姿训练；

（4）每组学生轮流结合模拟大堂大门，进行拉门迎宾演练；

（5）教师总结点评。

（四）实训项目名称：收银点钞

1. 实训项目简介

了解基本的财务收银知识，达到能熟练清点人民币现钞的要求。

2. 学时

4学时。

3. 实训条件

硬件：收银台、点钞练功券、计算器、笔。

软件：前台收银教学片。

地点：实训教室。

4. 实训内容与步骤

（1）观看总台收银及外币兑换教学片；

（2）教师现场演示点钞；

（3）讲解各种点钞的手法和步骤；

（4）将学生每6~8人分成一组，由组长负责进行分组练习；

（5）选出各组的优秀组员进行现场展示。

（五）实训项目名称：前台散客登记（1）

1. 实训项目简介

熟练掌握办理散客入住登记手续的完整程序。

2. 学时

2学时。

3. 实训条件

硬件：前台接待台、电脑、客房磁卡钥匙、钥匙制卡机、房卡、入住登记单（内、外宾）、银联收银机、收据、笔。

软件：前台预订接待系统、总台入住登记教学片。

地点：实训教室。

4. 实训内容与步骤

（1）观看总台入住登记教学片；

（2）模拟散客办理登记入住场景，教师现场示范；

（3）将学生每6~8人划分成一个团队，每队中两人形成一个训练小组；

（4）每小组自行设计出模拟散客办理入住登记手续的情景对话；

（5）每小组组员分别模拟客人和前台接待员进行散客接待的程序练习，练习完一次后模拟角色进行互换。

（六）实训项目名称：前台散客登记（2）

1. 实训项目简介

熟练掌握办理散客入住登记手续的完整程序。

2. 学时

2学时。

3. 实训条件

硬件：前台接待台、电脑、客房磁卡钥匙、钥匙制卡机、房卡、入住登记单（内、外宾）、银联收银机、收据、笔。

软件：前台预订接待系统。

地点：实训教室。

4. 实训内容与步骤

（1）复习上次练习的散客登记内容；

（2）各小组将自己模拟的办理散客登记入住程序在团队中进行展示；

（3）队内各小组之间进行本次实训练习的心得、经验交流；

（4）各队推选出本队的最佳小组进行全班演示；

（5）教师总结点评。

5. 考核方式、成绩评定标准：采取实操考核

散客登记入住程序测试与考核

项　目	要求细则	分值	扣分	得分
迎候宾客（5分）	微笑，站立于接待台后0.5米处，上前一步，敬语问候客人	5		
询问预订（5分）	礼貌地问清客人是否预订（有预订则称呼客人姓氏，无预定询问客人姓氏），询问客人需求	5		
入住登记（58分）	主动向客人推销介绍房间（是否做到升级销售），满足客人的需要	10		
	准确填写宾客登记卡，确认客人离店日期。入住手续高效，准确无差错（验证、签字等）	10		
	确认宾客姓名，并至少在对话中使用一次	6		
	询问宾客付款方式，是否需要签单消费	6		
	询问宾客是否需要贵重物品寄存，并解释相关规定	6		
	交付房卡、信用卡/押金条等	6		
	再次询问客人有无需要其他服务	6		
	指示客房或电梯方向与行李员交接清楚	4		
	敬语道别	4		
交流能力（12分）	语言表达能力强，表达方式委婉，有礼有节	6		
	反应敏捷，具有及时、妥善处理问题的能力	6		
整体效果（20分）	配合默契、规范标准、主动热情；服务有创新，客人得到满意加惊喜服务	20		
实际得分				

（七）实训项目名称：酒店参观

1. 实训项目简介

了解前厅部组织机构设置，熟悉前厅的工作环境与人员职业素养要求。

2. 学时

4学时。

3. 实训内容与步骤

（1）参观星级酒店的前厅部；

（2）互动讨论前厅组织结构设置在酒店实际工作中的利与弊；

（3）讨论前厅从业人员的职业素养要求有哪些以及如何做到；

（4）教师归纳总结。

（八）实训项目名称：宾客投诉处理（1）

1. 实训目的

掌握处理宾客投诉的程序和与原则，学会与客人沟通的技巧和方法。

2. 学时

2学时。

3. 实训条件

硬件：模拟客务经理大堂办公桌、笔、记事本。

软件：有关客务经理处理客人投诉教学片。

地点：实训教室。

4. 实训内容与步骤

（1）观看有关客务经理处理各种宾客投诉的教学片；

（2）选用一个典型案例，教师现场做投诉处理的演示；

（3）教师给出若干案例；

（4）将学生6~8人分成一组；

（5）分组讨论一个案例的投诉类型、解决方法及处理程序。

（九）实训项目名称：宾客投诉处理（2）

1. 实训目的

掌握处理宾客投诉的程序和与原则，学会与客人沟通的技巧和方法。

2. 学时

2学时。

3. 实训条件

硬件：模拟客务经理大堂办公桌、笔、记事本。

软件：有关客务经理处理客人投诉教学片。

地点：实训教室。

4. 实训内容与步骤

（1）每小组自行设计出所讨论案例处理的模拟情景对话；

（2）各小组派一位代表讲述该小组讨论出的投诉处理方法；

（3）每小组挑选出组员分别模拟客人、酒店员工、客务经理等将讨论出案例解决方案进行现场情景展示；

（4）展示完后进行集体讨论分析，交流各自意见；

（5）教师总结点评。

5. 考核方式、成绩评定标准：采取实操考核

宾客投诉处理测试与考核

项目	要求细则	配分	扣分	得分
接到投诉 （20分）	认真倾听，准确了解每一细节	5		
	保持目光接触，以示尊重	5		
	询问客人的姓名和房号	5		
	做简短记录	5		
安抚客人 （10分）	向客人表示同情	5		
	做一个简短清晰的道歉	5		
采取措施 （40分）	集中全力处理投诉	10		
	注意时效	10		
	告知客人处理方式	10		
	不可同意职权外的赔偿或让步	10		
回复客人 （20分）	亲自将处理结果告诉客人	10		
	再次表示歉意	10		
记录存档 （10分）	对客人的宝贵意见表示感谢	5		
	将事情的全部经过记录在案	5		
实际得分				

七、考核标准

按表填写考试的主要内容，要求达到的标准、评分标准、采取哪种考核方式

序号	考核内容	考核标准	评分标准	考试形式
1	散客电话预订客房测试与考核	见内容	见内容	现场面试
2	散客登记入住程序测试与考核	见内容	见内容	现场面试
3	宾客投诉处理测试与考核	见内容	见内容	现场面试

八、实训报告

实训报告内要求写实训任务、实训目的、实训要求。并对每个实训项目有自己的认识和体会，酒店参观后要有观后感，分享自己学到了什么、看到了什么。整周实训后提交实训报告。

课程十二　客房服务综合实训指导书

一、实训目的

（1）了解客房服务的知识内容。
（2）掌握客房服务技能和方法。
（3）掌握客房服务与管理理论知识和专业技能。
（4）能在规定时间内完成铺床操作，能胜任高星级饭店客房工作。

二、实训任务

（1）能够熟练掌握客房中、西式包床的程序、方法和动作要领，能在规定时间按标准完成一张中式或西式床的铺撤床。
（2）能够按程序和标准独立完成对客房的清扫。
（3）能够掌握进房规范，做到自然、熟练和操作标准。
（4）能够掌握开夜床的方法和标准。
（5）能够掌握宾客入住阶段主要服务项目的服务方法。
（6）掌握客房服务英语必备词汇。
（7）能够完成客房服务情景英语对话。

三、实训预备知识

认真阅读实训指导书，了解相关客房服务知识、中西式铺床的标准与要求，预习教材中的客房服务相关操作知识。

四、主要仪器设备及操作安全注意事项

（一）主要仪器设备

（1）床铺 2 个；
（2）床单 4 张；
（3）被套被子各 2 套；
（4）枕头枕套各 2 套；
（5）毛毯 2 张；
（6）床罩 2 张；
（7）标准客房 2 间备用。

（二）操作安全注意事项

（1）学生必须按计划要求完成实训任务。实训前，应认真阅读本次实训的全部内容，明确实训目的和实训任务，做好必要的实训准备。注意老师示范，掌握各实训环节标准要求与要领。

（2）严格遵守学校关于专业实训的有关规定，爱护实训室及机房的设备，保持实训室环境卫生。

（3）不得在实训过程中打闹喧哗，防止碰落物品。

（4）学生在实训期间注意安全，遵守实训制度，服从实训指导老师和实训室管理人员的指导和安排，未经允许，不能在实训室内随意走动。

（5）严格考勤，不得迟到，出勤情况将作为该课程平时成绩的重要依据之一。

（6）认真听课，做好实训笔记，学会自己书写知识逻辑框架图。

（7）写实训报告书，字迹工整，条理清晰，语言流畅，结构规范。严禁抄袭。

五、实训的组织管理

1. 实训分组安排
每组 4 人。

2. 时间安排

实训单项名称（或任务名称）	具体内容（知识点）	学时数	备注
进入房间	教师示范，学生跟练	2	
整理房间	整理房间的程序	2	
清理浴室	清理浴室的程序	2	
撤床	撤床标准与规范	2	
中式铺床	中式铺床程序与技巧	10	
夜床服务（晚间整理）	晚间服务程序与规范	2	
客房服务英语词汇	重点词汇 300～500 个	4	
客房情景英语对话	客房服务英语会话	4	
合　计		28	

六、实训项目简介、实训步骤指导与注意事项

（一）进入房间

1. 实训项目简介
介绍客房服务进入房间知识，本实训项目旨在让学生充分了解和掌握进入房间的技能训练标准。

2. 实训步骤指导
学生先分组，两人一组。通过老师讲授与强调，使学生树立进入房间标准服务意识。老师讲明服务顺序及标准，示范正确的方法，对学生可能出现的错误进行纠正与点评。

3. 注意事项

学生认真听课，维护好课堂纪律；注意动作规范、标准，讲话小声，勿大力敲门。

（二）整理房间

1. 实训项目简介

客房服务员必备技能，整理房间是客房服务工作的核心，也是日常工作任务。本实训项目主要介绍整理房间的流程，旨在让学生掌握整理房间的技能与技巧。

2. 实训步骤指导

分组练习，2 人一组，一间客房。练习整理房间，按照"从里到外，从上到下，环形整理"的原则进行训练。

3. 注意事项

实训过程中，物品轻拿轻放，防止摔碎划伤；练习有序，防止学生扭伤摔伤；结束时，所有物品归类，归位放好。

（三）清理浴室

1. 实训项目简介

客房服务员必备技能，是日常工作任务之一。本实训项目主要介绍清理浴室的流程，旨在让学生了解浴室物品的配备情况，掌握清理浴室的技能与技巧。

2. 实训步骤指导

分组练习，2 人一组，一间客房。了解浴室"三巾"与"三缸"及各自的用途。练习清理，按照"从里到外，从上到下，环形整理"的原则进行训练。

3. 注意事项

实训过程中，物品轻拿轻放，防止摔碎划伤；练习有序，防止学生扭伤摔伤；结束时，所有物品归类，归位放好。

（四）撤床

1. 实训项目简介

客房服务员必备技能，是日常工作任务之一。本项目主要介绍撤床的工作流程，旨在让学生了解酒店床上物品的配备情况，掌握撤床的技能与技巧。

2. 实训步骤指导

分组练习，2 人一组，一间客房。练习撤床，按照训练标准进行训练。

3. 注意事项

卸下床罩时，留意上面有无其他物品；卸枕套时，不要猛烈撕扯；卸毛毯时留意是否有破损或烧迹；卸床单时留意是否有客人的物品夹在其中。

（五）中式铺床

1. 实训项目简介

客房服务员必备技能，是客房服务工作的最难掌握的技能，也是最常见的日常工作任务。本实训项目主要介绍铺床的流程，旨在让学生掌握铺床的技能与技巧。

2. 实训步骤指导

分组练习，2 人一组，一张床。根据行业标准的要求，在规定时间内按程序按规范完成中式铺床的整个流程。

3. 注意事项

甩单时手腕下压，床单中缝与床头中线相对，第一张单要包住床垫头，两个枕头上下重叠摆放；练习有序，防止学生扭伤摔伤；结束时，所有物品归类，归位放好。

（六）夜床服务

1. 实训项目简介

客房服务员必备技能，开夜床是客房服务工作的特色服务，最能体现酒店的人性化与细节服务。本实训项目主要介绍晚间开夜床服务的流程，旨在让学生掌握开夜床的技能与技巧。

2. 实训步骤指导

分组练习，2 人一组，一间客房。学生按照开夜床服务和标准练习整理房间。

3. 注意事项

留意房内灯泡有无损坏；将床罩折好放于衣柜底部或梳妆台下柜内；留意杯子和烟缸有无破损；不得随意丢掉报纸杂志或其他有记录的纸片；不得查看入住客房已摆放客人私有物品的抽屉；实训过程中，物品轻拿轻放，防止摔碎划伤；练习有序，防止学生扭伤摔伤；结束时，所有物品归类，归位放好。

（七）客房服务英语词汇

1. 实训项目简介

客房部虽不是直接对客服务工作的酒店部门，但是最容易被客人投诉的部门。涉外酒店中，客房工作人员良好的英语应用能力能把问题解决在萌芽状态，维护酒店的整体形象。本实训项目主要涉及客房工作最常用到的岗位英语词汇，掌握好这些词汇，是客房服务工作的语言基础。

2. 实训步骤指导

学生先分组，2 人一组。老师讲授，学生要对词汇进行分类记录。注意发音，要多次练习，要念准单词。组员之间要进行互背、互考训练。基础差的学生，要提前学习或课余加强训练。

3. 注意事项

学生认真听课，维护好课堂纪律；现场用到的实训物品要及时归类放置好，防止弄坏或丢失。

（八）客房情景英语对话

1. 实训项目简介

客房工作中，常见服务内容涉及问候、叫醒、登记入住、投诉、预订、清扫服务等，本实训项目要对以上服务的工作内容进行模拟英语会话、情景会话听力训练与考查等，旨在提高学生的岗位英语应用能力，为客人提供更好、更快、更优质的服务。

2. 实训步骤指导

分组后，各组按照抽到的情景会话任务练习会话。组与组之间互相考核，包括听写、翻译。老师现场指导，纠正。情景会话为全英文，组员之间进行仿真角色扮演。

3. 注意事项

要求全英文练习，否则扣分；练习有序，服从老师实训内容安排；实训过程中用到的实训物品要注意爱护；结束时，所有物品归类，归位放好。

七、考核标准

序号	考核内容	考核标准	评分标准	考试形式	备注
1	实训纪律	遵守实训室的规定及操作规程，无损坏实训设备的现象	按时上课，不迟到、不早退、不旷课。（20分）	现场考核	凡有下列情形之一者实训成绩为不及格：
2	客房服务	（参见九、附件的标准）	（1）仪容仪表符合行业标准。（5分）（2）能够顺利完成考核标准中的所有操作。（45分）（参见九"附件"的标准）	现场考核	① 有重大违纪现象者(旷课或其他违纪现象，因违反操作规程而造成实训设备损坏者)；② 未能按照实训要求完成摆台操作者；③ 未能按时完成实训报告者
3	实训报告	实训报告必须包括三个部分：一是实训概述；二是实训过程或具体步骤；三是收获与体会，包括存在的主要问题及解决方法。不少于800字	（1）实训报告按时上交，5分；（2）符合考核标准，15分；（3）字迹工整，5分；（4）有合理化建议，5分	撰写实训报告	

八、实训报告

实训报告要统一选用《柳州铁道职业技术学院实训报告》标准印刷版，要求统一使用黑色钢笔或签字笔填写，字迹要工整。

九、附 件

《客房服务》考核标准

项目一	进入房间
考核标准	1. 观察门外情况，看看有没有挂上"请勿打扰"牌或房内双重锁之标志。2. 按门铃或用中指在门的表层轻敲三下。3. 站在门前适当位置，约等候五秒钟时间。4. 第二次按门铃或敲门。5. 第二次等候。6. 开门。将钥匙插入锁内轻轻转动，用另一只手按着门锁柄。7. 报出自己身份。例如：早安！（您好）房务员，打扫房间可以吗？/House keeping8. 进入房间。抽出钥匙，将门开启

项目二	整理房间
考核标准	1. 进入房间，根据进房的程序和要求去做。 2. 检查房间贮藏食品的小型冰柜，与固定的数额相比较。 3. 观察房内情况，若此房客人刚迁出，需留意是否有遗留物品，同时留意房间内的设施物品是否损坏和丢失。 4. 拉开窗帘。 5. 熄灭多余的灯光。 6. 撤走房内用毕的餐具或餐车。 7. 收集垃圾。 8. 清洗杯子和烟缸。 9. 撤换床铺。 10. 整理床铺。（根据整理床铺的程序去做） 11. 抹尘及打蜡。 12. 补充房内用品。 13. 关拉纱帘。 14. 将铜器擦亮。 15. 清洁浴室。（根据清理浴室程序做） 16. 吸地。 17. 环顾房间。 18. 关闭房间。 19. 记录
项目三	清理浴室
考核标准	1. 进入浴室，开亮浴室灯，将清洁用品放置浴室的中央。 2. 将清厕剂喷洒于坐便器内。 3. 拿掉客人用过的毛巾。 4. 洗杯。 5. 洗皂碟。 6. 洗烟缸。 7. 抹干杯子，皂碟及烟缸，罩杯套。 8. 清洁坐便器，并罩上消毒封条。 9. 清洁浴缸。 10. 清洁云石台。 11. 清洁洗手盆。 12. 抹干浴帘、墙壁、浴缸及云石台和洗手盆。 13. 补充毛巾。 14. 补充浴室用品。 15. 抹镜。 16. 抹地及打蜡。 17. 最后查看。 18. 离开浴室，将门虚掩

项目四	撤床
考核标准	1. 卸下床单，首先将床罩折好放置椅子上，勿将床罩放于地上。 2. 卸下枕套。 3. 卸下毛毯，并放于椅子上。 4. 卸下床单。（一层一层地卸下） 5. 拿走客人曾用过的床单及枕套，并放入清洁车中的布草袋中
项目五	中式铺床
考核标准	1. 教师讲解中式铺床的基本步骤、操作路线、操作时间。 2. 教师分步骤示范各环节的操作要领和应达到的效果。 3. 学生操作练习，教师加以指导。具体操作程序包括： （1）将床拉离床头板； （2）准备铺床； （3）铺床单； （4）包边包角； （5）套被套； （6）打枕线； （7）套枕芯； （8）将床复位
项目六	晚间整理服务
考核标准	1. 依据"怎样进入房间"程序，进入房间。 2. 点亮床头灯。 3. 将厚窗帘拉上。 4. 将床罩叠好放入衣柜内，将第二张床单、毛毯一齐翻折45°或30°角。 5. 将睡袍和晚安卡放置洗手盆内以备洗。 6. 放置早餐牌。 7. 将杯子与烟缸放置洗手盆内清洗。 8. 收集垃圾。 9. 整理房内客人散放的杂志与报纸。 10. 将客人衣服挂在衣柜内。 11. 补充睡房物品。 12. 清洗杯子与烟缸。 13. 整理浴室放地巾。 14. 离开房间

课程十三 餐饮服务综合实训指导书

一、实训目的

（1）了解托盘的种类及用途。
（2）掌握托盘的基本操作程序和方法。
（3）能正确、熟练地使用托盘。
（4）了解餐巾的种类及用途。
（5）掌握餐巾折花的基本手法和折法。
（6）能因地制宜、准确熟练地折出各种花型。
（7）了解中餐宴会摆台在酒店餐饮服务工作中的重要意义。
（8）掌握三种铺台布基本手法和技巧。
（9）了解中餐宴会摆台台面物品的摆放要求与规范。
（10）能在规定时间内完成整个中餐宴会摆台的操作。

二、实训任务

（1）掌握托盘的正确使用方法和操作规范，能够熟练使用托盘。
（2）掌握餐巾折花的基本手法和折法。
（3）配合餐饮宴会主题，熟练折出 30 种不同花型，包括实物类、动物类、植物类。
（4）练习铺台布。
（5）练习摆台。

三、实训预备知识

在进行课堂实训前，认真阅读实训指导书，了解相关酒水知识、托盘知识、餐饮知识、餐巾折花知识，自行在网上观看餐巾折花的相关操作规范。针对 10 人位中餐宴会摆台行业标准要求，复习《酒店餐饮管理实务》教材中的中餐宴会摆台相关操作知识。

四、主要仪器设备及操作安全注意事项

（一）主要仪器设备

（1）工作台两张；
（2）椅子若干；
（3）托盘 10 个；
（4）托盘垫布 10 张；
（5）不同类别酒瓶 40 个（可用空矿泉水瓶替代）；

（6）餐桌2个；

（7）台布4张；

（8）中餐宴会摆台所需物品各2套。

（二）操作安全注意事项

（1）注意老师示范，掌握五指六点法，掌握餐巾折花的推折、卷、翻、拉、捏、穿等动作要领，掌握摆台餐具摆放的先后顺序。

（2）所有操作按要求实施。

（3）讲究卫生，注意个人仪容仪表。

（4）不要倚靠、推拉椅子，动作规范。

（5）不要在现场打闹喧哗，防止碰落物品，防止碰伤或摔伤，勿将餐巾、台布弄皱弄脏或破损。

（6）组员之间相互照应，互相观摩学习。

五、实训的组织管理

（一）实训分组安排：每组2~4人。

（二）时间安排。

本课内实训由任课教师或实训指导老师负责安排和组织实施，具体时间安排由任课（指导）老师根据学期授课进度计划另行安排。实训任务、内容及课时安排如下。

1. 托盘知识及应用

教学时间		实训单项名称（或任务名称）	具体内容（知识点）	学时数	备注
星期	节次				
一	1	托盘知识	教师讲授，示范	1	
一	2~4	托盘操作及应用	分组后，各组员要进行"理盘，装盘，站立托盘，行走托盘，卸盘（轻托）"训练，老师现场指导、纠正	3	
一	5~6	托盘操作验收考核	现场考核	2	

2. 餐巾折花

教学时间		实训单项名称（或任务名称）	具体内容（知识点）	学时数	备注
星期	节次				
二	1	餐巾折花知识介绍	教师讲授，示范	1	
二	2~6	餐巾折花训练	分组后，各组员要练习实物类、动物类和植物类30种花型的折法，老师现场指导、纠正	5	
三	1~2	餐巾折花验收考核	现场考核	2	

3. 中餐宴会摆台

教学时间		实训单项名称（或任务名称）	具体内容（知识点）	学时数	备注
星期	节次				
三	3	中餐宴会摆台知识介绍	教师讲授，示范	1	
四、五	1~6	中餐宴会摆台	分组后，各组员要练习中餐宴会摆台，老师现场指导、纠正	12	

六、实训项目简介、实训步骤指导与注意事项

（一）托盘知识及应用

1. 实训项目简介

托盘在酒店餐饮服务过程中使用率最高，本实训项目旨在让学生充分了解各种材质、形状的托盘以及它们各自的用途，掌握托盘的操作程序与规范。

托盘贯穿于整个餐饮服务过程，因此本项训练包含"理盘，装盘，站立托盘，行走托盘，卸盘（轻托）"五个步骤，通过训练，学生掌握托盘使用方法，能熟练应用于实际工作中。尽量用塑料瓶，防止摔碎；练习有序，防止学生扭伤摔伤；实训结束时，所有物品归类，归位放好。

本项目主要是在学生们经过 4 个课时以及课余的训练以后，老师对其托盘操作情况进行考核，检查学生们能否熟练将托盘应用于实际餐饮服务工作中。

2. 实训步骤指导

学生先分组，两人一组。随机抽查提问，如托盘在餐饮服务中的作用是什么？使学生树立正确使用托盘的意识。老师播放相关托盘图片，示范托盘的使用方法，对学生常见的错误使用方法进行纠正与点评。

分组练习，掌握"理盘，装盘，站立托盘，行走托盘，卸盘（轻托）"五个步骤操作要求与规范；分组练习托充满水的矿泉水瓶，男生 6 个，女生 5 个，笔直站立，坚持 3~5 分钟；进行平稳度与速度训练，用椅子 10 张排成一排，分组练习托酒瓶（注水矿泉水瓶）3~5 个，绕椅子前进，不能打翻瓶子；在训练中播放快节奏音乐，加强学生练习快捷步伐的意识。

准备好实训所需物品，备好纸笔，老师打印好学生名单及考核评分标准，按照事先分组情况分组进行托盘操作考核。

3. 注意事项

学生认真听课，维护好课堂纪律；现场用到的实训物品要及时归类放置好，防止摔坏。

（二）餐巾折花

1. 实训项目简介

餐巾在酒店餐饮服务过程中必不可少，餐巾折花能给用餐客人耳目一新的感觉，给人美的享受。本实训项目旨在让学生充分了解各种材质的餐巾、它们各自的用途及折叠方法，要求学生掌握 30 种左右餐巾折花花型的操作程序与规范。

餐巾折花主要用于点缀就餐环境，本项训练包含实物类、动物类和植物类 30 种花型，通过训练，学生掌握 30 种常见花型的折法，能熟练应用于实际餐饮服务工作。

本项目主要是在经过 6 个课时以及课余的训练以后，老师对学生们餐巾折花掌握情况进行考核，检查学生们能否熟练使用餐巾应用于实际餐饮服务工作。

2. 实训步骤指导

学生先分组，4 人一组。老师讲授餐巾折花知识，使学生树立餐饮服务意识。老师通过播放相关图片，示范餐巾花型的折法，指导学生训练，对学生常见的错误折叠方法进行纠正与点评。

分组练习，掌握实物类、动物类和植物类 30 种常见花型的折法要领与规范；分组练习推折、卷、翻、拉、捏、穿等折花动作；每个学生在托盘背面练习折花，要求动作规范快捷；在规定的时间内准确、快速地折出造型逼真的餐巾花。

准备好实训所需物品，备好纸笔，老师打印好学生名单及考核评分标准，按照事先分组情况分组进行餐巾折花操作考核。

3. 注意事项

（1）学生认真听课，维护好课堂纪律。

（2）现场用到的实训物品要及时归类放置好，防止弄脏或丢失。

（3）在操作前应该洗净双手，不留长指甲，不能用餐巾擦拭物品，实训后要清点现场，防止实训物品丢失。

（三）中餐宴会摆台

1. 实训项目简介

介绍中餐宴会摆台知识，本实训项目旨在让学生充分了解摆台过程中所需要的各种餐具、物品，摆台中各种餐具、物品的摆放顺序及距离标准。

中餐宴会摆台是整个餐饮服务的核心，因此本项训练包含摆台的所有操作步骤，通过训练，让学生掌握摆台技能，并能将其熟练应用于实际餐饮服务工作。

2. 实训步骤指导

（1）通过老师讲授与强调，使学生树立标准的摆台意识。老师发放纸质版中餐宴会摆台物品摆放顺序及距离标准，示范摆台方法，对学生可能出现的错误摆台方法进行纠正与点评；

（2）分组练习铺台布，2 人一组，1 人一桌；

（3）练习摆台，按照国赛标准的要求摆放餐具；

（4）练习斟酒，红酒 5 杯，白酒 5 杯；

（5）练习拉椅定位，观察摆台效果，防止遗漏，注意补缺。

3. 注意事项

（1）学生认真听课，维护好课堂纪律。

（2）纸质版中餐宴会摆台标准人手一份，提醒学生注意重点、难点。

（3）实训过程中，物品尤其是餐具，防止摔碎划伤；练习有序，防止学生扭伤摔伤，实训结束时，所有物品归类，归位放好。

七、考核标准

餐饮服务综合实训按照以下表格中内容进行考核，评定实训综合成绩。

序号	考核内容		考核标准	评分标准	考试形式
1	实训纪律（20%）		遵守实训室的规定及操作规程，无损坏实训设备的现象	按时上课，不迟到、不早退、不旷课	现场考核
2	实训技能（50%）	托盘操作及应用	（1）理盘：如非防滑托盘需在盘内垫上洁净的垫布；（2）装盘：重物、高物、后用物放在托盘的里档，轻物、低物、先用的物品放外边；（3）起盘：左手五指分开，掌心向上，大臂和小臂垂直于胸前，平托略低于胸部；（4）行走：以菜肴酒水不外溢为标准；（5）卸盘：把托盘平稳地放在工作台上，再安全取出物品	（1）行走快捷，步伐平稳，姿态优美，符合行业标准；（2）能够顺利完成考核标准中的所有操作，无物品掉落；（3）操作过程中动作规范标准	现场考核
		餐巾折花	（1）种类：盘花或杯花十朵，五种不同造型；（2）难度：手折四折以上，比例合适；（3）卫生：使用托盘折叠，分清正反面，不得用嘴咬或下巴夹；（4）形象：造型逼真，大小一致，线条挺括、平整；（5）动作：规范、熟练、优美、一次成型	（1）动作快捷，手法卫生，姿态优美，符合行业标准；（2）能够顺利完成考核标准中的所有操作要求；（3）操作过程中动作规范标准	
		中餐宴会摆台	详见附件	（1）仪容仪表符合行业标准；（2）能够顺利完成考核标准中的所有操作	
3	实训报告（30%）		内容充实，文理通顺，书面整洁，字迹清晰，如实反映自己的实训过程、实训内容、实训方法和体会等	（1）90～100分：无抄袭，能如实反映实训过程，能列举出实训中遇到的困难和问题，并能提出具体的解决方法，最后能详细陈述出自己的心得体会；（2）80～90分：无抄袭，能如实反映实训过程，能列举出实训中遇到的困难和问题，并能提出具体的解决方法；（3）70～80分：无抄袭，能如实反映实训过程，能列举出实训中遇到的困难和问题；（4）60～70分：无抄袭，能如实反映实训过程；（5）60分以下：严重抄袭，反映实训过程不详	提交纸质版实训报告
4	综合成绩（100%）		按总评成绩分数，分为优秀（90～100分）、良好（80～89分）、中等（70～79分）、及格（60～69分）、不及格（0～59分）五级		综合评定

八、实训报告

实训报告应于实训结束后按时独立完成，书面整洁，字迹清晰，分析认真，总结得当。实训报告能如实反映自己的实训过程，实训中遇到的问题，自己如何去解决，取得什么收获，有什么体会，不得抄袭他人的实训报告。

九、附　件

中餐宴会摆台标准

中餐宴会摆台标准（共45分）				
项　目	考核标准	评分标准	扣分	得分
台布 （6分）	台布定位准确，十字居中，凸缝朝向主副主人位	3		
	下垂均等，台面平整	3		
桌裙或装饰布 （4分）	桌裙长短合适，围折平整或装饰布平整	2		
	四周下垂均等	2		
餐椅定位 （4分）	从主人位开始拉椅定位	1		
	座位中心与餐碟中心对齐	1		
	餐椅之间距离均等	1		
	餐椅座面边缘距台布下垂部分距离1.5厘米	1		
餐碟 （或装饰盘） 定位 （10分）	餐碟定位、标志对正	4		
	碟间距离均等，相对餐碟与餐桌中心点三点一线	2		
	距桌沿1.5厘米	2		
	拿碟手法正确（手拿餐碟边缘部分）、卫生	2		
味碟、汤碗、 汤勺（4分）	味碟位于餐碟正上方，相距1厘米	1		
	汤碗摆放在味碟左侧1厘米处	1		
	汤碗、味碟的中心点在一条水平直线上	1		
	汤勺放置于汤碗中，勺把朝左，与餐碟平行	1		
筷架、筷子、 长柄勺、牙签 （6分）	筷架摆在餐碟右边，位于筷子上部 $\frac{1}{3}$ 处	1		
	筷子、长柄勺搁摆在筷架上，长柄勺距餐碟3厘米	2		
	筷尾距餐桌沿1.5厘米，筷套正面朝上	2		
	牙签位于长柄勺和筷子之间，牙签套正面朝上，底部与长柄勺齐平	1		

中餐宴会摆台标准（共 45 分）				
葡萄酒杯、白酒杯、水杯（4 分）	葡萄酒杯在味碟正上方 2 厘米	1		
	白酒杯摆在葡萄酒杯的右侧，水杯位于葡萄酒杯左侧，杯肚间隔 1 厘米	1		
	三杯成斜直线，与水平线呈 30 度角。如果折的是杯花，水杯待餐巾花折好后一起摆上桌	1		
	摆杯手法正确（手拿杯柄或中下部）、卫生	1		
餐巾折花（1 分）	花型突出主位，符合主题、整体协调	0.5		
	折叠手法正确、卫生、一次性成型、花型逼真、美观大方	0.5		
菜单、主题名称牌（1 分）	菜单摆放在筷子架右侧，位置一致（两个菜单则分别摆放在正副主人的筷子架右侧）	0.5		
	主题名称牌摆放在花瓶（花篮或其他装饰物）正前方、面对副主人位	0.5		
酒水斟倒（4 分）	从主宾位开始，顺时针为邻近的 5 位客人斟倒酒水	0.5		
	将红、白酒瓶放在托盘内，端托斟酒姿势规范	0.5		
	斟倒酒水时，酒标朝向客人，在客人右侧服务	0.5		
	斟倒酒水的量：白酒 8 分满，红葡萄酒 5 分满	2.5		
	斟倒酒水时每滴一滴扣 1 分，每溢一滩扣 3 分（本项扣分最多 4 分）			
总体印象（1 分）	操作过程中动作规范、娴熟、敏捷、声轻	0.5		
	操作过程中注意卫生，姿态优美	0.5		

附录　专业实验实训项目简介

课程（课内）实训项目简介

课程名称	实训名称	课时数	实训目的	实训内容	主要仪器设备	备注
导游实务（20实训课时）	实训一：接站服务	4	训练学生掌握地陪从接站准备到认找旅游团队并引导游客登车等相关程序，顺利完成地陪导游接站服务	情景模拟、角色扮演，完成地陪从接站准备到认找旅游团队并引导游客登车等服务内容	接站牌、导游旗、小蜜蜂扩音器、旅游帽、导游工作牌、行李卡、笔、电话手机	
	实训二：致欢迎词	2	训练学生掌握地陪导游人员致欢迎词的语言表达技巧，为今后从事导游工作打下基础	模拟致欢迎词	电脑、投影仪、麦克风或小蜜蜂扩音器、导游旗、旅游帽、导游工作牌	
	实训三：首次沿途导游	4	训练学生掌握首次沿途讲解的内容和讲解技巧	分角色模拟首次沿途导游讲解	电脑、投影仪、麦克风或小蜜蜂扩音器、旅游帽、导游工作牌	
	实训四：入店服务	4	训练学生理解并掌握入店服务的具体内容和操作规程，顺利完成入店服务	情景模拟、角色扮演，进行入店服务训练	证件、房卡（钥匙）、分房名单表、笔、饭店卡片、导游工作牌、前台接待台、电话、手机	
	实训五：景区讲解	4	训练学生获取景区讲解时应掌握的要领，顺利完成景区讲解的训练，从而提高导游讲解技能	按选定的景区讲解路线，分组讲解	导游旗、旅游帽、小蜜蜂扩音器、导游工作牌、旅游车、手机（摄像机）	
	实训六：致欢送词	2	训练学生掌握地陪导游人员致欢送词的语言表达技巧，为今后从事导游工作打下基础	模拟致欢送词	电脑、投影仪、麦克风或小蜜蜂扩音器、导游旗、旅游帽、导游工作牌	

课程名称	实训名称	课时数	实训目的	实训内容	主要仪器设备	备注
前厅客房服务与管理（20实训课时）	实训一：前厅电话预订	4	掌握前厅电话预订程序	教师示范前厅电话预订程序，学生分组训练	电脑、投影仪、接待台、电话	
	实训二：前台接待	4	掌握前厅接待的程序	教师讲解、示范前厅接待程序，学生分组训练	电脑、投影仪、接待台、电话	
	实训三：处理投诉	4	掌握宾客投诉处理程序	分组讨论演示典型案例处理	电脑、投影仪，PPT	
	实训四：客房服务	8	掌握客房服务流程	中式铺床、西式铺床程序方法，房间打扫流程	床铺、床上用品及卫生洁具	
前厅客房服务英语（20实训课时）	实训一：Booking rooms	2	预订房间	预定、更改、取消预定的服务	电话、银行卡、登记表格、路线图	
	实训二：Checking in	2	入住服务	是否预定，查找预定，检查证件和押金等入住服务	银行卡、登记表格、停车卡、房卡	
	实训三：Require information	2	问询服务	地点、人员、价格、景点等问询服务	登记表格、电话、前台桌椅	
	实训四：Settling complains	2	解决投诉服务	根据不同顾客的投诉要求及顾客的私人要求，解决投诉	电话、登记表格	
	实训五：Telephone terminal	2	总机服务	提供叫醒、客房服务、预定、清扫、洗衣等总机服务	电话	
	实训六：Check out	2	结账离开	查找、介绍、解释账单和付款方式	银行卡、登记表格、房卡、客人消费账单	
	实训七：Introducing the equipment and service to the guests	2	介绍酒店设施和服务	能说出设施的方位和名称，并能告知顾客如何使用酒店设施		
	实训八：Tidy room and laundry service	2	洗衣服务和清理房间服务	了解客户要求，会说洗衣服务的衣物名称及价格，告知衣物送回的时间	洗衣服务登记表格	
	实训九：Repair service and wake-up call service	2	维修和叫醒服务	能了解客户投诉问题，按要求安排，并告知顾客解决的办法	电话、登记表格	
	实训十：Room service	2	提供客房服务	记录客户客房服务和换房的要求，并按要求进行安排，并告知顾客解决的办法	登记表格	

课程名称	实训名称	课时数	实训目的	实训内容	主要仪器设备	备注
餐饮服务英语（20实训课时）	实训一：Booking in a restaurant	2	预订座位	预定、更改、取消预定	电话、登记表格	
	实训二：F&B teminology	2	餐饮术语	会正确、灵活应用餐饮术语	酒店餐饮术语单子	
	实训三：Menu	2	菜单	牛排、酱汁、沙拉、意面等西餐餐名	菜单	
	实训四：Standard of food service	2	餐饮服务流程	迎客、引入位、菜单、介绍菜品、点菜	托盘、盘子、餐巾、水杯、菜单	
	实训五：Ordering food	2	点餐服务	问候、接待客人，介绍菜品和菜系，记录点菜，重复点菜	菜单、餐巾、刀叉、水杯	
	实训六：Serving dishes	2	上菜服务	报菜名，介绍菜，询问服务	托盘、盘子、餐巾、刀叉、水杯	
	实训七：Western food service	2	西餐服务	西餐的上菜顺序及菜品名称和特点	菜单、盘子、餐巾、刀叉、水杯	
	实训八：Check out	2	餐厅结账	报价，付款方式，解释账单	银行卡、登记表格、房卡、账单	
	实训九：Serve beverage in pub	2	酒吧的酒水服务	欢迎顾客，引领入位，点单，上菜，结账	托盘、餐巾、杯子、菜单	
	实训十：Ticket service	2	票务服务	预定航班，更改预定，取消预定	登记表格、机票	
现代酒店市场营销（20实训课时）	实训一：SWOT分析方法运用	8	巩固、强化学生对SWOT理论知识的掌握	对指定酒店进行SWOT分析	电脑、投影仪	
	实训二：酒店客房产品、餐饮产品的组合营销	4	训练学生对酒店客房产品、餐饮产品的组合营销的实际运用能力	以指定酒店为例分组完成客房产品、餐饮产品的组合营销	电脑、投影仪	
	实训三：酒店推广策划书编写	8	训练学生酒店推广策划书编写的实际运用能力	以指定酒店为例分组完成市场营销的策划书	电脑、投影仪	
茶文化与茶道（12实训课时）	实训一：茶艺实践——绿茶的行茶方法	2	训练学生冲泡绿茶的实际动手能力	绿茶品质特点、冲泡要求和操作要领	电脑、投影仪、茶叶、茶台、茶具、烧水壶、插线板	
	实训二：茶艺实践——黄茶的行茶方法	2	训练学生冲泡黄茶的实际动手能力	黄茶品质特点、冲泡要求和操作要领	电脑、投影仪、茶叶、茶台、茶具、烧水壶、插线板	

课程名称	实训名称	课时数	实训目的	实训内容	主要仪器设备	备注
茶文化与茶道（12实训课时）	实训三：茶艺实践——红茶的行茶方法	2	训练学生冲泡红茶的实际动手能力	红茶品质特点、冲泡要求和操作要领	电脑、投影仪、茶叶、茶台、茶具、烧水壶、插线板	
	实训四：茶艺实践——白茶的行茶方法	2	训练学生冲泡白茶的实际动手能力	白茶品质特点、冲泡要求和操作要领	电脑、投影仪、茶叶、茶台、茶具、烧水壶、插线板	
	实训五：茶艺实践——乌龙茶的行茶方法	2	训练学生冲泡乌龙茶的实际动手能力	乌龙茶品质特点、冲泡要求和操作要领	电脑、投影仪、茶叶、茶台、茶具、烧水壶、插线板	
	实训六：茶艺实践——黑茶的行茶方法	2	训练学生冲泡黑茶的实际动手能力	黑茶品质特点、冲泡要求和操作要领	电脑、投影仪、茶叶、茶台、茶具、烧水壶、插线板	

整周实训项目简介

整周实训名称	分项目实训名称	课时数	实训目的	实训内容	主要实训用具	备注
舞蹈与形体训练（24实训课时）	项目一：仪容仪表	4	正确的着装、面妆	着装、面妆	礼仪服装、化妆品、墙壁镜	
	项目二：站姿训练	4	正确站姿	站姿训练	书、筷子	
	项目三：坐姿训练	6	纠正坐式	坐姿训练	凳子、墙壁镜	
	项目四：蹲姿训练	2	正确蹲姿	蹲姿训练	凳子、墙壁镜	
	项目五：走姿训练	4	纠正走路姿态	走姿训练	凳子、墙壁镜	
	项目六：服务的手势	4	服务时所用的文明用语和手势	手、臂仪态与文明礼貌	墙壁镜	
导游实训（28实训课时）	项目一：欢迎词、欢送词、柳州城市概况讲解	4	掌握欢迎词、欢送词、城市概况的讲解	欢迎词、欢送词、城市概况模拟讲解训练	电脑、多媒体系统、导游旗、话筒、通勤车	
	项目二：自然景观讲解	8	掌握自然景观讲解技巧及柳州大龙潭公园的导游讲解	以龙潭公园为例，先校内模拟讲解，再景区现场讲解	电脑、多媒体系统、导游旗、话筒、通勤车	

整周实训名称	分项目实训名称	课时数	实训目的	实训内容	主要实训用具	备注
导游实训 （28 实训课时）	项目三：人文景观讲解	8	掌握人文景观讲解技巧及柳侯公园的导游讲解	以柳侯公园为例，先校内模拟讲解，再景区现场讲解	电脑、多媒体系统、导游旗、话筒、通勤车	
	项目四：场馆类景点讲解	4	掌握场馆类景点讲解技巧及柳州城市规划馆的导游讲解	以城市规划馆为例，先校内模拟讲解，再景区现场讲解	电脑、多媒体系统、导游旗、话筒、通勤车	
	项目五：导游服务规范、应变能力	4	导游服务规范和应变能力集中训练	以全国导游人员资格考试现场面试的服务规范和应变能力题为基础展开训练	电脑、多媒体系统	
导游考证专项训练 （56 实训课时）	项目一：全国导游基础知识实训	14	重点知识强化记忆	导游基础重点知识	教材/模拟题	
	项目二：广西导游基础知识	14	重点知识强化记忆	广西导游重点知识	教材/模拟题	
	项目三：导游业务	14	重点知识强化记忆	导游实务重点知识	教材/模拟题	
	项目四：旅游政策法规	14	重点知识强化记忆	旅游政策法规重点知识	教材/模拟题	
旅行社综合实训 （84 实训课时）	项目一：旅行社线路设计及报价	6	掌握旅行社线路设计及报价	旅行社线路设计及报价	电脑、多媒体	
	项目二：旅行社门市销售	8	掌握旅行社销售技巧	销售模拟	价格总表、行程单、合同	
	项目三：旅行社计调操作	8	掌握旅行社计调程序	计调工作模拟	打印机、复印机、传真机、电话	
	项目四：导游接团训练	6	掌握导游接团的具体程序	接团演练	导游旗、话筒	
	项目五：熟悉旅行社工作实际情况	12	了解旅行社的工作环境	了解旅行社的部门设置及岗位职责	市内知名旅行社	
	项目六：旅行社门市部顶岗实训	16	掌握门市部工作	门市部现场实训	市内知名旅行社	
	项目七：旅行社计调部实训	16	掌握计调部工作	计调部现场实训	市内知名旅行社	
	项目八：旅行社导游部实训	12	掌握导游部工作	导游部现场实训	市内知名旅行社	

整周实训名称	分项目实训名称	课时数	实训目的	实训内容	主要实训用具	备注
前厅服务综合实训（总28实训课时。含2课时内容安排；2课时写实训报告）	项目一：客房电话预订	4	掌握前厅预订程序	电话预订程序、前台预订程序	电脑、前台预订系统	
	项目二：礼宾大堂迎宾训练	4	掌握大堂迎宾的程序及礼仪	迎宾服务程序	前台接待台	
	项目三：校外酒店参观	4	熟悉酒店情况	校外酒店参观		
	项目四：收银点钞练习	4	熟练清点人民币	收银点钞练习	钞票	
	项目五：前台登记程序演练	4	掌握前台登记程序	前台登记程序演练	前台接待台、前台预订系统	
	项目六：宾客投诉处理	4	掌握宾客投诉处理的步骤	前台宾客投诉处理		
客房服务综合实训（28实训课时）	项目一：进入房间	2	掌握进入房间程序	教师示范，学生跟练	标准客房及用品	
	项目二：整理房间	2	掌握整理房间程序	整理房间程序	标准客房及用品	
	项目三：清理浴室	2	掌握清理浴室程序	清理浴室程序	标准客房及用品	
	项目四：撤床	2	掌握撤床标准与规范	撤床标准与规范	标准客房及用品	
	项目五：中式铺床	10	掌握中式铺床程序	中式铺床程序与技巧	标准客房及用品	
	项目六：夜床服务	2	掌握晚间服务程序与规范	夜床服务（晚间整理）	标准客房及用品	
	项目七：客房服务英语词汇	4	掌握客房服务英语词汇	重点词汇300~500个	标准客房及用品	
	项目八：客房情景英语对话	4	掌握客房情景英语对话	客房服务英语会话	标准客房及用品	
餐饮服务综合实训（28实训课时）	项目一：托盘知识及应用	6	掌握理盘、装盘、站立托盘、行走托盘、卸盘技巧	理盘，装盘，站立托盘，行走托盘，卸盘训练	工作台、椅子、托盘、托盘垫布、酒瓶、餐桌	
	项目二：餐巾折花	8	掌握实物类、动物类和植物类30种花型的折法	实物类、动物类和植物类30种花型的折法	工作台、椅子、托盘、餐桌	
	项目三：中餐宴会摆台	14	掌握中餐宴会摆台	中餐宴会摆台训练	工作台、椅子、托盘、餐桌、台布、餐具	

参考文献

[1] 王芳和，刘斌. 形体与礼仪实训指导书[M]. 北京：机械工业出版社，2016.

[2] 徐文苑，潘多. 酒店客房服务与管理[M]. 武汉：华中科技大学出版社，2017.

[3] 刘正华，郭伟强. 现代饭店餐饮服务与管理[M]. 北京：旅游教育出版社，2016.

[4] 夏文桃，淑贞. 旅游管理专业实训指导书[M]. 湘潭：湘潭大学出版社，2014.

[5] 丁国声. 餐饮英语[M]. 北京：北京大学出版社，2009.

[6] 卢娟，马清伟. 前厅与客房服务实训[M]. 北京：化学工业出版社，2010.

[7] 周炜，陈春苗. 客房服务与实训[M]. 北京：科学出版社，2012.

[8] 高亚芳. 导游实务教程[M]. 北京：北京大学出版社，2015.

[9] 余志勇. 旅行社经营管理[M]. 北京：北京大学出版社，2015.

[10] 成荣芬. 酒店市场营销[M]. 北京：中国人民大学出版社，2013.

[11] 饶雪梅，李俊. 茶艺服务实训教程[M]. 北京：科学出版社，2008.

[12] 肖璇. 酒店客房实用英语[M]. 北京：世界图书出版社，2011.

[13] 李雪，李铁红，范宏博主编. 酒店职员英语口语大全[M]. 机械工业出版社，2013.

[14] MIKE SEYMOUR. 柯林斯现代酒店业英语[M]. 北京：外语教学与研究出版社，2013.

[15] GRAHAME T. BILBOW，JOHNSUTTON 编著. 朗文现代酒店业英语[M]. 北京：外语教学与研究出版社，2014.

[16] 张苹，马克. 费内坎普. 酒店英语口语一本通[M]. 北京：旅游教育出版社，2016.